«Tom Nelson ha escrito una maravillosa guía práctica para todos los pastores que se encuentran en la misma situación. Sería inadmisible no recomendarte este libro si eres el tipo de ministro que anhelas levantar una congregación fructífera y poseer un alma sana y fértil».

**Scott Sauls,** pastor principal de la Christ Presbyterian Church en Nashville, Tennessee, y autor de *Jesus Outside the Lines*

«Este texto evidencia el fundamento irreductible del llamado ministerial: la comunión con Dios, el ejercicio piadoso que nos llena de honradez y la resiliencia. Entrena a los pastores en una habilidad indispensable y práctica: discipular a los fieles para que aprendan a relacionar su trabajo y su culto. Hilo tras hilo, Nelson desentraña la madeja y escribe con el corazón de un pastor. Entonces comprendemos por qué los ministros jóvenes lo quieren tanto».

**Amy L. Sherman,** autora de *Kingdom Calling: Vocational Stewardship for the Common Good*

«¡Cuánto esperaba este libro! Pastores, con solo leer el primer capítulo entenderán lo mucho que necesitan tomar un respiro, leer y pasar el rato con Tom Nelson».

**John Yates II,** rector de The Falls Church (1979-2019)

«Aquí no hallarás soluciones fáciles a las complejidades del ministerio pastoral; pero sí tendrás un encuentro con la modestia y la sabiduría que se desprenden de toda una vida de ardua labor, además de algunas ideas geniales para tu próximo mensaje».

**Chris Dolson,** pastor emérito de Blackhawk Church de Madison, Wisconsin

«¡Si quiero que alguien me enseñe a dar frutos en el ministerio, ese es Tom Nelson! Nos recuerda que únicamente la intimidad con Jesús puede ayudarnos a recuperar el arte perdido del liderazgo pastoral».

**Collin Hansen,** vicepresidente de contenidos y editor en jefe de The Gospel Coalition, coautor de *Rediscover Church: Why the Body of Christ Is Essential*

«Por tradición, existen tres facetas en el ministerio: predicar, pastorear y liderar. En nuestro mundo religioso de hoy, la primera y la última son las más valoradas. Pero, aunque no es tan visible y llamativo, el conocimiento y el pastoreo hábil del alma humana es, quizás, la más importante. Los predicadores y líderes talentosos que no son pastores maduros y sabios pueden atraer multitudes, sin embargo, no ayudarán a los creyentes ni podrán decirles: «... crezcan en la gracia...» (2 P 3:18) y en la semejanza de Cristo, lo mismo en sus vidas privadas como públicas. Este excelente volumen de Nelson ayuda a restaurar la importancia de la labor pastoral en nuestras iglesias».

**Timothy Keller,** Redeemer City to City

«Nelson nos invita a beber de un manantial de visión bíblica y de su propia riqueza de experiencia pastoral. Nos muestra la ruta que conduce a un liderazgo fructífero tanto en lo privado como en lo organizacional. Los ministros del presente y del futuro harían bien en atender a sus palabras».

**Terry Timm,** pastor principal de Christ Community Church, de South Hills, Pittsburgh

«Certero y bello, *El pastor fructífero* provee la sanidad y la esperanza necesarias para los ministros y también para quienes cuidamos de su salud».

**Curt Thompson,** autor de *The Soul of Shame* y *Anatomy of the Soul*

«La primera vez que oí hablar a Tom pensé: *¿Quién es este hombre de espíritu encantador que habla como un profeta?* ¡Y ahora un libro! Sus páginas, impregnadas del evangelio, constituyen una advertencia a los pastores de todo el mundo: no olviden el objetivo principal de su llamamiento y miren la destrucción que ocurre en el reino si no lo llevamos a cabo con diligencia. Este texto, que surge en medio de la COVID-19, puede ser el más importante que tengas en tus manos».

**Nancy Ortberg,** directora general de *Transforming the Bay with Christ*

«Experto en su ejercicio pastoral y fiel a la Escritura, Tom Nelson ofrece a los pastores, tengan mucha o poca experiencia, toda una variedad de estímulos con apoyo bíblico. Con increíble destreza, este siervo lleva a cabo una investigación actualizada que brinda las respuestas necesarias a las más urgentes y constantes preocupaciones de los ministros».

**Donald C. Guthrie,** profesor y director del programa de estudios educativos de doctorado en la Trinity Evangelical Divinity School

«Práctico y a la vez rico en su teología, *El pastor fructífero* hará que el lector llegue a tener un entendimiento más profundo del descanso sabático, la salud física y la emocional. Sin dudarlo, recomiendo este libro a cualquiera que busque un juicio más preciso, completo y rico del liderazgo pastoral en medio de un mundo en decadencia».

**Jimmy Dodd,** fundador y director general de PastorServe, autor de *Survive or Trive: 6 Relationships Every Pastor Needs*

«Leemos algunos libros por diversión, ¿no es así? Y otros para actualizarnos en nuestro perfil de trabajo. Ahora bien, ¿cuántos has leído por una cuestión de vida o muerte? Si eres pastor, necesitas leer este manual, porque tu destino pende de un hilo. ¿Crees que exagero? No, para nada. Con más de tres décadas de experiencia en el pastorado, Tom Nelson enseña cómo las muchas ocupaciones pueden ahogar la vida de tu alma si no aprendes a quedarte bajo la guarda constante del Gran Pastor».

**Bill Hendricks,** director ejecutivo de liderazgo cristiano del Hendricks Center del Dallas Teological Seminary y presidente del Giftedness Center

«En este agudísimo texto, Tom Nelson les regala a los pastores y líderes cristianos una herramienta de diagnóstico y una receta para el liderazgo eficaz».

**C. Jeffrey Wright,** director general de UMI (Urban Ministries, Inc.), Chicago

«Con una franqueza y modestia sorprendentes, frutos de una espiritualidad genuina que se alimenta con la Palabra y batalla contra el mundo, se abre ante nosotros una ventana a las ideas y el corazón de alguien que anhela una vida integral para sí mismo y para nosotros. Este manual de aprendizaje derramaría gracia sobre todos los pastores que conozco».

**Steven Garber,** autor de *The Seamless Life* e investigator principal para el bien común con el M. J. Murdock Charitable Trust

«Tom nos recuerda cuán importantes son las manos en la formación del corazón, lo que permite a los pastores comprender que la mayor influencia de los aprendices de Jesús no se basa en los grandes logros, sino en la condición de sus corazones. Toma el yugo de Jesús, que sí enseña, y emprende un nuevo viaje guiado por la luz de este libro intemporal».

**Fernando Tamara,** pastor de ministerios hispanos en Orange County First Assembly of God y representante de desarrollo regional de Made to Flourish

«Un subtítulo adecuado para un texto de tanta urgencia podría haber sido: *Lo que no te enseñaron en el seminario.* Tom, sin el menor atisbo de arrogancia, se adentra en el camino del buen pastor, a la vez que guía a sus compañeros del clero a descubrir, enfocar y retener su llamado a un ministerio sistemático y saludable».

**David W. Miller,** director de Princeton University Faith and Work Initiative

# TOM NELSON

# EL PASTOR FRUCTÍFERO

## Recuperar el arte perdido del liderazgo pastoral

 Vida

La misión de Editorial Vida es ser la compañía líder en satisfacer las necesidades de las personas con recursos cuyo contenido glorifique al Señor Jesucristo y promueva principios bíblicos.

**EL PASTOR FRUCTÍFERO**
Edición en español publicada por
Editorial Vida – 2023
Nashville, Tennessee
**© 2023 Editorial Vida**
Este título también está disponible en formato electrónico.

Publicado originalmente en los E.U.A. bajo el título:
**The Flourishing Pastor**
**Copyright © 2021 por Tom Nelson**
Publicado con permiso de InterVarsity Press
P.O. Box 1400, Downers Grove, IL 60515-1426
Todos los derechos reservados
Prohibida su reproducción o distribución.

Traducción, edición y adaptación del diseño al español: *Grupo Scribere*
Diseño de cubierta: *Daniel van Loon*
Imágenes: hojas verdes: © *film foto / iStock / Getty Images Plus*
Hoja dorada en el fondo: © *Katsumi Murouchi / Moment / Getty Images*
Textura de veta de madera: © *sankai / iStock / Getty Images Plus*

ISBN: 978-0-82977-225-8

Número de Control de la Biblioteca del Congreso: 2022938983

CATEGORÍA: Religión / Vida cristiana / Teología pastoral
IMPRESO EN ESTADOS UNIDOS DE AMÉRICA

23 24 25 26 27  LBC  5 4 3 2 1

*Dedico estas páginas a las dos mujeres que más*
*han influido en mi vida y mi obra:*
A DELIGHT, MI MADRE,
*quien me enseñó lo que es ser un tenaz aprendiz de Jesús,*
Y A LIZ, MI ESPOSA,
*cuyo amor cristiano y sabiduría perennes*
*son regalos de gracia sin límites.*
*Les estoy eternamente agradecido.*

# CONTENIDO

# PREFACIO

Tenía unos quince años cuando el Señor me llevó a sus pies. Era un adolescente atribulado, luchando conmigo mismo y tratando de encontrar respuestas a muchas preguntas y encrucijadas de la vida. La iglesia a la que ya asistía por varios meses era bastante grande, y sus servicios podían tener más de 2.000 personas cada domingo. Era muy fácil perderse en medio de la multitud y pasar realmente desapercibido.

El mensaje de un domingo caló profundamente en mí y me dejó dubitativo y con mucho por reflexionar. Recuerdo que el servicio había terminado, pero yo me quedé solo, sentado en la banca mientras luchaba con mis propios pensamientos. Estaba con la cabeza agachada y sumido en mis pensamientos cuando alguien me tocó el hombro. Mi sorpresa fue mayúscula cuando vi parado delante de mí al mismísimo pastor de la iglesia. Unos momentos antes acababa de predicar y lo había visto rodeado de muchísima gente al lado del altar. Él me miraba con mucha atención mientras me preguntaba: «¿Qué te pasa, muchacho?». Al principio no supe qué responder, lo miré por unos segundos y me atreví a decirle en voz baja: «Tengo muchos problemas que no sé cómo resolver». Él me dijo de inmediato con una voz que infundía confianza: «No te vayas, tengo que conversar con unas personas, pero quisiera conversar contigo hoy mismo de lo que te está pasando».

Mi sorpresa no se disipó con facilidad. Me preguntaba: «¿Cómo es que este pastor tan ocupado pudo verme en medio de una multitud y tomarse el tiempo para venir hasta mí, prestarme atención y darme tiempo de inmediato?». Han pasado más de cuarenta años desde ese domingo. Ese pastor me atendió, consoló, enseñó, discipuló y hasta me casó cuando llegó el tiempo. Ahora ya tengo bajo los hombros más de 30 años de ministerio pastoral, pero siempre ese momento en que ese pastor se acercó a esta oveja jovencita y perniquebrada marcó mi entendimiento de lo que significa ser pastor.

Durante estos años el significado y la praxis del ministerio pastoral en América Latina han tomado diferentes rutas y las influencias han sido diversas. Hemos pasado desde grandes corrientes espiritualistas hasta enormes presiones de corte gerencial para el trabajo pastoral. Todas ellas nos han llevado por diversos vientos de doctrina y han terminado generando, lamentablemente, más confusiones que certezas en cuanto a lo que significa ser pastor en nuestro tiempo y lugar.

Es evidente que para poder sortear las dificultades, carencias y confusiones del pastorado en América Latina se requiere enfrentar el problema desde diferentes frentes. Se requiere, por ejemplo, de una formación teológica, no solo más rigurosa, sino también fundamental en la región. Es evidente que carecemos de instituciones teológicas sólidas; además, muchos de nuestros pastores carecen de los medios y la formación fundacional que les permita tener un conocimiento más preciso de la Escritura, un entendimiento más claro de la historia del cristianismo y mejores herramientas ministeriales que les ayuden a desarrollar sus ministerios más fielmente y para la gloria de Dios.

Sin embargo, no quisiera detenerme en ese aspecto porque ese no es el propósito que desarrolla Tom Nelson en este libro *El pastor fructífero: Recuperando el arte perdido del liderazgo pastoral*. Tom tiene como lema un salmo que habla de la labor pastoral de David: «Y él los pastoreó según la integridad de su corazón, y los guió con la destreza de sus manos» (Sal 78:72). Él nos dice que estas palabras «iluminaron "su" entendimiento, formación y práctica de la vocación pastoral». La reflexión en su libro toma ese pasaje como punto de reflexión para establecer una definición de lo que es un pastor y sus dos características fundamentales: la integridad del corazón y las manos diestras.

Lo que Tom Nelson hace a través de este libro es algo que todos los pastores en América Latina necesitamos con suma urgencia. Precisamos pastores con experiencia, con años en el ministerio y con mucha sabiduría para que guíen a los más jóvenes. Pero esto es algo a lo que le huimos sin darnos cuenta. Los pastores solemos hacer llamados a la unidad, la comunión y la cohesión de los miembros en la iglesia, pero, paradójicamente, vivimos vidas solitarias, luchamos con nuestras debilidades solos y lloramos nuestras derrotas sin tener ninguna mano en el hombro que nos fortalezca cuando sentimos desfallecer. Muchos llegamos a considerar nuestra soledad como si fuera una especie de condecoración espiritual. No obstante, ¡estamos muy equivocados! Seguimos siendo ovejas, y la única oveja solitaria es la oveja perdida.

Los pastores somos ovejas, somos también miembros de la iglesia y, sobre todo, no hemos dejado de ser discípulos en constante aprendizaje y rendición de cuentas, no solo a nuestro Señor Jesucristo, el Buen Pastor, sino también a nuestras iglesias y a otros pastores. Si como pastores volvemos a reconocer que no hemos dejado de ser discípulos, entonces nos preocuparemos por seguir aprendiendo, por seguir buscando consejo y también mentores, hombres como Tom Nelson, quien puede guiarnos por las luces y las sombras del ministerio pastoral, mostrándonos, como el «escriba» mencionado por Jesús, quien siendo «… discípulo del reino de los cielos es semejante al dueño de casa que saca de su tesoro cosas nuevas y cosas viejas» (Mt 13:52).

La transmisión de sabiduría de una generación a otra está en el centro de la instrucción judeo-cristiana. Quiero aclarar que no estoy hablando simplemente de la transmisión de conocimiento, sino realmente de la sabiduría que se entiende bíblicamente como la aplicación piadosa del conocimiento para vivir una vida buena, útil para uno y para el prójimo y para la gloria de Dios. El Libro de Proverbios destaca que la sabiduría tiene como origen y fundamento el «temor de Dios» (1:7) y se transmite de forma filial de una generación a otra, como lo hace notar Proverbios cuando dice: «Hijo mío, si recibes mis palabras…» (2:1) o «Hijo mío, no te olvides de mi enseñanza…» (3:1). Podrán notar que este llamado es de una generación a otra, en donde el anciano se esfuerza por transmitir su sabiduría probada y alcanzada en años, por lo que procura incentivar la instrucción en el hijo (o discípulo) al decirle: «Hijo mío, presta atención a mi sabiduría…» (5:1).

Esta transmisión de experiencia y sabiduría la vemos en la sucesión exitosa de Moisés a Josué, quien pasó mucho tiempo aprendiendo de primera mano del primer líder antes de asumir el gobierno del naciente Israel. La carencia de transmisión y el fracaso definitivo de liderazgo lo observamos en la soledad dramática de Saúl, quien fue lanzado al reinado de Israel por la premura del deseo del pueblo y sin mayor formación, mentoreo o acompañamiento cercano. Muchos podrían pensar en David como un llanero solitario, pero David contaba con consejeros, solo para nombrar algunos: «También Jonatán, hombre de entendimiento, tío de David, era consejero y escriba… Ahitofel era consejero del rey, y Husai el arquita era amigo del rey. Y Joiada, hijo de Benaía, y Abiatar sucedieron a Ahitofel. Y Joab era el comandante del ejército del rey» (1 Cr 27:32-34). Este prefacio breve no permite seguir mostrando otros ejemplos similares.

La experiencia de seguir a Jesús también fue decisiva para los apóstoles y los discípulos. Ellos acompañaron al maestro, vivieron con él, se sorprendieron al ver sus milagros, escuchaban y observaban cómo enfrentaba a sus interlocutores y prestaban suma atención a sus enseñanzas mientras recorrían la tierra y el Señor usaba todo a su alcance para enseñarles el evangelio de Dios. Ese mismo esfuerzo lo observamos en Bernabé con Saulo de Tarso, a quien le facilitó oportunidades ministeriales al inicio de su carrera. También con Juan Marcos, a quien devolvió al camino del ministerio luego de su fracaso durante el primer viaje misionero. Lo vemos con Priscila y Aquila cuando le aclararon el evangelio a Apolos. Es más que evidente en la forma en que Pablo también reconoce a Timoteo como un «verdadero hijo en la fe» y a Tito como «verdadero hijo en la común fe» (1 Ti 1:2a; Tit 1:4). Es evidente que Pablo nunca lideró aislado, como podría parecernos en nuestros tiempos de super-héroes solitarios. Andrónico y Junias eran sus compañeros de prisión (Ro 16:7), Epafrodito es su «hermano, colaborador y compañero de lucha» (Fil 2:25), señala a Evodia y Síntique, como «mujeres que han compartido mis luchas en la causa del evangelio» y añade a «Clemente y a los demás colaboradores míos, cuyos nombres están en el libro de la vida» (Fil 4:2-3). ¡Pablo nunca ministró solo!

Solo he querido compartir esos pocos ejemplos de manera muy reducida para señalar la importancia que tiene para los pastores rodearse no solo de colaboradores, sino también de mentores. Nuestra tarea no puede llevarse a cabo solo sobre nuestros hombros. Aun en medio de la batalla, los brazos de Moisés fueron sostenidos por Aarón y Hur (Éx 17:11-13). Quizás soñamos con tener un ministerio como el de Pablo, pero primero debemos sentarnos a los pies de nuestros Pablos y ser realmente como Timoteo, a quien Pablo le dijo, hablando de su metodología de instrucción:

> «Pero tú has seguido mi enseñanza, mi conducta, propósito, fe, paciencia, amor, perseverancia, mis persecuciones, sufrimientos, como los que me acaecieron en Antioquía, en Iconio y en Listra. ¡Qué persecuciones sufrí! Y de todas ellas me libró el Señor… Tú… persiste en las cosas que has aprendido y *de las cuales* te convenciste, sabiendo de quiénes las has aprendido». (2 Ti 3:10-11, 14)

Las palabras de Pablo no solo le ponen el énfasis a las enseñanzas impartidas, sino también a una vida compartida junto a su discípulo amado. Este pasaje vuelve a mostrarme la necesidad no solo de leer textos de teología (que son de suma importancia), sino también de aprender mediante el compartir cercano de las vidas de pastores mayores y más experimentados que yo. Pablo no solo le enseñó doctrina a Timoteo en un salón de clases del seminario, sino que también compartieron experiencias de vida que le permitieron a Timoteo aprender de su carácter, paciencia, perseverancia y hasta de sus sufrimientos de primera mano. Estos son aspectos ministeriales que solo a través de la experiencia de otros podremos aprender para que modelen y afirmen nuestras propias vidas y ministerios.

Es muy posible que no podamos sentarnos con Tom a tomar un café mientras nos enseña sobre lo que ha aprendido en el pastorado por más de tres décadas. Sin embargo, su libro es el medio a través del cual conversará con nosotros y nos llevará, como lo dice en su introducción: «[A] examinar el paradigma del liderazgo, explorar la formación espiritual integral y compartir las prácticas pastorales que estimulan la fructificación pastoral y el liderazgo efectivo». Es mi oración que este libro sea como un buen abono que permita que fructifiquemos en nuestro pastorado, pero que también nos demos cuenta y busquemos practicar en nuestras propias vidas y ministerios lo que finalmente Tom quiso alcanzar con este libro, es decir, transmitirnos de la sabiduría que el Señor le ha permitido recopilar a lo largo de sus años de ministerio.

José «Pepe» Mendoza
Lima, 2022

# PRÓLOGO

Chris Brooks

No, los pastores no son superhéroes. Fue una lección dura, pero tuve que aprenderla. Siempre me gustó leer las historias de Iron Man, Capitán América y Supermán. ¡Caramba, eran perfectos! Invencibles en lo físico, intransigentes en lo moral, dotados de un intelecto extraordinario, y todo el tiempo enfocados en el propósito y la misión de sus vidas (bueno, eso pensaba de niño). Las increíbles sagas de sus aventuras desfilaban ante mis ojos en cada nueva edición de sus cómics o episodios de sus dibujos animados. En mis fantasías o mientras retozaba con mis amigos, me imaginaba que era uno de estos hombres famosos. Mi única decepción era saber que no eran más que valientes de papel y tinta a quienes nunca conocería en la vida real.

¡Figúrate lo alegre que me sentí cuando a mis trece años entré en el grupo de jóvenes de la iglesia de mi infancia y conocí a quien me pareció mi primer superhéroe de carne y hueso! Se llamaba Eugene Broadway. No tenía ni capa ni máscara, pero era tan estupendo como cualquiera de los personajes de mis historietas. Era pastor de jóvenes y yo lo consideraba tan invencible, intransigente, sagaz y centrado en su propósito y misión como el Capitán América o Supermán. ¡Tenía superpoderes impresionantes! Un poder hipnótico caía sobre los adolescentes cuando predicaba y sus oraciones transformaban las almas de los hombres. En un abrir y cerrar de ojos me ofrecía consejos para mis problemas más profundos y mis padres se quedaban boquiabiertos. Manejaba un auto de color verde, lindísimo, una especie de Batimóvil. Recorría la ciudad y llevaba a los muchachos a la iglesia para que pudieran experimentar el amor de una comunidad enfocada en Cristo.

Desde el día que conocí a este joven empecé a imitarlo. En mi interior, decidí que quería ser un superhéroe del ministerio como él. Comencé a estudiar mi Biblia como él, a orar igual que él, e incluso desarrollé un estilo de predicación similar al suyo.

Sin embargo, algo extraño sucedió cuando maduré y pasamos más tiempo juntos. Empecé a ver lo humano que era. Algunas veces se cansaba, sentía miedo, no tenía respuestas a preguntas complejas, se lamentaba en sus plegarias y hasta parecía no tener claro el rumbo de su vida. Un día ocurrió lo inconcebible: enfermó y, al poco tiempo, falleció. ¡Me quedé sin palabras! Solo después de su muerte comprendí la dura realidad de que, aunque fuera un gran hombre, Eugene Broadway no era un superhéroe. Y por tanto, yo tampoco. ¡Qué decepción!

Durante años he luchado por aceptar mi propia humanidad. Quizás te pasa lo mismo, ¿no es cierto? A fin de cuentas, es difícil reconocer que en ocasiones me pongo ansioso, que con frecuencia me siento inseguro y que, por momentos, me comporto como un niño en el aspecto emocional. La buena noticia es que, por años, amigos como Tom Nelson me han hecho comprender que no necesito ser como Supermán; ¿para qué fingir? La vocación ministerial no incluye una capa voladora y los pastores no son superhéroes. Pero, ¡alabado sea Dios!, servimos a un Salvador soberano. Mi progreso no depende de mis superpoderes, y el tuyo tampoco. *El pastor fructífero* es un grato recordatorio de que somos el resultado de la gracia sobrenatural del Señor expresada a través de la victoria de la cruz de Cristo y el triunfo del evangelio en nuestras vidas.

En estas páginas que, te aseguro, vas a devorar, encontrarás esa sabiduría que muestra una mejor forma de crecer y dar frutos en vez de pretender que somos Los vengadores o La liga de la justicia. Si nuestra fe está en Jesús y nuestra ancla en la Escritura, entonces ¿qué importa si somos vulnerables? Podemos liderar nuestras iglesias cuando aceptamos que nuestra plenitud está en el Rey de reyes y Señor de señores. Somos sus discípulos y de él aprendemos cómo vivir a plenitud en cada área. Mi amigo Tom ha hecho un estudio en los laboratorios del ministerio de la vida cotidiana. El Señor lo ha usado para mostrar a muchos pastores cómo el evangelio nos llena de energías para ejercer el ministerio y adorar tanto los domingos como los lunes. El apóstol Pablo tenía razón: «… Mi poder se perfecciona en la debilidad…» (ver 2 Co 12:9). Esto significa que podemos quitarnos la máscara y dejar de medirnos por los números de asistencia, total de ofrendas y cantidad de *likes* en nuestras publicaciones en las redes sociales. Tom es una persona que de veras ha decidido que el Señor sea su pastor, y de ahí proviene su humilde sabiduría. ¡Qué maravilloso consejero ha sido en mi bregar! Espero que tú también lo escuches, porque la guía piadosa que contienen estas páginas no solo alentará tu alma, sino que además te permitirá terminar bien. Ahora, quítate la capa, vístete con la gracia de Dios y ¡qué empiece el viaje!

# INTRODUCCIÓN

*La vida se entiende hacia atrás,*
*pero se vive hacia adelante.*

SØREN KIERKEGAARD

**P**ara mi beneplácito, estas sabias palabras del filósofo Søren Kierkegaard, del siglo XIX, todavía me acompañan en la senda de la fe. Cuando hago una retrospectiva de los más de treinta años de liderazgo pastoral me lleno de gratitud por el llamado vocacional que el Señor me confirió.[1] También vienen a mi mente los terrenos pedregosos, agrestes y accidentados que he debido atravesar a lo largo del ministerio, caminos zigzagueantes que me tomaban por sorpresa.

Algunos de mis primeros recuerdos se remontan al ambiente, los sonidos y los olores de los duros bancos de nuestra iglesia rural en Minnesota. Allí, en la lejana oscuridad del tiempo y el espacio, el Dios trino del universo se revelaba a un muchacho desaliñado y flacucho. Y es que, bien pronto, se me concedió el más precioso regalo de la gracia: amar con pasión a Aquel en quien vivía y respiraba. Jesús, el Salvador crucificado y resucitado, en su misteriosa gracia, me invitó a una vida de aprendizaje, a conocerlo y a ser conocido por él. En su misericordia, me enseñó la vida en su plenitud, genuina y hermosa, no solo en el presente, sino también por la eternidad.

Evoco incontables mañanas de domingo. Allí estoy, con solo ocho años, sentado junto a mi madre, escuchando el sermón. Mientras oía hablar al pastor, era común que me distrajera una vocecilla casi inaudible que empezaba a susurrarme. El mensaje era tierno, clarísimo y perseverante: «Quiero que un día lo hagas tú». Aunque soy consciente de que no todos los llamados al ministerio pastoral experimentan lo mismo que yo, reconozco que mi llamado vocacional llegó a una edad temprana y que se hizo cada vez más perceptible a medida que alcanzaba la adultez.

Luego de cuatro años de rigurosos estudios en un seminario evangélico prominente, mi esposa Liz y yo aterrizamos en Kansas City. Éramos dos plantadores novatos de iglesias pioneras, genuinos de corazón, rebosantes de altos ideales y con una fe cargada de esperanzas. Ahora, al tener una mayor perspectiva del futuro, recordamos esos primeros tiempos de ministerio pastoral y entendemos lo poco preparados que estábamos para nuestro llamado vocacional. Nuestra pobrísima teología, inadecuado entrenamiento espiritual y defectuosa praxis, nos enrumbaron en una trayectoria bastante peligrosa. Conocíamos el enorme riesgo y el alta tasa de fracasos en la plantación de iglesias pioneras, pero no sabíamos hasta qué punto arriesgábamos nuestro progreso como individuos.

¿Es fascinante el llamado vocacional pastoral? Sí, pero está lleno de peligros. Además de nuestras propias debilidades y tendencias pecaminosas, enfrentamos oposición espiritual, situaciones complicadas en nuestras familias y empresas de liderazgo muy exigentes. Los ministros, en el ejercicio de proteger y enseñar a los feligreses, comparten las alegrías y las penas de muchos de ellos. A eso se le suma que deben fomentar la salud de la iglesia local como entidad duradera. En resumen, las pesadas y complejas responsabilidades que los pastores cargan sobre sus hombros, por lo común, ocasionan que estos se rindan de agotamiento. ¡Quedan exhaustos! El llamado a pastorear constituye una vocación muy desafiante.

¿Cómo están los pastores hoy en día? Si examinamos el panorama del liderazgo pastoral contemporáneo descubriremos que muchos de ellos no están dando frutos.[2] Tras las sonrisas profesionales del domingo abundan el aislamiento y el cansancio, las luchas de las relaciones, los sentimientos, lo físico y lo espiritual; las crecientes expectativas de las congregaciones, los problemas con las juntas de dirección, así como una mayor complejidad de los deberes pastorales. Nuestro contexto, cada vez más secular, desata poderosas ráfagas de viento que soplan en contra de los ministros: la mundanal cultura imperante los margina a toda hora. Los exhibe, en el mejor de los casos, como una especie de anacronismo pintoresco y, en el peor, como opresores de la libertad humana. Creo que innumerables amenazas acechan el ministerio pastoral. A mi entender, este liderazgo precario, va a afectar, sin duda, el dinamismo de la comunidad eclesiástica local y su misión en el mundo. ¡Es obligatorio que el pastor sea un líder! Cuando él florece, la grey da frutos y lo mismo ocurre con las comunidades cercanas.

Durante las dos últimas décadas he tenido el privilegio de trabajar con pastores jóvenes recién salidos del seminario, quienes se incorporan al programa de residencia de dos años de nuestra iglesia local. Una de mis cafeterías favoritas es testigo de las innumerables conversaciones francas que he sostenido con ministros novatos que no saben si deben ejercer el pastorado o si podrán dar frutos en el transcurso de su ministerio pastoral. Muchos pastores bisoños han visto una y otra vez ejemplos desalentadores de ministros que caen en picada tanto en lo personal como en lo profesional, y muy pocos casos de aquellos que fructifican a lo largo del liderazgo pastoral. Admito que el ministerio pastoral enfrenta miles de peligros. Sin embargo, en medio del cinismo que crece día tras día, yo grito a los cuatro vientos la verdad halagüeña de que Aquel que llama a los pastores les dará la sabiduría, la dirección y la tenacidad para que den frutos y terminen bien.

Soy un curioso por excelencia, un jovial agradecido y un eterno expectante, aunque llevo más de tres décadas en el ministerio pastoral. No pretendo tener un juicio superior. ¡No, no me las sé todas! Y, sin embargo, confieso sin tapujos que mi comprensión de este ministerio es muy diferente hoy de lo que era cuando por primera vez ejercí el liderazgo. Me he visto inmerso en una empinada curva de aprendizaje, equivocaciones y regresos al aula. Es por ello que considero la primacía del pastorado como la base de mi ministerio. El Salmo 78:72 ha iluminado mi entendimiento, formación y práctica del ministerio pastoral. El salmista dice del rey David de Israel: «Y él los pastoreó según la integridad de su corazón, y los guio con la destreza de sus manos». En este texto de las Sagradas Escrituras, los llamados al ministerio pastoral reciben una sabiduría que es oportuna e intemporal a la vez. Abarca tanto lo interno del individuo como sus obras externas.

Para restablecer el llamado de la Escritura al pastoreo genuino he tenido que implementar una teología bíblica más sólida, (una mayor coherencia canónica que modifica la exégesis y el lenguaje para adherirse a todo el testimonio de la Biblia), en la que el evangelio, como centro, llega con su discurso a lo más recóndito de la existencia humana. He adquirido más destreza en las habilidades de formación pastoral estudiando las disciplinas espirituales clásicas, la neurobiología interpersonal y la teoría del apego. Mis ejercicios pastorales, desde la liturgia hasta el discipulado y la consejería, han adquirido un enfoque más amplio. Ahora preparo a la grey para desarrollar sus áreas ministeriales al comienzo de la semana. Hoy, pastorear la vida completa de un discípulo incluye la integración de la fe, el trabajo y la sabiduría económica; es decir, una de las principales obras de la iglesia abarca su desempeño en la jornada laboral.

En las páginas que siguen, el Salmo 78:72 nos conducirá a la búsqueda y la reflexión. Trataremos de redescubrir el arte perdido del liderazgo pastoral y estudiaremos ejercicios ministeriales que producen frutos en el pastorado y eficacia en el liderazgo. Si piensas ejercer el ministerio pastoral, oro para que este libro te permita apreciar que, en tal obra divina, fructificar con gozo sí es posible. Quizás estás sirviendo en un ministerio pastoral. En ese caso mis plegarias son para que esta faena de amor de un colega imperfecto aumente tu perspectiva y te estimule a vivir y trabajar de forma correcta. Si no estás en dicho ministerio, pero quisieras darles ánimo a tus pastores, confío en que estas líneas constituirán un estímulo para ellos y les ayudarán a entender, apoyar y orar mejor por quienes te sirven a ti y a tu iglesia local.

Agradezco a los muchos amigos que me han animado a compartir estos panes y peces del liderazgo pastoral. Que Jesús los bendiga y los multiplique, mientras alientan y nutren tu corazón, mente, cuerpo y alma.

# PRIMERA PARTE

# EL

# PASTOR

*Y él los pastoreó [...]*

Salmos 78:72

# 1

# UNA VOCACIÓN EN CRISIS

*Los pastores están abandonando sus puestos a un ritmo alarmante.*

*¡Es a diestra y siniestra! No me refiero a que se vayan de sus templos*

*y se busquen otros trabajos. No, no es eso; las congregaciones todavía*

*pagan sus salarios. Sus nombres aparecen en los documentos de la*

*iglesia y suben al púlpito los domingos por la mañana. Pero, huyen de*

*sus trincheras, de su llamado. ¡Se han prostituido tras dioses ajenos!*

EUGENE PETERSON, *WORKING THE ANGLES*
[*TRABAJAR EN LOS ÁNGULOS*]

onocí al pastor Dave en una cafetería local. Uno de sus feligreses nos puso en contacto luego de decirme: «Por favor, anime a nuestro ministro». Me cayó bien, aunque no teníamos trato. Fue atento en su saludo, su cabeza erguida, una sonrisa cordial y un firme apretón de manos. Luego de pedir los cafés de nuestra preferencia escogimos una mesa de la esquina en busca de un poco de intimidad. Esperábamos que el parloteo alrededor amortiguaran nuestras palabras.

Empezó a contarme su historia y pensé: *Este es un hombre estupendo.* Lo admiré más aún mientras me compartía en líneas generales las muchas evidencias externas del éxito pastoral que estaba experimentando. Yo era todo oídos y la frase que seguía dando vueltas en mi cabeza era: *Oye, no solo eres un hombre estupendo, eres un gran ministro.* Por supuesto que nuestras tazas de café no era más que un preámbulo. Cuando las terminamos, la calidez, el entusiasmo y el comportamiento de mi interlocutor dieron un giro sombrío. Era obvio que tenía algo en el corazón, un asunto importante que deseaba revelarme. Se sentía en confianza, así que decidió abordar cuestiones más profundas y hacerme partícipe de ellas. Me miró fijamente y me dijo: «Tom, aquí entre nosotros, aunque mi iglesia está floreciendo y yo me río por fuera, por dentro, me muero».

Su sinceridad me tomó por sorpresa, aunque no caí en estado de *shock*. Dave es como muchos pastores con quienes hablo. Está haciendo bien las cosas. Tiene lo necesario para su ministerio pastoral: no esconde ningún pecado horrendo que lo descalifique, su matrimonio es un ejemplo y es un padre dedicado, la congregación está creciendo y el presupuesto de la iglesia sufraga cualquier exigencia. A todas luces, este hombre sería un modelo de pastor floreciente. Sin embargo, le pasa lo mismo que a algunos de sus compañeros; y es que detrás de su aptitud para el ministerio, su diligencia y la atractiva parafernalia del éxito, se esconde un mundo menos impresionante en el que fuerzas ocultas atentan contra su dicha y su longevidad como pastor. Sabe que su alborozo dominical enmascara ciertas amenazas. Entiende que él y varios aspectos precisan un cambio; pero ¿qué hace, adónde va y a quién busca?

## ¿CÓMO LES VA A LOS PASTORES?

A menudo los pastores soportan cargas de trabajo exigentes, problemas económicos, demandas de equilibrio entre sus familias y el ministerio, cansancio y desgaste. El proyecto de investigación Flourishing in Ministry, financiado por Lilly Endowment, hizo un estudio en el que participaron más de diez mil pastores de veinte denominaciones distintas, de variadas etnias raciales y que incluía ministros de ambos sexos.[1] Quizás lo más convincente sea el número de pastores que expresaron una seria preocupación por su bienestar cotidiano: «Casi el 40 % de todos los clérigos declaran estar poco satisfechos con su vida en general [...] Y entre un 40 % a 41 % de las mujeres y el 42 % de los hombres, reportan altos niveles de estrés diario».[2] A esta cifra se suma que hoy los pastores se desempeñan en un ambiente cultural más amplio que es menos solidario, menos amistoso y que puede llegar a ser hostil.

Henri Nouwen resumió dicho entorno cultural inestable y su efecto en el clero con las siguientes palabras: «En este clima de secularización, los líderes cristianos se sienten cada vez menos relevantes y más marginados».[3] Ante la presión que ejerce la sociedad en una era cada vez más profana,[4] las personas, con mayor frecuencia, ven a los pastores como una especie de anacronismo misterioso y pintoresco. En el mejor de los casos, son gente insignificante, excepto en las ceremonias matrimoniales y los servicios funerarios. La cruda verdad es que muchos pastores jóvenes, y también los más veteranos, están agonizando y son ineficaces. Por lo común, tienen una formación inadecuada, sus carencias espirituales son evidentes, sufren un desgano crónico y su preparación para dirigir instituciones cada vez más complejas y comunidades de fe heterogéneas, deja mucho que desear. En lo más profundo de su ser albergan el temor a la ineptitud.

Si bien hay una serie de factores externos y culturales que impiden cosechar frutos y que requieren atención, tal vez las circunstancias internas son las que resultan más insidiosas en el ejercicio del ministerio pastoral. Sí, es cierto que muchos pastores viven agobiados y respiran estrés; pero es que, además de eso, han perdido el rumbo.

## PASTORES SIN RUMBO

Me encanta oficiar bodas. Planifico todos los detalles, compruebo una y otra vez la hora y el sitio exactos de la ceremonia. ¿Quieres que te confiese algo? Una de mis peores pesadillas es que llego tarde al desposorio. ¡Es horrible! Pues resulta que hace poco, mis temores se materializaron. Entré en mi auto y me dirigí al casamiento, que sería a unos sesenta kilómetros de distancia. Tomé el mapa y vi que el sitio estaba fuera del trayecto, pero no muy lejos de donde yo vivía, así que pensé que llegaría sin problemas. A mitad de camino, manejando por carreteras cada vez más remotas, la pregunta que temía me sacudió el cuerpo: «¿Dónde estoy?». Estaba confuso y desorientado: «No tengo la menor idea de hacia dónde

debo ir». Agarré el celular y para colmo estaba sin cobertura. No tenía
GPS ni podía llamar al sitio de la boda. Fui presa de la ansiedad, se me
hizo un nudo en el estómago y tenía sudoraciones: «Estoy perdido». Miré
el reloj. ¿Llegaré atrasado? ¿Qué hará el cortejo nupcial? ¿Cómo explico
mi tardanza? Me detuve a un lado de la vía y oré con desespero. Pronto
se acercó un vehículo y sus ocupantes me indicaron la ubicación exacta
hacia la cual debía dirigirme. Gracias a Dios, llegué justo a tiempo.

Como ministro, perderse no solo es desagradable, sino que también
puede ser bastante peligroso. Que nos suceda al dirigirnos a una boda es
una cosa, pero en el ministerio pastoral es otra, y muy grave. Aunque la
imagen de una oveja perdida es bastante común, no lo es tanto la de un
pastor extraviado. Así es: ¡ellos también pierden el rumbo! Y tales desva-
ríos hacen sufrir por igual a los pastores y a las ovejas.

Ezequiel, el profeta del Antiguo Testamento, dice una verdad que de-
safía los tiempos. En su desatino, los dirigentes de Israel han abandonado
su vocación de cuidar de las ovejas. Tal vez perdieron su primer amor, reconocieron su flagrante incapacidad, sintieron que sus obligaciones eran
muy pesadas o, con los años, fueron agotándose. Cualquiera que fuera
el motivo de su extravío, es evidente que estaban descuidando su mayordomía vocacional y aprovechando con cinismo sus cargos de poder a
expensas del pueblo al que habían sido llamados a servir. El profeta, lleno
de osadía, los confronta y les advierte que han perdido el rumbo:

> «… ¡Ay de los pastores de Israel que se apacientan a sí mismos!
> ¿No deben los pastores apacentar el rebaño? Comen la grasa, se
> han vestido con la lana, degüellan la *oveja* engordada, *pero* no
> apacientan el rebaño. Ustedes no han fortalecido a las débiles,
> no han curado a la enferma, no han vendado a la herida, no han
> hecho volver a la descarriada, no han buscado a la perdida; sino
> que las han dominado con dureza y con severidad». (Ez 34:2-4)[5]

Las imágenes literarias de Ezequiel emplean un contexto agrario, pero
de todas formas subsisten en nuestra época.[6] Debido a nuestras insuficiencias, agotamiento y desilusiones, podemos dejar a un lado nuestro

ministerio pastoral y descarriarnos por senderos peligrosos. Quizás, si decides ser del todo honesto, aceptas que las palabras del profeta describen la dolorosa realidad de tu corazón. Cuando los pastores se pierden, ni ellos ni su rebaño dan frutos.

## TRES CAMINOS PELIGROSOS

De muchas maneras los pastores pueden perderse en sus llamados, pero con frecuencia siguen tres senderos bastante comunes y peligrosos. Me gusta describirlos así: el camino del pastor famoso, el del visionario y el del llanero solitario. Echémosles un vistazo.

*El pastor famoso.* Cuando viajo y doy charlas, lo primero que encuentro al llegar a una conferencia es lo que se conoce en el mundo del espectáculo como la sala verde. Es el sitio donde los pastores y los músicos pasan el rato antes de subir al escenario. Tiene un buen propósito: constituye un espacio tranquilo para prepararse sin interrupciones. Sin embargo, la fanfarria del éxito y la imagen exagerada de alguien célebre permanecen camufladas bajo una capa de orgullo. Allí, muchas veces, se compite por el protagonismo y se acaricia el ego. El ambiente de este tipo de lugar a veces exalta más bien el éxito que la fidelidad pastoral. Yo diría que tiende a promover más al individuo que al reino y que enaltece a las personas y no a Cristo. La sala verde, por lo general, promueve una cultura de celebridades cristianas que resulta venenosa. La fama, los aplausos y el estatus de estrella, es una mezcla intoxicante incluso para los pastores. Hace que caigan en el pantano de la soberbia. La aprobación de una multitud puede fácilmente secuestrar la identidad evangélica de un pastor en Cristo.

Lo que el pastor famoso tiene en el corazón es algo que san Agustín describió como amor desordenado.[7] Tras una presencia escénica sonriente se esconde un desmesurado ego narcisista que desecha el amor de Dios y el de los hombres. No le agrada que su público sea «el Señor», sino más bien «los señores». Lo más importante para él es su magnífico desempeño en público. No necesita una gran multitud ni un escenario fastuoso para hacer su aparición. La celebridad no se relaciona tanto con el tamaño de la audiencia, sino más bien con el del ego, ¡que anhela recibir caricias! Este tipo de orgullo megapastoral no solo se encuentra en las megai- glesias; existe en las de cualquier tamaño. ¿O es que no has visto sapos grandes en charcos pequeños? Ahora, con la llegada de los servicios en línea y las redes sociales, cualquier pastor puede conseguir un amplio impacto. El camino del pastor famoso tiene sus vericuetos en Internet y en el mundo virtual dentro de esta era de interconexiones a nivel global.

Para un gran número de ministros, predicar a la iglesia reunida es un aspecto de mucha relevancia. No quiero en modo alguno restarle im- portancia a la comunicación semanal de la Palabra de Dios. Tampoco pretendo minimizar el valor de crecer en el arte y la habilidad de dar sermones. De hecho, resulta un aspecto clave dentro de las faenas del pastor. Soy alguien que ha tenido el humilde privilegio de hablarle a una congregación durante más de treinta años, así que conozco muy bien alguna de las tentaciones que surgen a la hora de compartir la Escritura ante la grey. En lo referente al alma, dicha actividad pone al pastor en una situación bastante vulnerable, ya que su autoestima pudiera estar muy relacionada con la aprobación o la crítica de sus oyentes dominicales. Puede ser que un ministro hable apasionadamente sobre los peligros de la idolatría cuando, de forma irónica, lucha en lo interno contra los anhelos de adorar su prédica. ¡Nuestros corazones también son fábricas de ídolos! Así que nuestros sermones pueden convertirse en una actuación idolá- trica dominical. Un secreto velado que se esconde en el alma de muchos ministros es la batalla tenaz con sentimientos de envidia hacia otros que tienen mayor desenvoltura en la predicación y poseen congregaciones más grandes. Muchas veces las destrezas comunicativas son las que cata- logan a un pastor como exitoso. Las oportunidades de dar conferencias, obtener un lugar entre los oradores de primera fila y el tamaño de los honorarios, refuerzan un orden jerárquico del éxito. Todo esto alimenta el ego y provoca los celos de otros pastores.

Muchos feligreses y comunidades religiosas desvían a los pastores ha- cia el camino de la fama. Nunca olvidaré cuando me invitaron a hablar en una conferencia de varios días que se iba a celebrar en una iglesia de otro estado. Los miembros fueron muy generosos y pagaron para que mi familia me acompañara. Llegamos desde el aeropuerto y nos acercamos al templo en nuestro auto rentado. Fue entonces que lo vimos: en la entrada había un enorme cartel con letras gruesas que decía: «¡Tom Nelson te va a dejar boquiabierto!». Mis dos hijos casi se mueren de la risa. Sabíamos que aquellos hermanos iban a experimentar una gran decepción. ¡Invitaron al orador equivocado! No provoco sensaciones ni estremecimientos. Creo que un sinnúmero de fieles y líderes bien intencionados alimentan el factor sorpresa del domingo, sin percibir que están echando asfalto en el camino de la fama. Entonces, ¿nos sorprendemos al ver que los comentarios positivos o negativos que recibió el pastor durante el domingo sean los que determinen su estado mental y emocional el lunes?

El amor desordenado de los aplausos de la multitud es embriagador e impide que el pastor dé frutos. De forma acertada, David French señala que los ministros famosos reciben la «falsa bendición» que se les da a las celebridades: «La celebridad en sí misma tiene su carisma».[8] Es decir, la gente actúa diferente cuando está cerca de los famosos. Se exagera la risa, hay fascinación ante cada palabra y surge un ambiente que es «estimulante, porque alimenta el ego, pero a la vez fatigoso».[9] Bajo la influencia de este tipo de alabanza, la visión borrosa oculta el engaño del corazón y refuerza la confianza en la propia virtud.[10] La máxima de Juan el Bautista: «Es necesario que [...] yo disminuya» se trueca en un «Es necesario que yo crezca».[11] El amor desordenado de los aplausos de la multitud fabrica una plataforma de celebridad impresionante y no forja para nada el carácter de Cristo. Entonces, la preparación de la iglesia es un aspecto que queda relegado a los cultos dominicales. Se circunscribe a la plataforma del pastor, sin incidir de forma más plena en la congregación que, dispersa, debe enfrentar el lunes.

¡Otros son los intereses de Jesús! Sus palabras a Pedro, cuando le asigna su encargo y restaura su alma, resultan intemporales y oportunas: «Simón, *hijo* de Juan, ¿me amas más que estos?» (Jn 21:15). El aguijón de la fama está causando estragos en los pastores, en sus familias, en las iglesias y en su testimonio dentro de la sociedad. Con su carácter deformado, se encorvan bajo el peso de las gigantescas plataformas públicas ¡No pueden soportarlo! Cristo echa por tierra cualquier atisbo de liderazgo ególatra. Nos recuerda que el más grande entre nosotros no será una celebridad, sino un servidor (Mc 10:42-43). Él no les ofrece a los pastores una sala verde para que se regodeen en su orgullo. Les da una cruz, una lebrillo y una toalla para que sirvan.

**El pastor visionario.** Asumió aires proféticos y dijo: «¡Dios me ha dado una visión!». Esa fue la primera frase de un líder cristiano que conocí. Empezaba su persuasivo llamamiento para una campaña de recaudo de fondos que duraría varios años. Su perspectiva era, en efecto, grandiosa: «compraremos un terreno bien amplio y de excelente calidad. Pronto tendremos los bocetos a escala de todas las instalaciones que necesitamos». Se escuchaban discursos altisonantes, como que miles de vidas serían impactadas por Cristo en la ciudad y en todo el mundo. Sin embargo, para obtener el objetivo, era preciso que la comunidad de fe hiciera un fabuloso aporte financiero y que ejerciera una fe sin límites. Una sensación de entusiasmo impregnó el espacioso salón: la grey se llenó de una confianza devota y estallaron las promesas monetarias. Sin embargo, comenzaron a darse ciertos problemas inquietantes. En un intento por asegurar la costosa propiedad, la organización sin ánimo de lucro se había excedido en gastos y compras a base de préstamos. ¡El flujo de efectivo iba a todo tren! La moral de los empleados se derrumbó. La empresa estaba en peligro, pero la gigantesca visión del líder se impuso a la prudencia de la junta directiva y a las críticas. Al final, todo implosionó. La catástrofe dejaba tras de sí un doloroso rastro de creyentes que huían de otro ambiente nocivo de fe visionaria.

En mis primeros años de pastorado, oí hablar mucho de cuán importante era la visión dentro del liderazgo espiritual. Estaba muy influenciado por esta especie de lenguaje profético extremo cuando elaboré el plan de ministerio para el trabajo de la iglesia que dirigiría. Todo era en grande, mencionaba cifras gigantescas: *una congregación de cinco mil personas en diez años* y, por supuesto, un impacto mundial formidable. Reconozco que adentro lo que motivaba mi retórica visionaria no era la misión de

Dios en esta tierra, sino llegar a ser un pastor de éxito en una iglesia famosa. ¡Cuánto me he arrepentido! Y, en oración, se lo he confesado al Señor.

La relevancia que se le adjudicaba a la visión tenía que ver con el fragmento de un versículo en el Libro de Proverbios en el Antiguo Testamento: «Donde no hay visión, el pueblo se desenfrena…» (Pr 29:18).[12] El asunto es que cuando leemos el versículo completo, vemos que la idea aquí no tiene que ver con líderes humanos que comunican su visión, sino con las verdades de la Palabra que el Señor revela al pueblo. Las traducciones más recientes captan mejor la sabiduría que encierra el texto y hablan de «revelación» o «revelación profética».[13] La última parte del versículo enfatiza la «bendición o felicidad» de un pueblo cuando guarda la ley, es decir, la palabra revelada de Dios.[14] Cuando una nación no tiene acceso a la Palabra de Dios, «perece», se «desenfrena». Si aplicamos correctamente el axioma de Proverbios a las funciones del pastor, entonces comprobaremos que un aspecto clave del liderazgo es alimentar las ovejas con las verdades nutritivas de las Sagradas Escrituras. Un redil que tiene buen pasto siempre estará saludable. El salmista no está diciendo que los líderes espirituales deben anunciar a toda hora la imagen que anhelan de futuro, sino que capten la esencia de las verdades eternas de la Biblia para que la grey fructifique.

Por desgracia no solo se ha malinterpretado la visión desde el enfoque bíblico, sino que se ha reflexionado bastante poco en cuanto a los riesgos de aquella para los líderes y las comunidades de fe. Resulta irónico, pero los ministros podemos equivocarnos con facilidad en cuanto a nuestras perspectivas. En el liderazgo pastoral se abordan con mucho entusiasmo las posibilidades de esta, pero casi no se hace referencia a las considerables desventajas del pastor visionario. Cuando las «visiones» se anteponen al establecimiento de objetivos prácticos, entonces la ecuación de poder cambia por completo. Un pastor amigo mío, quien dejó una iglesia grande y en crecimiento con un líder autoproclamado visionario, describió la impotencia que sienten las personas bajo un mandato de este tipo: el único individuo que puede tener ideas creíbles y sobre el futuro es el visionario. Esta clase de líderes elige las juntas de supervisión, las cuales, en vez de administrar las tareas con sabiduría, se convierten en sus facilitadores privados. Los visionarios no aceptan rendir cuentas ni ser evaluados por nadie. A menudo tal rechazo a la crítica oculta su adhesión a los valores contemporáneos. La diferencia de estatus promueve el abuso de poder y las acciones imprudentes. Quizás los pastores fundadores y dinámicos son los que corren más peligro de sufrir posibles maltratos. No obstante, todos los ministros que adoptan un paradigma de liderazgo visionario empobrecido son vulnerables. Por supuesto, no todos los líderes de este tipo se descarrilan o se vuelven una amenaza, pero la tendencia es que, con el tiempo, lleguen a serlo.

El pastor y mártir alemán, Dietrich Bonhoeffer, experimentó de primera mano los peligros destructivos del liderazgo visionario durante el auge del nacionalismo y el fascismo alemanes del siglo XX. En su brillante obra hace una descripción de una comunidad de fe que da frutos y señala el escabroso camino del líder pastoral visionario:

> «El Señor detesta los sueños visionarios porque hacen que el soñador se vuelva fatuo y pretencioso. Los hombres que albergan ideas de congregaciones utópicas, le exigen a Dios, a sus prójimos y a ellos mismos el cumplimiento de sus anhelos […]. Entonces, cuando su idea se destruye y ven que la congregación se va al garete, comienzan a acusar a sus hermanos, luego al Señor y, al final, a sí mismos».[15]

Dietrich Bonhoeffer critica duramente el liderazgo visionario que tiene por bases la perspectiva de una comunidad de fe idealizada. Los pastores, con facilidad, pueden caer en esta trampa. Exigen un determinado nivel de formación espiritual o desean una especie de grey utópica carente de ese realismo esperanzador que es necesario para la vida cotidiana mientras esperamos que se complete la historia redentora. La ensoñación visionaria se vuelve más nociva cuando va más allá de una comunidad de fe idealizada y se convierte en un porvenir grandioso que nos esforzamos por obtener. Muchas veces este sueño futuro refleja las normas culturales del éxito, es decir, persigue lo más grande, lo óptimo, lo espectacular. Su motor impulsor no es la gloria de Dios, sino el ego y la exaltación del líder visionario.

El ascenso y la caída de Jim Bakker y el imperio del ministerio PTL es uno de los ejemplos más trágicos de un liderazgo pastoral visionario que colapsa. Su escandaloso derrumbe dañó muchas vidas, la iglesia y nuestro testimonio del evangelio. Décadas después, los daños perduran. Analizar los problemas no significa señalar con el dedo, sino más bien, aprender de los errores. Jim Bakker, un sujeto descarriado, estuvo preso en la Penitenciaría Federal de Rochester, Minnesota, donde descubrió los escritos de Dietrich Bonhoeffer sobre el peligro de los sueños visionarios.

Este hombre, cuyo sueño visionario se convirtió en una pesadilla inimaginable, escribió desde su celda:

> «Dios me ha mostrado que uno de mis errores más trágicos en la vida fue permitir que mi visión de Heritage USA se convirtiera en el punto central de PTL, en lugar de mantener el evangelio de Jesucristo como nuestra prioridad. Leí las palabras de Bonhoeffer y [...] ¡cielos! se clavaban en mi corazón como alfileres. Me veía reflejado en cada frase y eso me causaba tristeza. En especial, verme a mí mismo, como el destructor de la comunidad que quería construir por amor a mis sueños».[16]

Al igual que muchos, yo admiraba a un líder prominente y pensaba que era un sujeto con una conducta íntegra. Se trataba de un orador de gran talento que quería utilizar la apologética cristiana para producir un impacto en un mundo cada vez más secular. Visitó nuestra congregación y la preparó con los fundamentos existenciales y filosóficos del cristianismo. Cuando conversábamos, hablaba de la perspectiva de su organización para cambiar el mundo. Era autor de varios libros reconocidos y yo, muchas veces, los citaba en mis sermones. Le estuve más que agradecido cuando apoyó con entusiasmo uno de mis libros. A su muerte, la cual lamenté, sentí que la iglesia mundial que él había inspirado y preparado sufría una gran pérdida. Luego de su muerte, le escribí un homenaje en el que expresaba mi aprecio por su vida intachable y su impactante ministerio. Sin embargo, poco después de su fallecimiento, empezaron a publicarse cada vez más informes de que este líder cristiano visionario había llevado una vida engañosa. Descubrían su participación en graves conductas sexuales y años de horrendos abusos contra las mujeres.[17]

Me sentí desconcertado, no solo por sus desgarradores e impensables actos mezquinos, sino también por toda la organización y su consejo administrativo, quienes le permitieron vivir sin rendir cuentas y reprendieron a cualquiera que intentara hacer preguntas sobre cuestiones de integridad moral y financiera. Está claro que hubo muchos factores que influyeron en este visionario extraviado. La cruda verdad es que los líderes de este tipo y el contexto en el que se mueven resultan con frecuencia caldos de cultivo para diversos abusos.[18]

Con frecuencia, el peligroso camino del líder visionario está asfaltado de orgullo. La visión que, con autoridad o sin ella, afirma: «Dios me dijo…», puede ser engañosa. Produce un sentimiento de suficiencia en los pastores y, a menudo, aviva la arrogancia vocacional. A veces los ministros creen que su llamamiento es más importante para el Señor y su obra en el mundo que el llamado de la grey a lo largo de la semana. Tal enfoque desvía la misión y malgasta las energías y los recursos que debería usarse solamente en el objetivo de la iglesia local: hacer discípulos.

La visión de Jim Collins sobre el liderazgo y las empresas eficaces aún brinda un sinnúmero de ideas referentes a la dirección de estas en todo el mundo. Señala las limitaciones de lo que él describe como el modelo de liderazgo del «genio narcisista con mil ayudantes».[19] ¡Igual de problemático en el mundo sin ánimo de lucro es el visionario con mil feligreses! Por desgracia, este es el perfil del líder pastoral que se presenta como paradigma de competencia para que otros ministros lo sigan.

Otro problema al que no se le da mucha importancia es lo insufrible que puede ser el modelo visionario para el pastor que lo utiliza como su *modus operandi* de liderazgo. Un entorno eclesiástico local donde la expectativa de una comunidad de fe es recibir con frecuencia una nueva visión del futuro, supone una enorme carga para el visionario. Es posible que los pastores de este tipo no tengan que ascender de nuevo al monte

Sinaí para obtener la última revelación especial. Sin embargo, dichas expectativas, las cuales, obligan a descubrir de modo reiterado la nueva perspectiva para la comunidad de fe, son desalentadoras y muchas veces provocan consancio, desilusión, escepticismo y agotamiento en el pastor.

Como ministro, me gusta pasar tiempo con las personas nuevas que empiezan a asistir a nuestra iglesia. Disfruto al oírlos hablar de cómo Cristo está transformando sus vidas en lo espiritual, lo moral y lo práctico. Una de mis responsabilidades en las reuniones con ellos es explicarles cuáles son los objetivos de nuestra familia en la fe. Por lo común, me preguntan por la visión de nuestra iglesia. Mi respuesta, siempre amorosa, es que en esencia no hay líderes visionarios en ella, ni una perspectiva específica del futuro. Más bien, nos enfocamos en el enfoque evangélico que Jesús nos da en las Sagradas Escrituras: una vida abundante de intimidad, honradez, influencia y alegría que él nos invita a experimentar como aprendices. Si vamos a ser visionarios pastorales, esta es la visión del reino que debemos proyectar a toda hora.

En vez de seguir el peligroso camino del liderazgo visionario, es mejor convertirse en el siervo principal de una comunidad de fe; ser una persona que busca la presencia del Señor y la dirección futura en compañía de muchos líderes dotados de la iglesia. La planificación sabia y la adopción de medidas audaces constituyen una parte relevante del liderazgo pastoral. Pero, la visión básica que debemos proyectar es aquella de la vida evangélica que Cristo nos llama a vivir en su reino, desplegada dentro de una comunidad de fe local en la presencia y el poder manifiestos del Espíritu Santo. La perspectiva que los pastores necesitan con urgencia no es la de un gran futuro humanista, sino la de la gloria de nuestro Dios trino. La seducción de los logros, obtenidos en detrimento de la intimidad, es un grave riesgo para los ministros. Los pastores famosos se pierden en amores desordenados, y los visionarios se ahogan en el orgullo; pero a los llaneros solitarios los destruye su propio aislamiento.

***El pastor llanero solitario.*** Esta historia muestra la crisis de dicho tipo de ministros. Un día, tras alertar a un grupo de pastores sobre los peligros del aislamiento pastoral, uno de ellos se me acercó con lágrimas en los ojos. Estaba emocionado y fue muy franco conmigo. Ante mí estaba un hombre de experiencia que había servido fielmente en una iglesia local por casi treinta años. Sin embargo, mientras escuchaba la conferencia, tuvo que aceptar su soledad. Puse mis manos sobre sus hombros para animarlo. Entonces las palabras de dolor brotaron, como un manantial, de su alma cansada: «Llevo treinta años empujando solo, rechazando la ayuda de los demás. Voy a marchitarme y morir sin congregación». Calmó su llanto y me aseguró que su siguiente paso sería acercarse a otro pastor y buscar una amistad transparente. Antes de marcharnos oramos para que Dios facilitara su búsqueda y le permitiera descubrir ese lugar seguro de conexión humana, de manera que conociera y fuera conocido por los demás.

Por sobre otras vocaciones de naturaleza social, este ministerio, tiene una enorme carga de vínculos humanos. Lo increíble es que muchas veces los pastores, aunque están rodeados de un sinnúmero de personas, actúan de manera aislada. El pastor solitario es una de las formas más dañinas en las que un ministro puede extraviarse en su vocación. El retraimiento pastoral es, sin duda, un terreno fértil para el desánimo y la conducta disoluta. Son indescriptibles los daños que tal actitud provoca en el ministro, su familia, la congregación y el testimonio de la iglesia.

Matt Bloom es un destacado investigador del bienestar de las congregaciones. Cuando el clero se aísla de los otros miembros, de la comunidad de fe y de las amistades cercanas fuera de la iglesia, enseguida la honradez, la salud y la longevidad de los pastores se ven afectadas. Su estudio precisó la necesidad de apoyar al clero, algo que él define como «apoyo entre bastidores». Afirma: «Los estudios realizados en más de cuarenta países de todo el mundo han descubierto que las relaciones positivas, afectuosas y enriquecedoras se encuentran entre las condiciones más importantes para cuidar nuestro estado físico [...] la ausencia de un fuerte apoyo social puede tener graves consecuencias en nuestra salud y prosperidad».[20]

Las extensas investigaciones de Rae Jean Proeschold-Bell y Jason Byasse sobre la salud del clero demuestran que existe una conexión entre el estrés y el aislamiento pastoral. Aunque son bastante reservados, señalan que el aislamiento social es muy dañino y que debe evitarse a toda costa. Ofrecen sabios consejos a los ministros, pero en especial a quienes se inician en el ejercicio de su vocación. Resulta en extremo importante cultivar amistades desde el principio, quizás mientras se cursa el seminario o cuidar de aquellas que ya se tenían desde «antes». Aconsejan tomarse unas breves vacaciones todos los años con algunos amigos.[21] Donald Guthrie, Bob Burns, Tasha D. Chapman y su equipo de investigación han realizado estudios profundos sobre la salud y la resiliencia de los ministros. La investigación destaca el aislamiento pastoral como una de las mayores preocupaciones:

> «Los pastores, muchas veces por miedo a lo que la gente pueda pensar, tienden a aislarse. Al hacerlo, no logran crecer espiritualmente. Como dijo un pastor: "Quisiera que otra persona me pastoreara, pero temo pedirle a alguien que entre en mi vida". Una vez más, las cuestiones se combinan: el aislamiento no solo constituye un descuido personal, sino también un mal liderazgo».[22]

En una investigación realizada por el Barna Group, el 52 % de los pastores dijeron haberse sentido muy solos y aislados de los demás en un período de tres meses.[23] Queda claro que hay muchas evidencias y una preocupación creciente respecto al aislamiento pastoral. Como individuos y representantes de instituciones, para que los pastores prosperen a largo plazo, deben vencer la atracción gravitacional del aislamiento y abrirse a una mayor conexión relacional. Sin embargo, otro daño pernicioso está al acecho en las lúgubres sombras del aislamiento pastoral: la autosuficiencia.

Consideremos el caso de Alex Honnold. Puede que la suya haya sido una de las escaladas más atrevidas de la historia de la humanidad. El 3 de junio de 2017, este hombre escaló El Capitan en el valle de Yosemite por la ruta Freerider sin cuerda ni protección. En tres horas y cincuenta y seis minutos, ascendió la pared de granito de tres mil pies y llegó a la cumbre sano y salvo.[24] ¡Asombroso! Sin duda, toda una hazaña. Yo le tengo horror a las alturas, así que me estremece la idea de estar en la cima de un precipicio de tales dimensiones. ¿Subir hasta allá arriba sin ningún equipo de seguridad? ¡Olvídalo! No obstante, esta imagen del escalador solitario describe muy bien el aislamiento autoimpuesto en la vida y el liderazgo pastoral. Los ministros que actúan como escaladores solitarios constantemente exhiben sus ascensos sin utilizar los ganchos de otros líderes, sin necesidad de apoyarse en el suelo ni de usar las cuerdas de seguridad de la grey. Un documental sobre Honnold reveló que vivía más o menos de la misma forma en que escalaba. ¡Casi no tenía vínculos con los demás! Al carecer de afectos durante la infancia y hasta su edad adulta, se convirtió en alguien que rechazaba a todo el que quería acercarse para tener una relación y amistad más profundas.[25]

En las Sagradas Escrituras vemos que Dios nos creó para que nos relacionemos con él y con nuestros congéneres. Incluso declara que no es bueno que estemos solos (Gn 2:18). Cuando estamos solos nos sentimos carentes, nos falta la alegría y no podemos trabajar bien. Fuimos redimidos como una comunidad, así que estamos llamados a integrarnos a ser miembros de la iglesia local (Mt 16:18). Además de sus funciones, los ministros deben recordar que también son ovejas. Los pastores que florecen viven ante una sola Persona, singular, pero sirven en medio de una congregación plural.

Al leer el Nuevo Testamento obtenemos una poderosa visión del liderazgo pastoral fructífero y constante. ¿Encuentras allí al pastor autosuficiente que siempre actúa solo? Todo lo contrario: hay una imagen de cuán significativo es conservar la intimidad con Dios y las relaciones con los demás.

El apóstol Pablo no ejercía su liderazgo en un aislamiento autosuficiente, sino con otros líderes y en colaboración con ellos. En el Libro de los Hechos, Lucas menciona a siete de los compañeros de viaje más cercanos del apóstol: Sópater, Aristarco, Segundo, Gayo, Timoteo, Tíquico y Trófimo (Hch 20:4). ¿Dónde está aquí el recogimiento del liderazgo en solitario? Más adelante en el mismo texto, Lucas describe con lujo de detalles la estrecha relación y el profundo afecto que emana del discurso de despedida de Pablo a los líderes de la iglesia de Éfeso (Hch 20:17-38). No es fortuito que el saludo final del apóstol en su segunda carta a Timoteo enumere nueve nombres de sus queridos amigos: Prisca, Aquila, Onesíforo, Erasto, Trófimo, Eubulo, Pudente, Lino y Claudia (2 Ti 4:19-21). Sin duda, nos enseña en su vida y en sus palabras que, aunque a veces experimentamos soledad en el liderazgo espiritual, esta nunca es una empresa solitaria.

Henri Nouwen, acertadamente, declara:

«Cuando Jesús habla de pastorear, no quiere que pensemos en un pastor valiente, solitario, que cuida de un gran rebaño de ovejas obedientes. Da a entender de muchas maneras que el ministerio es una experiencia comunitaria [...]. He comprobado una y otra vez lo difícil que resulta serle fiel al Señor cuando estoy solo».[26]

Los ministros pueden extraviarse mientras desempeñan su vocación. Entonces, cuando esto sucede, ¿de qué manera encuentran el camino a casa? Bueno, vamos a enfocarnos en este aspecto.

# 2

# HALLAR EL CAMINO DE REGRESO

*Jesús nos envía a ser pastores y nos aclara que una y otra vez nos tomará*
*de la mano y nos conducirá a lugares a los que preferiríamos no ir.*
*Nos pide que dejemos de preocuparnos por nuestra relevancia y que*
*llevemos una vida de oración; que nos olvidemos de la popularidad y*
*nos centremos en el ministerio comunitario; que rechacemos el liderazgo*
*basado en el poder y que asumamos uno en el que sepamos hacia*
*dónde nos lleva el Señor, tanto en lo individual como en lo grupal.*

HENRI NOUWEN, *EN EL NOMBRE DE JESÚS*

Hay dos cosas que me estresan: perderme y pedir indicaciones. Quizá por eso soy un fan de la tecnología GPS. Después de la rueda, considero que la mayor invención humana es el Sistema de Posicionamiento Global. Cuando estoy en una ciudad nueva o en otro país, quizás no tenga ni idea de dónde estoy, pero no me pierdo. Lo único que tengo que hacer es indicarle a mi dispositivo hacia dónde quiero ir, y enseguida aparecerá en la pantalla la mejor ruta y el tiempo que tardaré en llegar a mi destino. No solo se me proporciona el camino óptimo, sino que también una voz muy agradable y paciente me dice cuándo y dónde debo dar el siguiente giro. ¡No imagino mis viajes sin este tipo de tecnología!

Saber hacia dónde vamos y confiar en que llegaremos al lugar exacto es importante cuando viajamos o nos desenvolvemos en nuestro ministerio, el cual, dicho sea de paso, es bastante difícil. A veces el camino por delante se vuelve intrincado. Cada día, situación y contexto son únicos. Por la mañana, al levantarnos, sabemos que nos esperan circunstancias que están por encima de nuestras capacidades; somos novatos en cada nuevo rol de nuestra existencia. La dura verdad es esta: es muy fácil y común que los pastores se extravíen. Pueden tomar senderos equivocados, incluso con las mejores intenciones y llegar a callejuelas sin salida. Quizás lo más preocupante es que algunos no se percatan de que han perdido el rumbo hasta que se agotan y se desploman. El daño colateral para ellos, los miembros de su familia y la comunidad de fe traen consigo tristezas y desilusiones.

En todas las etapas del ministerio pastoral existe el riesgo de perderse. ¿Cómo hallan los pastores el camino de vuelta? Encontrarlo exige algo más que la adopción de una nueva filosofía de ministerio, o de las últimas técnicas de crecimiento de la iglesia, o el hacer ajustes en los horarios y las prácticas pastorales. Se requiere una mayor claridad en cuanto al ministerio pastoral. Para descubrir otra vez la senda correcta tienen que guiarse por el sistema de posicionamiento divino. Entonces, es necesario enrumbar la vida hacia el norte verdadero.

## REORIENTAR EL NORTE VERDADERO

Siempre me causa intriga mirar una noche estrellada y profunda. Recuerdo que, de pequeño, me quedaba embelesado mirando el cielo de verano. ¡Qué hermoso azul cristalino! Me recostaba bocarriba y sentía el calor de la tierra en mi espalda. Miraba hacia el vasto infinito sobre mí. Me preguntaba: ¿De dónde viene todo esto? ¿Hacia dónde va? ¿Cuál es mi lugar aquí? ¿Tengo alguna importancia? ¿Cómo viviré sin saber estas cosas?[1]

En el llamado vocacional de un pastor hay cuestiones existenciales básicas que cada uno de nosotros debe abordar de manera profunda en su experiencia cotidiana. Todos los pastores tienen interrogantes sobre el origen, el destino, la sabiduría, el sufrimiento, el significado y el propósito al tratar de dar sentido al mundo y experimentar vidas lógicas y coherentes. Si no hay respuestas satisfactorias para tales preguntas, entonces el ministerio pastoral, por muy sincero y bien intencionado que sea, se edificará sobre una base muy frágil. Cuando las tormentas de la vida azotan nuestro quehacer diario en nuestro trabajo pastoral, necesitamos las fuerzas no solo para soportarlas, sino también para florecer en medio de ellas. Ahora, ¿por dónde empezamos?

El ministerio pastoral comienza con Dios y sus buenas noticias. ¡Ese es nuestro norte! El autor, A. W. Tozer, señala que es allí donde nuestras preguntas existenciales más profundas deben comenzar. Él afirma:

> «Lo que nos viene a la mente cuando pensamos en Dios es lo más importante de nosotros. Es probable que la historia de la humanidad señalará que ningún pueblo se ha alzado a niveles más altos que su religión, y la historia espiritual del hombre demostrará que ninguna religión ha sido jamás más grande que su concepto de Dios».[2]

De manera acertada, Tozer nos recuerda que nuestra idea de Dios nos ubica. Su carácter y existencia es la base de toda la realidad y en ellos debe sustentarse todo el quehacer de los pastores. Si hay vacilación en este nivel básico, a la larga, el ministerio pastoral encallará en la costa rocosa de la zozobra, las contrariedades y el desespero. Ante todo, un pastor debe creer con su corazón, alma, mente y cuerpo la premisa de que el Señor es real y que se ha revelado a su creación; esta es la verdad más auténtica del universo. Nuestra comprensión del Dios trino se revela a través del mundo creado, pero sobre todo por medio de los sesenta y seis libros de los escritos canónicos y sus relatos.[3] Significa que nosotros también formamos parte de la historia y guiamos a otros en esta narración que se desarrolla en nuestro espacio y tiempo.

***Una historia en cuatro capítulos.*** Ante tal complejidad del ministerio bíblico, los pastores reciben luz al ver cómo el Dios de las Sagradas Escrituras se revela a través de una historia de cuatro capítulos: creación original, caída, redención y nueva creación. Las categorías teológicas del relato bíblico de cuatro capítulos reposicionan las categorías existenciales humanas. En nuestra iglesia nos gusta traducir los cuatro capítulos como: el *debería*, el *es*, el *puede* y el *será*.[4] El primer capítulo de la «creación original» esboza el mundo como debería ser. El *debería* en nuestra historia refleja el anhelo y el diseño perfectos de Dios para su mundo, y nos explica que no vivimos en un universo agnóstico, sino en uno moral. El segundo capítulo, al que llamamos «la caída», representa el mundo tal como es ahora. El *es* en nuestra historia expone la ruptura cotidiana en nuestras vidas y en el mundo debido al pecado y sus efectos desintegradores en nuestros vínculos sociales y demás aspectos de la realidad. El *es* juega un papel relevante en la difícil cuestión de la teodicea, ya que les ofrece a los pastores una mejor comprensión del mal y el sufrimiento en el mundo. Esto resulta en extremo importante para la atención pastoral, ya que los feligreses enfrentan innumerables sufrimientos. Los pastores deben comprender que una parte de los mismos proviene de la dolorosa realidad de nuestra naturaleza caída, y otra, de un personaje malvado que odia a Dios y quiere engañar y destruir todo aquello que él ha diseñado y ama.

El tercer capítulo de la «redención» trae buenas noticias al mundo porque es un avance de cómo este podría ser. El *puede* de nuestra historia refleja el compromiso amoroso de Dios, el cual se manifestó cuando envió a su hijo Jesús como sacrificio expiatorio por la humanidad caída para rescatarnos así del pecado y de la muerte, con lo que hizo posible una vida de nueva creación. Incluso, en medio de los sufrimientos y las injusticias, los pastores pueden ser mensajeros de esperanza para el corazón de los hombres. El Señor no ha abandonado este mundo sumido en la maldad, sino que lo está redimiendo. A diario, instaura su reino a través de Cristo, el Rey crucificado y resucitado. La cuarta parte de la «nueva creación» o «consumación» es el capítulo final de la historia bíblica, y establece cómo *será* la creación en el futuro; ¡nuestra meta! La nueva creación es una gran esperanza para el mundo. Sabemos que, hoy, el Señor conduce la historia hacia un fin de justicia donde se juzgará el mal y se restaurará la perfecta comunión entre los hombres y el Dios trino. Viviremos eternamente con él en un mundo nuevo.

***El evangelio como centro.*** Sin embargo, debemos ver que esta historia de cuatro capítulos se centra en Jesús, quien es la verdad más auténtica. El escenario metafísico está, en última instancia, enraizado en una persona. ¿Qué significa esto? Quiere decir que los pastores no se reposicionan sobre la base de una idea o una historia, sino de una persona: Jesús, quien es el centro, desde la creación hasta los días postreros. Pero no solo eso: tenemos la certeza de que él también entró en la historia. Abandonó el trono celestial del Dios trino y vino a un planeta destruido por el pecado, se encarnó y llevó una vida sin mancha; fue a la cruz y murió allí por nosotros. Venció a la muerte cuando resucitó. Luego ascendió a los cielos y volverá un día a esta tierra para ponerlo todo en orden. De esta forma, dio inicio al reinado eterno. Al arrepentirnos y aceptarlo por fe, no por nuestros méritos, somos perdonados de nuestras iniquidades y disfrutamos una existencia de nueva creación mientras su reino se establece por completo.

Pudiéramos decir que el ministerio pastoral surge de este relato bíblico y nos da una comprensión coherente del mundo, nuestro lugar en este y la esperanza del evangelio en nuestras vidas y ocupaciones. En el centro de este ministerio está nuestra participación como embajadores de Cristo, quien todavía vive, ama, respira y comparte las buenas nuevas. La historia humana y redentora avanzan mientras el ministerio pastoral camina al ritmo de un Dios trino que habita fuera del tiempo y que cumple sus propósitos soberanos para su gloria y alabanza.

El evangelio tiene que ver con una persona y el ministerio pastoral con muchas. La fe que proclamamos no es un sistema moral o un grupo de creencias doctrinales (por muy importantes que sean), sino una persona que conocemos y que nos conoce. Desde Génesis hasta Apocalipsis, las buenas noticias abordan el tema de la intimidad con el Señor y con los demás. El pastor siempre debe estar en una constante búsqueda, no solo para saber de Dios, sino también para conocerlo en persona y ser conocido por él. En su brillante carta a los Gálatas, centrada en el evangelio, el apóstol Pablo menciona cómo la iglesia ha crecido en su comunión con el Altísimo: «Pero ahora que conocen a Dios, o más bien, que son conocidos por Dios» (Gá 4:9). Nuestra comunión con Cristo y la presencia del Espíritu Santo constituyen un avance de lo que está por venir. En su descripción poética del amor, el apóstol escribe: «Porque ahora vemos por un espejo, veladamente, pero entonces *veremos* cara a cara. Ahora conozco en parte, pero entonces conoceré plenamente, como he sido conocido» (1 Co 13:12).

***Empezar por el por qué.*** En cuanto a su vocación, los pastores no solo deben guiarse por las buenas noticias de Dios, sino que también deben mantener claro su propósito final. Debemos reorientar nuestros objetivos específicos. Simon Sinek nos recuerda que antes de dar inicio para lo que nos toca ejecutar debemos hacernos la gran pregunta del por qué: «Con "por qué" me refiero a cuál es tu propósito, causa o creencia. ¿Por qué existe tu empresa? ¿Por qué te levantas cada mañana? ¿Por qué debería importarle a alguien?».[5] Muchas veces el ministerio pastoral se centra en lo que debemos hacer y no en por qué lo hacemos. Cuando el «por qué» de nuestra vocación se difumina, entonces, de forma inevitable, se apaga nuestro fervor y la misión comienza a naufragar. El Catecismo de Westminster plantea primero la gran pregunta del por qué: «¿Cuál es el fin principal del hombre? La respuesta: glorificar a Dios, y gozar de él para siempre».[6]

Aunque esto se aplica a todos los seguidores de Jesús, el ministerio pastoral se basa en este fundamento para incluir la razón de ser de la iglesia en la que se sirve. Además del Catecismo de Westminster, como pastor de una iglesia local, añado que Cristo y su iglesia son la esperanza del mundo. El gran porqué que alienta mi ministerio pastoral, lo que me hace salir de la cama todos los días y dar lo mejor para la obra que el Señor me ha llamado a hacer, es que creo desde lo más profundo de mi corazón que la iglesia local, tal como Dios la diseñó, es la esperanza del mundo. Tener bien claro el gran porqué de mi vocación me ha permitido, por más de treinta años, enfrentar esos momentos de victoria y de derrota tan característicos del servicio dentro de la comunidad de fe.

***Nuestro horizonte temporal.*** Como pastor fundador de una iglesia, una de las cuestiones más importantes que consideré desde el principio fue cuál sería el horizonte temporal del diseño arquitectónico y la misión de la iglesia que estábamos estableciendo. Aunque teníamos el horizonte intemporal de la eternidad como objetivo clave, era en extremo importante definir el horizonte temporal de una institución que debía seguir en pie luego de varias generaciones.

Para todo pastor, sea que esté construyendo una empresa, una organización o una vida, tener un horizonte a largo plazo es de gran importancia. El ministerio pastoral abarca este tipo de horizonte porque Dios percibe el tiempo de una manera muy diferente a la nuestra. El apóstol Pedro, quien espera la venida de Jesús, lo expresa de esta forma: «Pero, amados, no ignoren esto: que para el Señor un día es como mil años, y mil años como un día» (2 P 3:8). Entonces, aunque anticipemos el instante en que el Señor cerrará el telón del tiempo en la historia del hombre, sin duda, erramos al pensar que nuestro llamado vocacional es algo que se puede lograr por completo en esta vida. Por otra parte, reconocemos la brevedad de este viaje efímero y la importancia de administrar bien el tiempo. El salmista no solo habla de un horizonte temporal eterno, sino también de uno corto. «Enséñanos a contar de tal modo nuestros días, que traigamos al corazón sabiduría» (Sal 90:12). Cuando entendemos que hay una eternidad ante nosotros tratamos de vivir con sabiduría en el presente. Muchos pastores se agotan porque tienen un horizonte temporal inadecuado. Cuando empezamos con la vista puesta en nuestros propios horizontes temporales, centrados en la inmediatez, nuestras vidas y ministerios se vuelven frenéticos. Eso puede provocar agotamiento o contribuir a que surja cualquiera de los tres paradigmas de mal liderazgo. Nuestro público en esta vida debe ser el Señor. Él, en sus designios momentáneos para nosotros, es quien reorienta nuestro horizonte temporal.

Desde nuestro sitio en la historia, hasta nuestro nuevo horizonte temporal, la reorientación de nuestro verdadero norte reorienta nuestro enfoque como pastores y lo que hacemos en nuestros ministerios. Toda la realidad se resume a un Dios trino y personal que se da a conocer en su más clara revelación, Jesucristo. Los pastores extraviados hallan el rumbo al seguir a este verdadero norte. Tal reorientación hace que nos guiemos correctamente por los puntos de referencia divinos.

## SEGUIR LOS PUNTOS DE REFERENCIA

Cuando enciendo por primera vez mi GPS, tengo que empezar a moverme para que precise hacia qué punto cardinal está orientado mi automóvil. Antes de eso, cualquier dirección que dé no tiene sentido. La sección anterior nos ayudó a tomar el rumbo del verdadero norte. A partir de aquí, podemos entender los puntos de referencia que Dios nos ofrece para nuestro ministerio pastoral futuro.

El Salmo 78 contiene un texto guía que aclara y ubica nuestra vocación para que podamos avanzar en el difícil terreno de la vida y el trabajo del ministerio. El salmista afirma:

«Escogió también a David Su siervo,
Lo tomó de entre los rediles de las ovejas;
Lo trajo de cuidar las ovejas con *sus* corderitos,
Para pastorear a Jacob, Su pueblo,
Y a Israel, Su heredad.
Y él los pastoreó según la integridad de su corazón,
Y los guio con la destreza de sus manos». (Sal 78:70-72)

Al presentar al rey David como un modelo ejemplar de liderazgo en el pastoreo, surgen cinco verdades eternas. Estas hacen que los pastores extraviados encuentren el camino de retorno a un lugar de plenitud y fructificación.[7] Yo las percibo como puntos de referencia que nos ayudan a seguir el camino correcto; ¿cuáles son?: confiar en un Dios soberano, oír la llamada del pastor, aceptar la oscuridad, buscar una vida íntegra y ejercer la competencia de liderazgo. Veamos el Salmo 78 más detalladamente para profundizar en ellos.

***Confiar en un Dios soberano.*** El Salmo 78 describe la fidelidad del Señor para con Israel. Él anima y guía a las nuevas generaciones para que confíen en su amor eterno. El Dios que hizo el mundo está activo en su creación. El salmista recuerda a los lectores que, por sobre los fracasos del pasado y de la poca fe de los israelitas, el Señor permanece fiel y es digno de plena confianza. El poema llega a su clímax en los versículos 70-72, los cuales muestran al rey David como un ejemplo intemporal de liderazgo pastoril que honra a Dios.

El primer punto de referencia para la vocación pastoral es creer en un Dios soberano que apoya y guía nuestro ministerio. El salmista usa tres verbos concretos que anuncian la intervención de la Providencia en el liderazgo del rey David. Primero, lo «Escogió» como siervo. Luego, lo «tomó» de los rediles. Y después, lo «trajo» a pastorear a Jacob, su pueblo.

Así como este rey, los pastores deben comprender que Dios es el actor principal en sus vidas y en su labor. No es que ellos no tengan la responsabilidad de desempeñarse con fidelidad y arrojo, sino que el Señor es la luz que guía, el poder y la fuerza creadora de las circunstancias y los recursos para cumplir sus propósitos. Los ministros deben poner sus situaciones y su quehacer en las manos del Dios trino y soberano. ¡Él siempre está con ellos y va delante de ellos! No solo caminamos y dirigimos por fe; también descansamos en ella al saber que nuestro Padre celestial está pendiente de los más ínfimos detalles, circunstancias y obligaciones que nos esperan a diario.

Con frecuencia, mis allegados me recuerdan que Dios es quien manda y no yo. Ahora me viene a la mente la vez que tuve la ocasión de dirigir una nueva iniciativa ministerial. ¡Todo un reto! Mi esposa, Liz, y yo comenzamos a orar en busca de discernimiento. Mientras más lo hacíamos más cargado me sentía. ¡Se me ponía la piel de gallina ante la cantidad de trabajo y los enormes desafíos que se avecinaban! Me agotaba pensar en ello, y el momento de decidirme estaba bien cerca. Una noche, cuando ya me estaba acostando, la inaudible voz del Señor habló suavemente a mi corazón: «Tom, estoy en el asunto y quiero que actúes. Te he preparado para hacerlo. No solo voy a estar contigo, sino que también iré delante de ti. Reuniré el equipo que necesitas y proporcionaré los recursos. Descansa y confía en mí. Hagámoslo juntos».

En mi ministerio pastoral, no sucede con frecuencia que yo escuche la voz del Señor de forma tan clara. Mi norma de conducta es más bien una confianza diaria en que el Dios soberano ha llamado a los pastores y que él nos guía de manera providencial en cada paso del camino. La fe, si la entendemos bien, no es el reducto al que acudimos en busca de orientación, sino que es el modo principal de ver y enfrentar la realidad. Vivimos la vida mirando hacia delante, pero la entendemos mirando hacia atrás. A través del espejo clarificador de la retrospectiva podemos ver cómo el Señor, con sabiduría, gobierna las circunstancias, las relaciones y los recursos para nuestro bien final, para el avance del reino y para su gloria y alabanza. Un gran amigo me recuerda a cada rato: «¡Hombre, no tienes que hacerlo tú, él lo hace!». Sí, tiene toda la razón.

***Oír la llamada del pastor.*** El segundo punto de referencia para el ministro es escuchar la llamada del pastor. El salmista enfatiza el liderazgo del rey David «Para pastorear a Jacob, Su pueblo, y a Israel, Su heredad» (Sal 78:71). Aquí, en el Salmo 78 y en toda la Biblia, el modelo guía para el liderazgo pastoral es, precisamente, el de un pastor (ver Jn 10:11-16; 21:15-17; Hch 20:28-30; 1 P 5:2-4).

Nunca he pastoreado ovejas, pero crecí en una granja lechera de Minnesota. Aunque era joven y no comprendía muchos aspectos de la vida allí, podía ver que el cuidado de los animales necesitaba una atención constante y un arduo trabajo. Había que abrevarlos, alimentarlos y protegerlos a todos; requerían cuidados adicionales cuando daban a luz y medicamentos si estaban enfermos.

Algunos de los que ejercemos el pastorado no venimos de un contexto agrario y mucho menos de una cultura beduina del Oriente Medio.[8] No obstante, si queremos desempeñar el ministerio pastoral de modo eficiente, debemos atender a los principios intemporales que conforman el modelo de liderazgo de pastoreo y llevarlos a nuestro contexto de dones y ministerio. Timothy Laniak, quien ha vivido y estudiado entre los beduinos del Oriente Medio, es uno de los principales estudiosos de las artes del pastoreo. Explora las profundidades y las metáforas del mismo y menciona tres funciones principales de este. El llamado del líder pastor es proveer, proteger y guiar;[9] se le entrega una misión imperiosa (Mt 22:37-40; 28:19-20; Ef 4:11-13) que tiene un alto componente relacional. Permanecer con las ovejas y atenderlas resulta básico. El liderazgo del pastor surge y se desarrolla dentro de una comunidad religiosa. Posee un rol de doble supervisión: la dicha individual y el progreso comunitario. Los líderes pastores alimentan tanto el crecimiento del individuo como la salud de la institución. El líder pastor es un sujeto llamado a relacionarse; si la gente no es lo suyo, entonces tampoco puede ejercer su trabajo.[10] No se trata de si somos más extrovertidos o introvertidos, sino de hasta qué punto amamos de manera profunda a las personas que se nos confía.

Jesús comparó su liderazgo con el pastoreo de ovejas. Se refería a sí mismo como el buen pastor, aseguraba que conocía a cada una por su nombre y que ellas conocían su voz (Jn 10:3). Cristo lleva el mando de los pastores hasta el nivel más alto. Demuestra este máximo sacrificio en su disposición a dar la vida, si fuera necesario, por aquellos que están bajo su cuidado. Él expresó: «Yo soy el buen pastor; el buen pastor da Su vida por las ovejas» (Jn 10:11). Y lo hizo, ya que derramaría de forma literal su sangre inocente en la cruz en pago por nuestras iniquidades. Así que, el principio rector de un liderazgo abnegado es evidente en el comportamiento y las enseñanzas de nuestro Señor.

De manera acertada, el pastor Larry Osborne observa cómo las palabras de Cristo reformularon el paradigma del liderazgo de los pastores. A la provisión, auxilio y guía le adiciona el autosacrificio. «Él (Jesús) afirmó que daba su vida por las ovejas. ¿Qué significa esto? Sin duda, cuando se trata de ser un pastor del Nuevo Testamento, todo gira en torno a ellas, no al pastor».[11]

El ministerio pastoral es una vocación abnegada cuyo objeto son las ovejas. Siempre debemos tener presente a quienes pastoreamos y la iglesia en la que servimos. El salmista nos recuerda que el llamamiento de David como líder pastor no era de propiedad, sino de mayordomía. Dios lo llamó a pastorear al pueblo. Su rebaño fue Israel, quien al mismo tiempo fue la herencia del Señor. Este término sugiere el altísimo valor que Dios le da a quienes han hecho un pacto con él. Como pastores, tenemos la encomienda de proteger, proveer, conducir y alimentar a aquellos que él más quiere. Los ministros nunca deben olvidarse de que las ovejas son del Señor y que ellos son responsables de guiarlas bien.

*Aceptar la oscuridad.* El tercer punto de referencia del ministerio pastoral es aceptar la oscuridad. Con mucha frecuencia, esta se percibe como una limitante y no como una ocasión del tamaño de Dios. Y es que él realiza algunas de sus obras más transformadoras en medio de las tinieblas. El salmista afirma que el Señor escogió y preparó a David en lo oscuro antes de mostrarlo en público. «Escogió también a David Su siervo, Lo tomó de entre los rediles de las ovejas» (Sal 78:70). La Biblia nos ofrece una imagen convincente del corazón fiel y las manos tiernas del joven David. Cumple de forma cabal las tareas que le fueron asignadas en la completa oscuridad del desierto. Su único público es el Señor. En ocasiones, las sendas brumosas de Dios se abren paso a través de ese áspero terreno. Estas áreas son importantes en las historias bíblicas. Allí pueden existir tanto las privaciones como los deleites, podemos perder la orientación y también encontrar un nuevo rumbo. Con frecuencia, Dios utiliza la lobreguez de tales espacios como un medio para formar a los líderes pastorales. Timothy Laniak escribe: «En el sentido bíblico, el desierto es un lugar de soledad dependiente, disciplinada y purificadora donde se debe confiar en Dios. Es excelente para erradicar la autosuficiencia y la independencia».[12]

La Biblia aporta muchísimos detalles del momento en que David sale de la oscuridad del desierto y comienza su liderazgo pastoral. Él es el hijo menor de Isaí, así que se encarga del rebaño de la familia. Está tan alejado de la escena que ni por un instante se le considera como posible candidato para ser el próximo rey de la nación. Cuando Samuel llega a Belén en busca del futuro monarca, todos los hijos de Isaí desfilan ante él, pero ninguno pasa la prueba. Incluso el profeta se sorprende. Los hermanos de David parecían íntegros por fuera, sin embargo, en sus corazones faltaba algo muy importante para el liderazgo del pastor. Dios se dirige a Samuel y lo instruye para que vea al futuro rey a través de una nueva lente paradigmática, una que, lejos de enfocarse en lo externo, lo hace en la realidad del alma: «Pero el SEÑOR dijo a Samuel: "No mires a su apariencia, ni a lo alto de su estatura, porque lo he desechado; porque Dios no ve como el hombre ve, pues el hombre mira la apariencia exterior, pero el SEÑOR mira el corazón"» (1 S 16:7). El relato bíblico da un giro sorprendente: «Samuel preguntó: "¿Son estos todos tus hijos?". Isaí respondió: "Aún queda el menor, es el que está apacentando las ovejas". Samuel insistió: "Manda a buscarlo, pues no nos sentaremos a la mesa hasta que él venga acá"» (1 S 16:11-12). El joven David sale del anonimato y se presenta. Entonces, Samuel lo unge y el espíritu lo llena y lo prepara para algo que, con el tiempo, demostrará ser una vocación de liderazgo pastoral bien visible.

La historia de David nos recuerda que los líderes pastores se forjan en el yunque del anonimato y se refinan en el crisol de la visibilidad. A veces converso con algunos de ellos y se lamentan: «Mi ministerio es diminuto y nadie reconoce lo que hago». Cuando se comparan con individuos más notorios e iglesias más grandes, pierden la alegría y la confianza. Con el tiempo, la sofocante niebla de la amargura hacia Dios y hacia la congregación en la que sirven, invade sus corazones. En el Nuevo Testamento el Libro Santiago nos advierte que donde hay celos y ambiciones egoístas cunde el desorden y toda cosa mala (Stg 3:16). ¿Qué hacer entonces? Uno de los mejores antídotos contra tales sentimientos dañinos es rendirse ante la gracia que se halla en la oscuridad pastoral, ya que es un elemento que refina y forma. El mayor desafío en este trabajo no es servir de forma anónima, sino sortear los cantos de sirenas de la popularidad.

En mis veintitantos, tuve el privilegio de dirigir un ministerio universitario paraeclesiástico; eso me colocó en un lugar muy visible no solo en el campus de la Southern Methodist University, sino también en la ciudad de Dallas. Ser tan popular a una edad temprana me permitió conocer a líderes destacados. Agradezco mucho estos años de labor. No obstante, el protagonismo estimulaba el ego y empecé a sentirme un poco confundido. A veces me detenía un rato y tomaba un respiro en mi agitado modo de vida para mirar hacia atrás, entonces mi espíritu se inquietaba. En lo interno, estaba consciente de que necesitaba una mayor madurez personal y profundidad espiritual. Lo que precisaba no era ser visto, sino buscar a Dios en la quietud del anonimato.

Significaba dejar un rol visible en Dallas y trasladarme a Kansas City para establecer una iglesia pionera. Dios sabía que su plan perfecto era que yo aprendiera a servirle fielmente en la oscuridad. Con el paso de los años, he tomado decisiones para ser menos visto en el ministerio pastoral. Escojo lugares que no sean tan conocidos y ejerzo mi labor. Como pastores, a veces el Señor nos coloca en escenarios notorios, pero en ese caso, debemos orar en todo tiempo y aceptar nuestras obligaciones. Si quiere situarte en un ámbito relevante es aconsejable para tu alma dejar que él lo haga a su manera y en el momento exacto.

¿Sabes cómo veo el ministerio pastoral? Como una tortuga frente al poste de una cerca. ¿Has visto que alguna llegue a la cima ella sola? Imposible, alguien tiene que ponerla allí. Esto se aplica a cualquier líder pastor. Sin importar cuán bajo o alto sea el poste de tu ministerio, asegúrate de que no estás tratando de subir por tu cuenta. Si Dios quiere que llegues, deja que él, de forma indiscutible, te conduzca hasta la cima.

Muchos pastores reconocidos saben que su carácter, formación espiritual e intimidad con Cristo resultan insuficientes para sostener la gran carga de las presiones del éxito visible. Han necesitado permanecer en el desierto de la oscuridad. Y aún lo necesitan. Disímiles peligros los rodean cuando la luz que brilla sobre ellos es más intensa que la de su interior. Entonces, ¿qué hacemos si gozamos de la fama, pero con una formación defectuosa? Primero tenemos que saber la verdadera condición de nuestra alma. ¿De qué manera? Es necesario pasar bastante tiempo a solas con Dios, estudiar y orar. Podemos conversar con algunas personas sabias para que nos hagan las críticas oportunas. Es muy importante que otros nos den sus opiniones, aunque al principio sea duro oírlos. El ser visible puede tornarse peligroso para nuestras almas y relaciones en cualquier etapa de nuestra vida y liderazgo pastoral. En los últimos años, mi esposa Liz y otras personas cercanas, me han aconsejado disminuir mis viajes, ¡y los he escuchado! Soy más exigente en cuanto a las invitaciones para predicar fuera de mi congregación. Todavía necesito la oscuridad para el bien de mi alma, para ser más creativo en el ministerio y para relacionarme de forma más profunda con los más cercanos. La quietud y el anonimato son indispensables. Un pastor es sabio únicamente cuando avanza hacia la posición visible, sabiendo que Dios lo ha llamado, sin duda, a un ministerio más grande.

**Buscar una vida íntegra.** El cuarto punto de referencia en la vocación pastoral es la búsqueda de la integridad. Luego de mostrarnos el arquetipo del liderazgo pastoral, el salmista agrega: «Y él [David] los pastoreó según la integridad de su corazón» (Sal 78:72). La entereza de corazón es en extremo importante para nuestro ministerio. En el sentido bíblico, actuar con rectitud va más allá de decir la verdad o cumplir ciertas normas éticas.[13] Aunque esto es necesario, lo que más importa es que exista una transformación en el líder pastoral. Si en el interior de los ministros hay integridad entonces esta será manifiesta en sus acciones externas. Él vive, ama y ejerce su encomienda a través del desbordamiento de la honradez de su alma. Esto se aprecia en la profundidad de su formación espiritual, el aumento de su sabiduría, madurez emocional, virtud y frutos del Espíritu.

Cuando era niño, la letra de uno de mis himnos evangélicos favoritos provocó en mí los anhelos por una vida íntegra. «¿Qué me puede dar perdón? Solo de Jesús la sangre. ¿Y un nuevo corazón? Solo de Jesús la sangre».[14] El evangelio trae el perdón de pecados y la esperanza de una plenitud integral en nuestras vidas y labor como ministros. Los líderes que pastorean con un corazón íntegro, buscan la rectitud y experimentan el gozo de una «túnica de fidelidad» sin costuras.[15]

**Ejercer la competencia de liderazgo.** El quinto punto de referencia para el ministerio pastoral es el desarrollo de dicha aptitud. El salmista no solo afirma la importancia de la pureza del líder, sino también la habilidad del mismo en el pastoreo: David «... los pastoreó según la integridad de su corazón, y los guio con la destreza de sus manos» (Sal 78:72). La garantía en esta área requiere el crecimiento continuo en la competencia de liderazgo.

Una de las conversaciones más comunes que sostengo con los feligreses, gira en torno a su lucha con superiores ineficientes. Como pastor, yo también me he hallado en situaciones en las cuales la competencia de liderazgo es bastante pobre e intolerable. Algo innegable en el mundo sin ánimo de lucro es que, a menudo, se toleran líderes incompetentes. Incluso se promueve bajo la excusa de una amabilidad superficial y lealtades familiares. La iglesia local necesita el más alto nivel de aptitud de liderazgo para ser más bella en su expresión y más eficaz en su empresa.

Los desafíos y complejidades del liderazgo pastoral han aumentado muchísimo en los tiempos modernos. Un investigador de la resiliencia pastoral lo expresa de esta manera: «Durante la formación teológica, las responsabilidades del liderazgo y la gestión rara vez se debaten. De hecho, por lo general, los pastores se sorprenden al ver que el liderazgo y la buena gestión son vitales en su trabajo».[16] Al presente, sigo experimentando lo que el estudio revela en cuanto a la competencia necesaria para la eficacia pastoral. La competencia relacional, emocional, organizativa y técnica del liderazgo es un componente básico para las gestiones administrativas y la eficiencia del control. En mi caso, siempre estoy a la caza de oportunidades de adiestramiento y experiencias en la mejora del liderazgo. Aumentar nuestras aptitudes para dirigir no es una opción, resulta clave en el desempeño cotidiano. El líder pastor debe tener una conducta de aprendizaje y una curiosidad permanente en cuanto a temas de idoneidad; además de invertir tiempo y dinero para mantenerse al día.

Los líderes de pastoreo leales y fructíferos siempre quieren ser más competentes y guiar a sus congregaciones hacia una mayor espiritualidad, formación e impacto misionero. Nuestras habilidades, perspicacia y capacidad de liderazgo deben aumentar según la cantidad de años que ejerzamos el ministerio. Sin embargo, no podemos confundir la adecuación pastoral con la competencia de liderazgo. Nuestra aptitud está en las manos del Dios trino, en su continua presencia, guía y dominio. El apóstol Pablo dedica varias líneas al liderazgo espiritual en su segunda carta a la iglesia de Corinto. Nos recuerda de dónde proviene la idoneidad del liderazgo: «Esta confianza tenemos hacia Dios por medio de Cristo. No que seamos suficientes en nosotros mismos para pensar que cosa alguna *procede* de nosotros, sino que nuestra suficiencia es de Dios» (2 Co 3:4-5).

## HALLAR EL CAMINO DE REGRESO

No solo las ovejas se pierden, también los pastores. Sin embargo, el profeta Jeremías, ante la dolorosa imagen de pastores extraviados, asegura que Dios les proporcionará líderes que encontrarán el camino a casa. «Entonces les daré pastores según Mi corazón, que los apacienten con conocimiento y con inteligencia» (Jr 3:15).

Pero ¿cómo regresamos? Para ello debemos establecer cuál es el fundamento de nuestra fe, de nuestro propósito y del horizonte temporal que anima nuestras vidas y labor. Para llevar a cabo la tarea debemos admitir la centralidad evangélica, mantener la intimidad con Dios y vivir a plenitud la historia divina que se está desarrollando. Mientras desempeñamos el ministerio pastoral, a menudo confuso y peligroso, es prudente guiarnos en todo momento por los cinco puntos de referencia que aparecen en Salmos 78; a saber: confiar en un Dios soberano, oír la llamada del pastor, aceptar la oscuridad, buscar una vida íntegra y ejercer la competencia de liderazgo. Y, finalmente, al hallar el camino de regreso, los ministros no solo deben aprender a pastorear bien, sino que también necesitan ser bien pastoreados. Ahora nos centraremos en este aspecto.

# 3

# EL SEÑOR ES MI PASTOR

*Hemos reflexionado sobre ser líderes pastores, pero el
Salmo 23 nos recuerda que a la vez somos ovejas. En el
sentido bíblico, liderar comienza con ser liderado.*

Timothy Laniak, *While Shepherds Watch Their
Flocks [Mientras los pastores vigilan sus rebaños]*

Se llama Bill, pero yo le digo «mentor», porque referirme a él por su
nombre común le resta cierta importancia a su quehacer en mi vida.
Por su amplia experiencia, brinda servicios a líderes en una amplia
variedad de áreas. Los ayuda a obtener una mayor claridad en cuanto a
cómo Dios los ha diseñado, la mejor manera de añadir valor a las organizaciones en las que sirven y cómo dar frutos a largo plazo. Mi mentor me
conoce muy bien, ya que cuenta con años de práctica y posee las mejores
herramientas de evaluación disponibles. Ha logrado indagar en mis pensamientos más profundos, mis anhelos, mis sueños, mis esperanzas y los
deseos de mi alma. Así me ha guiado por el árido terreno de mi pasado.
Hemos hablado con toda sinceridad de los traumas de la primera infancia, mi familia, mis motivaciones y mis fortalezas y debilidades. Bill ha
evaluado con acierto mi bienestar, matrimonio y eficacia en el liderazgo.

A veces me he sentido incómodo al revelarle ciertas áreas. Pero estoy
aprendiendo a ser conocido por los demás y a conocerme a mí mismo.

Este proceso requiere eliminar varios niveles protectores que he acumulado durante años. En mis sesiones con Bill, he alcanzado una mayor claridad sobre quién soy y qué debo hacer. También he ganado a un amigo sabio, genuino y de confianza que me entiende y desea lo mejor para mí. Sé que solo tengo que llamarlo o mandarle un mensaje de texto y pronto acudirá. Su liderazgo en mi vida me ayuda a cuidar mi salud como debo y a liderar mejor a los demás. Lo cierto es que no me imagino desempeñando mi trabajo sin su capacidad orientadora y su presencia cotidiana.

## EL MENTOR DE NUESTRAS VIDAS

Por su gracia, el Señor ha puesto al mentor Bill en mi camino. Sin embargo, existe un mentor de vida más importante, alguien que juega un papel básico en el florecimiento pastoral. Debido a nuestro orgullo, a menudo vivimos como si el liderazgo pastoral fuera una empresa solitaria que desplegamos en nuestras propias fuerzas. Lo irónico es que advertimos a otros sobre el cultivo de la intimidad con Dios y descuidamos la nuestra. El liderazgo pastoral puede ser una vocación muy estimulante, pero también un viaje peligroso en lo individual, para nuestras familias y para quienes servimos. En la iglesia local vivimos, amamos y lideramos por medio de la persona que somos y la que llegaremos a ser. Un liderazgo resistente y fructífero a largo plazo exige un aspecto que está por encima de todo lo demás: crecer en la búsqueda del mayor amante de nuestra alma. Cualquier otra circunstancia en nuestras vidas descansa y se mueve en torno a nuestro supremo mentor: el Dios trino, quien es nuestro ministro y en quien estamos seguros. Él nos conoce y nos ama sin igual. Para liderar de acuerdo a un modelo de pastoreo, ante todo, necesitamos que Dios nos pastoree en amor.

*La salsa secreta.* Kansas City es un gran sitio para vivir y comer. Esta ciudad, a la que llamo hogar, es conocida por muchos aspectos, pero tal vez sobre todo por la más exquisita barbacoa del país. ¿Habrá un mejor avance del paraíso que el aroma de un plato lleno de carne asada? Aquí se celebra cada año el mayor concurso nacional de cocina a la parrilla. El codiciado premio de campeón de barbacoas se encuentra en los escalones más altos del mundo de la fama culinaria. Si se pregunta a los chefs galardonados qué distingue a su barbacoa, sin dudas harán alusión a su salsa especial y luego añadirán que no pueden decir el secreto «milenario» de sus ingredientes.

Creo que esto también se aplica al liderazgo pastoral fructífero. Existe una salsa secreta para la integridad, el bienestar, la resistencia, la eficacia y la buena cosecha pastoral. Su ingrediente básico no es aprender a dirigir bien, aunque es muy importante, sino aprender a ser bien dirigido. El éxito de los pastores en el ministerio no radica en lo bien que dirigen, sino en la buena dirección que reciben. Sí, los pastores deben ser íntegros y tener manos hábiles, pero también necesitan cultivar una amistad estrecha con el pastor de sus vidas. Precisan conocerlo cada vez más y ser conocidos por él.

***Mantenerse firmes en la misma dirección.*** Los pastores fructíferos enfrentan bien los retos externos e internos que implica la dirección de una comunidad de fe. Se caracterizan por mantenerse firmes en la misma dirección. Larry Osborne señala que el liderazgo pastoral es dificilísimo y que es un reto cada vez mayor en una sociedad tan cambiante como la nuestra. «¿Quién no sabe que es un trabajo agotador? Resulta una empresa titánica y siempre lo será. Hay etapas en que se vuelve más complejo y en esas nos encontramos».[1] Los ministros enfrentan un sinnúmero de provocaciones externas sin embargo, las más peligrosos son las que acechan en su interior. Sí, en el liderazgo pastoral las agitaciones en nuestra alma nos afectan más que las duras circunstancias que nos rodean.

Allí en lo profundo de nuestro ser experimentamos miedos, tentaciones y apetitos ocultos. ¡Cuántas zozobras y ansiedades acechan nuestra mente e interrumpen nuestro sueño! Los recelos y el desaliento se apoderan de nosotros y absorben nuestra energía emocional. Los malentendidos, los conflictos y las perplejidades conforman la trama diaria de la vida en la iglesia local. Mientras más personas, más problemas. También, nos enfrentamos a un enemigo implacable: el maligno intenta engañar, distraer, perturbar, destruir nuestras vidas y aun, a la novia de Cristo, a quien servimos. Las agudas palabras del gran reformador protestante, Martín Lutero, describen con acierto el ministerio pastoral:

«Con furia con afán
Acósanos Satán.
Por armas deja ver
Astucia y gran poder;
Cual él no hay en la tierra».[2]

Durante mis días de seminario, asistí a una iglesia maravillosa y llegué a conocer bien al pastor principal. O, bueno, eso creía yo. No olvido aquel domingo por la mañana en que mi mundo se vino abajo. Él estaba en el estrado junto con dos de los ancianos. Uno de ellos dijo: «El pastor tiene un anuncio importante». De inmediato el templo quedó en silencio. Con voz y manos temblorosas nuestro ministro leyó una declaración en la que confesaba su infidelidad matrimonial y su arrepentimiento por el daño que estaba causando a su familia y a la iglesia. Informó que había presentado su carta de renuncia y enseguida salió por la puerta lateral. No recuerdo nada de lo que los ancianos dijeron entonces; estábamos conmocionados, pero sí recuerdo la opresión en mi pecho y las punzadas en mi estómago.

Yo cursaba el seminario y me alistaba para la vocación pastoral. Aquello fue una gran decepción que me sacudió hasta lo más profundo de mi ser. ¿Y yo? ¿Comprometería mi integridad en el camino? ¿Viviría una mentira? ¿Sacrificaría a mi familia en el altar de la vanagloria y el éxito? ¿Era posible dar frutos como pastor no solo durante meses o años, sino también por décadas? ¿A quién acudiría en busca de ayuda y aliento? ¿Terminaría bien o desfallecería en la recta final?

Aunque los pastores experimentan innumerables golpes morales, he llegado a la conclusión, a lo largo de los años, de que existe un factor habitual y una amenaza siempre presente en sus ministerios: el lento desgaste y el insidioso deterioro que se producen de forma progresiva en sus almas. Cuando termina la luna de miel vocacional, los pastores tropiezan con las duras realidades de su vida y liderazgo. El idealismo en cuanto al ministerio se hace añicos y, en las lúgubres sombras del fuero interno, comienza a germinar una desesperanza silenciosa, una desilusión que aturde y un cinismo que corroe.

De forma emotiva, Eugene Peterson habla de la escasez de frutos y resistencia pastoral en nuestro tiempo:

> «Esta pérdida, más generalizada de lo que se creía en épocas más sanas, sitúa al pastor en sendas riesgosas, aunque, por lo común, inadvertidas. ¡Abundan las emboscadas! Vemos ministros que no oran, no crecen en la fe, no distinguen entre Cristo y la cultura, persiguen las modas, son cínicos, están raquíticos en lo moral; luego de veinte años de haber sido ordenados conocen menos de la oración que al principio, se ahogan en su propio ego desmedido y se pasean orondos, hinchados de las lisonjas que, por mucho tiempo, han recibido de feligreses bien intencionados: «Qué sermón pastor… maravillosa plegaria… no lo hubiera logrado sin usted».[3]

La vocación pastoral estimula y hace sufrir; es gloriosa, sin duda, y muy difícil. Nuestros llamados no son, para nada, carreras de velocidad. Los pastores necesitan adoptar una perspectiva a largo plazo y saber que se alistan en un maratón ingrato y fatigoso. Lo que importa no es cómo empezamos, sino cómo corremos y terminamos. Dondequiera que estemos en la senda pastoral, tenemos que admitir el hecho de que la diligencia, la fecundidad y el tesón no resultan de lo bien que dirigimos, sino de lo bien que somos dirigidos; no por la forma adecuada en que pastoreemos a otros, sino por la manera excelente en que somos pastoreados.

***Redescubrir el Salmo 23.*** Los controles de trabajo son necesarios en una iglesia local saludable y bien organizada. En donde sirvo, todos los años se pasa revista a las tareas de los obreros. Por desgracia, a veces se enfatiza más en el rendimiento laboral que en la rectitud de la persona. Por ejemplo, una pregunta obligatoria es: «¿Estoy liderando bien?». No caben dudas de que dicha interrogante es de gran importancia; pero considero que existe una aún más significativa, a saber: «¿Estoy siendo bien dirigido?». Si en nuestro desempeño nos vemos a nosotros como líderes principales antes de considerarnos como los primeros que debemos acatar, es en extremo fácil perderse en un sentido exagerado del ego y alimentar la autosuficiencia. Por el contrario, es juicioso percibir nuestra vocación como una línea ferroviaria: un raíl es liderar y el otro, obedecer. ¡Somos pastores y ovejas! Las mejores lecciones de liderazgo se obtienen en el proceso de seguimiento, tanto cuando oímos a los demás, como cuando seguimos a nuestro pastor. La primera llamada del liderazgo pastoral es acercarse y seguir a nuestro buen pastor en tierna intimidad, en acatamiento diario y en una vida de jubilosa adoración. En el Salmo 78:72 el liderazgo pastoral de David emana de la experiencia de ser pastoreado por Dios. Si queremos que nuestra visión del liderazgo pastoral en el Salmo 78 se amplíe, pues debemos ir al Salmo 23 y escuchar las frases intemporales del rey pastor de Israel.

«El Señor es mi pastor,
    Nada me faltará.
En *lugares de* verdes pastos me hace descansar;
    Junto a aguas de reposo me conduce.
Él restaura mi alma;
    Me guía por senderos de justicia
Por amor de Su nombre.

Aunque pase por el valle de sombra de muerte,
    No temeré mal alguno, porque Tú estás conmigo;
Tu vara y Tu cayado me infunden aliento.
    Tú preparas mesa delante de mí en presencia de mis
    enemigos;
Has ungido mi cabeza con aceite;
    Mi copa está rebosando.
Ciertamente el bien y la misericordia me seguirán todos los días
    de mi vida,
    Y en la casa del Señor moraré por largos días».

Desde que tengo uso de razón las palabras de este Salmo han sido compañeras habituales de mi alma. No fue hasta más tarde en la vida cuando empecé a verlo como un texto básico para el liderazgo pastoral. Sus versículos todavía se incrustan en mi mente y nutren mi alma con la verdad transformadora del Dios trino, cuya íntima comunión revitaliza, inspira, conforta y guía mi ministerio pastoral diario. Es, a todas luces, una manera de vivir que moldea y transforma el liderazgo pastoral. De forma precisa, Eugene Peterson, relaciona los Salmos con el llamado al liderazgo espiritual. «Para aquellos llamados al liderazgo en la comunidad de fe, el aprendizaje de los Salmos no es opcional, es obligatorio».[4]

El tema central del Salmo 23 se revela en el primer versículo: «El Señor es mi pastor, Nada me faltará». Aquí encontramos una de las verdades más genuinas del universo. La realidad de un Dios trino, autosuficiente, quien es pródigo por los siglos de los siglos, constituye el manantial para una vida exenta de privaciones. Dallas Willard afirma con razón: «Una vida abundante depende, en primer lugar, de la presencia de Dios en ella, porque él es la fuente de la misma».[5] La formación espiritual y la preparación necesarias para el liderazgo pastoral se basan y dependen de la verdad de un Dios eterno y trino, quien es nuestro creador, redentor y sustentador. Nuestro vínculo con el Señor es lo más relevante para este trabajo. Él es nuestro gran y buen pastor, el guía supremo de nuestras vidas.

El rey David se basa en las rutinas de su infancia cuando cuidaba del redil y canta el Salmo en un ambiente de pastoreo. De forma metafórica, describe la vida con Dios, donde no hay carencias. Se relaciona con el Señor de una manera muy íntima. Durante toda la poesía mantiene la primera persona del singular y repite una y otra vez «mi» pastor, mi guía, quien está conmigo, quien me consuela. Esta relación estrecha entre David y el Señor, su pastor, constituye una marca distintiva de este Salmo.

Para David, el Dios eterno y trino es su buen pastor, quien está a cargo de todo y acude siempre a socorrerlo. Como líder, el salmista experimenta esa vida de lo alto donde no hay carencia. Busca al Señor para que lo guíe y luego él guía a los demás. Sabe muy bien que su pastor lo entiende, que está al tanto de sus problemas y que no lo abandona en medio de ellos. David tiene un vínculo que es transparente, firme y basado en las garantías divinas. Aunque, igual que todos, tiene corazón pecador y vive en un mundo caído, confía en la perfecta dirección de Dios. Puede acceder y disponer de los recursos infinitos del buen pastor en todo momento. Sabe que nunca está solo.

Una de las disciplinas espirituales más vivificantes que he adoptado en mi andar como líder ha sido memorizar y reflexionar en el Salmo 23. A lo largo de los años se ha convertido en las últimas palabras que escucho cuando pongo mi cabeza en la almohada y las primeras que vienen a mi mente cuando me despierto al otro día. ¡La mañana me recibe con una verdad innegable! Dios no me diseñó para que quedara limitado a los insignificantes recursos de mi propia naturaleza finita. En cuanto salgo de la cama, sus versículos desfilan ante mis ojos. Entonces recuerdo quién soy, a quién le pertenezco, y quién está conmigo. Fui creado para vivir la vida con el Señor, disfrutar de su íntima presencia, acudir a su sabiduría infinita y beneficiarme de su poder divino. ¡Mi pastor enderezará mis sendas! Lo conozco y él a mí. Sé que me ama y guarda mis pasos.

## CUATRO VERDADES RECONFORTANTES PARA LOS PASTORES

En el Salmo 23, el rey David teje un hermoso tapiz poético que describe su vida fructífera. Declara su plena confianza en el Señor, quien es su pastor. No sabemos el contexto o las circunstancias específicas del salmista, ni siquiera su estado emocional cuando compuso el canto.[6] La alusión al «valle de sombra de muerte», pudiera indicar que se hallaba en un lugar muy oscuro, que quizás se sentía temeroso. Sus palabras inspiradas refuerzan los fundamentos teológicos y resultan, además, un recordatorio de cómo la verdad de Dios instruye y moldea la vida cotidiana del liderazgo pastoral. En este Salmo vemos cuatro realidades que brindan tranquilidad a los ministros en activo: la presencia, la dirección sabia, la provisión abundante y las esperanzas que traen ánimo. Todas guían de manera inigualable a los pastores que dan frutos.

**La presencia atenta del pastor.** Lo que tranquiliza a David cuando reflexiona sobre su buen pastor que lo guía, es su presencia atenta. A lo largo del Salmo 23, recuerda la presencia atenta y el conocimiento constante de su pastor. En el versículo 4, declara: «Tú estás conmigo». Sin embargo, en todo el poema, la presencia atenta de su pastor se patentiza en una multitud de formas y contextos. Está junto a él lo mismo en los exuberantes y verdes pastos, como en los temibles y oscuros valles. La presencia atenta de su pastor está allí con él para restaurar su alma, para ungir su cabeza con aceite de sanidad y para consolar su mente ansiosa y su corazón temeroso. La presencia de su pastor siempre está ahí para guiarlo.

Una de las batallas comunes del liderazgo pastoral es la soledad que sentimos. Tenemos heridas de ayer y hoy. A veces la vergüenza nos lleva a escondernos de los demás. Los sitios donde podemos ser nosotros mismos, como las amistades que nos quieren por lo que somos y nos apoyan pase lo que pase, pueden ser difíciles de hallar (y mantener). En ocasiones, las medidas extremas que debemos asumir por el bien de la organización, hacen que seamos incomprendidos y causan rupturas en nuestras relaciones. Mientras más crecen y se complejizan las estructuras que dirigimos, menos amigos nos acompañan para enfrentar los retos del liderazgo. Estos y otros factores tributan a esa especie de soledad crónica que los ministros experimentan.

Aunque debemos tomar medidas para no caer en el aislamiento y buscar amistades, lo más importante es cultivar la intimidad con ese pastor que siempre está con nosotros y nos atiende. La soledad pastoral más peligrosa es aquella que nos autoimponemos cuando nos hundimos en negligencias espirituales o nos distanciamos del buen pastor. Los pastores fructíferos siempre recuerdan que su buen pastor no les falla y está siempre con ellos dispuesto a compartir sus cargas. Henri Nouwen lo expresa así:

> «El misterio del amor de Dios no es que nos quite las penas, sino que primero quiere compartirlas con nosotros […]. La verdadera

buena noticia es que él no es un Dios distante, uno al que hay que temer y evitar, alguien vengativo, sino que es alguien que se conmueve con nuestros dolores y participa en las luchas humanas».[7]

Isaías, el profeta del Antiguo Testamento, en tiempos peligrosos e inciertos, da argumentos muy alentadores para la nación del pacto. Les recuerda la presencia atenta del Señor en sus vidas. El único Dios auténtico no solo está con su pueblo, sino que también interviene de forma activa a su favor. El profeta escribe: «No temas, porque Yo estoy contigo; No te desalientes, porque Yo soy tu Dios. Te fortaleceré, ciertamente te ayudaré, Sí, te sostendré con la diestra de Mi justicia» (Is 41:10). Estas palabras inspiradas dicen cómo el Señor siempre está pendiente de lo que nos sucede, no solo como líderes pastorales, sino también como sus hijos amados.

Cuando mi hija era pequeñita y estaba aprendiendo a caminar trataba de bajar las escaleras ella sola. Mi esposa y yo éramos madrugadores, así que yo me ponía allí para cuidar a Sarah en caso de que perdiera el equilibrio. ¡Aquello era toda una aventura mañanera! Si perdía la estabilidad, yo corría y me ponía a su lado. Poco a poco ganó habilidad y empezó a bajar más escalones sin mi ayuda, pero no sin mi presencia. A veces se tambaleaba y entonces yo la cogía de la mano y la aguantaba. Si daba un mal paso o se resbalaba, sabía que su padre estaba allí con sus brazos fuertes y cariñosos, dispuesto a sostenerla y a ayudarla para que llegara hasta abajo. Yo siempre estaba allí con ella y para ella.

Esta escena se parece a la del profeta Isaías con respecto a la presencia atenta de Dios en nuestras vidas. El buen pastor está siempre con nosotros, dispuesto a intervenir de manera gradual, según las necesidades. Como líderes pastorales a veces lo que anhelamos es saber que está presente. Otras, para ejercer el liderazgo, precisamos de una dosis extra de sus fuerzas cuando las nuestras se debilitan. También sucede que para enfrentar ciertos desafíos sabemos que nos hacen falta algunos recursos que no poseemos. Entonces, nuestro buen pastor acude gustoso a socorrernos. En ocasiones, experimentamos circunstancias en extremo dolorosas o golpes que nos dejan perplejos y acudimos a él para que nos sostenga con sus manos de amor y potencia. Tanto Isaías como el rey David declaran que nuestro buen pastor, con su presencia atenta, se glorifica y a la vez cuida del liderazgo pastoral. Antes de ascender a los cielos, Jesús, les encargó a los apóstoles la misión de hacer discípulos. Allí les recordó que él siempre estaría con ellos. Luego de todas las instrucciones, les prometió: «Yo estoy con ustedes todos los días, hasta el fin del mundo» (Mt 28:20). ¿Qué significa eso? Que los acompañará hasta el fin de los tiempos.

Los líderes pastorales que prosperan graban en sus mentes y cincelan en sus corazones la idea reconfortante de la atenta presencia del Señor en sus vidas y en su vocación de liderazgo. La sublime realidad de que el Dios trino está siempre con ellos posibilita que el liderazgo pastoral resista cualquier tormenta, se adentre en territorios inexplorados, rechace el veneno del cinismo, mantenga la comunión y termine bien. Nunca estamos solos. Nuestro buen pastor está con nosotros y para nosotros.

*La sabia guía del pastor.* Una de las principales funciones del ministro es conducir al rebaño. Entonces, no es de extrañar que un tema reiterado y básico del Salmo 23 sea que el buen pastor constantemente guía a David. Él afirma: «Junto a aguas de reposo me conduce [...] Me guía por senderos de justicia; Por amor de Su nombre» (Sal 23:2-3). En el hebreo existen tres verbos que captan la variedad de acciones que incluye la tutela del pastor y dos de ellos se emplean en este poema.[8] Aquí el salmista destaca cuán necesaria resulta una dirección personal y tierna para que el rebaño prospere. Reconoce y depende de su pastor para que lo encamine por sendas de justicia, detalle que resalta la sabiduría de Dios.

El conocimiento es algo que el ministerio pastoral necesita a diario. Como cualquier líder, los ministros enfrentan una enorme cantidad de cambios que implican volatilidad, incertidumbre, complejidad y ambigüedad.[9] No solo se mueven a través de un entorno, que de por sí es desafiante, sino que, además, transitan por el escarpado terreno de sus propias flaquezas. Lo bueno de la gracia es que, paradójicamente, las debilidades de los pastores se pueden convertir en fortalezas. La Escritura afirma que el poder de Dios se manifiesta en nuestra debilidad. Entonces, cuando somos débiles somos fuertes (ver 2 Co 12:9-10). Aunque existen dones espirituales de liderazgo y pueden desarrollarse hasta cierto punto, ninguno de nosotros estamos preparados en todas las áreas que requiere el liderazgo. Muchas veces carecemos de experiencia pastoral; pero incluso, si la tenemos, nos sentimos como novatos cada año que dirigimos. Al combinar estos elementos comprendemos el formidable reto que se yergue ante los ministros.

En el liderazgo es clave reconocer que el sabio pastor me guiará a través de su Palabra revelada y del Espíritu Santo que mora en mí. Debemos sostener esa receptividad espiritual que facilita dirigir una comunidad de fe con modestia y confianza. Así mismo, necesitamos tener la certeza de que siempre, por medio de la oración, tenemos acceso libre e inmediato al Altísimo y su poder. En el Nuevo Testamento, Santiago nos recuerda, para alentarnos, que la oración es eficaz: «Y si a alguno de ustedes le falta sabiduría, que se *la* pida a Dios, quien da a todos abundantemente y sin reproche, y le será dada» (Stg 1:5). Es allí, en el altar de las plegarias, donde mejor escuchamos la sosegada voz de la guía pastoral divina. El sabio escritor de Proverbios nos instruye no solo como individuos, sino también como líderes, para que confiemos a plenitud en Aquel que siempre nos guiará. «Confía en el Señor con todo tu corazón, Y no te apoyes en tu propio entendimiento» (Pr 3:5-6).

En mi caso, pongo toda mi confianza en el buen pastor porque sé que conoce cuál es el camino preciso que debo seguir. No solo está conmigo sino que, cual poderoso gigante, va delante de mí. ¡Siempre va al frente! Aunque a veces yo no conozco el sendero, tengo la total seguridad de que él sí. ¿Habrá rutas que Dios no sepa? Yo lo sigo, mientras conduzco el rebaño.

*La abundante provisión del pastor.* El Salmo 23 alude con frecuencia a la abundante provisión de nuestro pastor. David habla de pastos verdes y pródigos, de tranquilas aguas refrescantes, de la restauración de su alma, de la vara que corrige y el cayado que protege, de una mesa llena de manjares, de aceite perfumado sobre su cabeza y de su vida como una copa que rebosa de los cuidados tiernos y la magnífica provisión del Señor. Aquí no hay rastro de indiferencia divina o de escasez humana.

Aunque somos frágiles, vulnerables y dependientes, el salmista nos enseña que en Dios poseemos una vida gozosa y segura. Él es nuestra fuente de suministros.

En este ministerio necesitamos que Dios nos abastezca todos los días, ya sea en lo físico, en lo espiritual, en lo emocional, en lo relacional o en lo financiero. No solo cargamos con nuestras propias necesidades, sino también con las del rebaño que atendemos. ¿Quién no se ha agotado bajo el peso del yugo del liderazgo? Si queremos dar frutos, requerimos mirar a nuestro buen pastor para que nos provea a nosotros y al rebaño, y acordarnos siempre de que él tiene cuidado de ambos.

La señora Johnson era nuestra maestra de escuela dominical de primer grado. Su amor por un grupo de muchachitos enérgicos y llenos de curiosidad, impregnaba el aire mohoso del sótano de la iglesia rural que se le asignó. Era partidaria de imprimir en las mentes de los pequeñines las verdades eternas de las Sagradas Escrituras. Uno de los pasajes bíblicos que más utilizaba en sus clases era el de la primera epístola de Pedro: «Echando toda su ansiedad sobre Él, porque Él tiene cuidado de ustedes» (1 P 5:7). Hacía que los alumnos repitieran varias veces las palabras de exhortación del apóstol. Luego, sonriente, afirmaba: «Niños, Dios los ama y cuidará de ustedes». Entonces cantaba el estribillo de un himno que le gustaba mucho:

«Dios te guarda, Dios te guarda,
Cada noche y cada día,
al andar será tu guía,
Dios te guarda, Dios te guarda».[10]

Las sencillas pero profundas palabras que la señora Johnson grabó en mi pensamiento y vertió en mi alma, siguen siendo para mí un salvavidas en el liderazgo pastoral. Saber que mi buen pastor me guarda hace que yo afronte nuevos y mayores desafíos, avance mucho más en la fe y mantenga una gozosa resistencia en medio de los titánicos retos del liderazgo. En retrospectiva, veo que el Señor ha cuidado de mí y de la iglesia local que amo y sirvo. En el Salmo 23, David recuerda cómo Dios se ha ocupado de él y lo seguirá haciendo. ¡No hay motivos para temer! Como rey pastor, puede enfrentar, lleno de confianza y esperanzas, las faenas diarias y las problemáticas del futuro. ¿Qué tal si hacemos lo mismo?

Dallas Willard capta la esencia del Salmo 23: «Espléndido en amor, también lo es en recursos. Él es el buen pastor que, sin escatimar, satisface nuestras necesidades».[11] A toda hora surgen obstáculos que parecen difíciles; forma parte del escabroso terreno del liderazgo. Pocas cosas son más vitales para ejercer un ministerio eficaz y lograr el florecimiento propio que mantener cerca de nuestra alma la abundante provisión del buen pastor. ¿No está ahí para cuidarme y proveerme? Puedo entregarle todas mis preocupaciones porque sé que me guarda. Por lo común, cuando estoy más deprimido y ansioso por los conflictos del liderazgo, le digo a mi buen pastor: «Mira, encárgate de esto». Eso no significa que seamos pasivos, siempre debemos hacer nuestra parte. Sin embargo, recordemos que él tiene el control. No importa si enfrentamos demandas, retos o separaciones interpersonales: todo podemos dejarlo en sus manos amorosas, protectoras y capaces.

***El estímulo del pastor.*** Muchas veces el ministerio pastoral es una fragua de desilusiones y agobios. Cuando las ovejas salen del templo, el pastor queda allí soportando la carga de sus tristezas. El crecimiento espiritual y la transformación de la grey pueden ser lentos en extremo. Sucede también que a veces hay déficit en los presupuestos de la iglesia, no funcionan las recogidas de ofrendas voluntarias, hay divorcios, los conflictos interpersonales afectan la unidad y las personas se resisten a los cambios pertinentes. Sin explicación, miembros a quienes hemos amado y dedicado nuestras vidas por años, desaparecen y empiezan a asistir a otra iglesia. Para que los pastores se mantengan frescos y animosos, necesitan constantes dosis de aliento divino.

El Salmo 23:6, de manera gradual, trae palabras vivificantes llenas de estímulo y esperanza. Nuestro buen pastor no solo nos guía; debido al amor tierno de su pacto, él cuida también de nuestra retaguardia. Eugene Peterson interpreta las palabras de David y nos da la idea de una amorosa persecución: «Ciertamente el bien y la misericordia me seguirán todos los días de mi vida, y en la casa del Señor moraré por largos días» (Sal 23:6).

Mi buen pastor está conmigo. ¡Va delante y detrás de mí! Cubre mis espaldas, y cualquier cosa que yo pudiera ignorar la conoce y le importa. Cuando voy delante me guarda y anima. ¿Puedo fracasar terriblemente, obtener resultados mediocres, o un éxito increíble? Sí, pero siempre estoy bajo la nube de su amor soberano. El apóstol Pablo declara que, gracias al evangelio, nada de lo que sufra ahora o en el futuro me separará del amor de Dios en Cristo Jesús, nuestro Señor (Ro 8:35-39). Mi buen pastor me regala un hoy alegre y un porvenir lleno de esperanzas. David, humilde y confiado, declara: «Me darás a conocer la senda de la vida; en Tu presencia hay plenitud de gozo; en Tu diestra hay deleites para siempre» (Sal 16:11).

En el Salmo 23 aparecen cuatro afirmaciones que llenan de sosiego a los líderes pastorales. Los ministros fructíferos gozan de la presencia atenta del pastor, su sabia guía, su abundante provisión y su estímulo. Este poema anticipa al último rey davídico: el Mesías Jesús, nuestro Señor, Salvador y buen pastor.

## JESÚS MI BUEN PASTOR Y MI AMIGO ÍNTIMO

Jesús toma como referencia el Salmo 23 y afirma que él es el buen pastor, en quien experimentamos una vida abundante. San Juan nos muestra una escena clara de la intimidad que tenemos con nuestro buen pastor: «A este le abre el portero, y las ovejas oyen su voz; llama a sus ovejas por nombre y las conduce afuera» (Jn 10:3). Él nos muestra el camino con sabiduría: «Cuando saca todas las suyas, va delante de ellas, y las ovejas lo siguen porque conocen su voz» (Jn 10:4). ¡A raudales nos provee! Cristo afirma: «Yo he venido para que tengan vida, y para que *la* tengan *en* abundancia» (Jn 10:10). Nos alienta, nos da esperanzas y da su vida por nosotros: «Yo soy el buen pastor; el buen pastor da Su vida por las ovejas» (Jn 10:11).

En una tosca cruz romana, Jesús, nuestro buen pastor, dio su vida por sus ovejas. El Hijo de Dios, sin pecado, ocupó nuestro lugar. Realizó un sacrificio expiatorio, perdonó nuestros pecados y nos dio una vida de nueva creación en el reino que aún se está estableciendo. Cristo ha hecho posible que experimentemos una vida sin carencias ahora y por toda la eternidad.

¡Nos llama amigos! La noche antes de su crucifixión, reunió a sus discípulos y los invitó a una existencia de completa intimidad con él. Les propuso una relación más profunda: «Ya no los llamo siervos, porque el siervo no sabe lo que hace su señor; pero los he llamado amigos, porque les he dado a conocer todo lo que he oído de Mi Padre» (Jn 15:15).

Los pastores fructíferos cultivan una amistad íntima con el buen pastor de sus vidas; lo conocen cada vez más y son conocidos por él. ¿Existirá mayor gozo o prioridad en el liderazgo? Los ministros que guían bien son bien guiados. Siguen al buen pastor, su mejor amigo, en quien experimentan una vida desbordante. Los pastores solitarios, los que se extravían y andan cabizbajos, pueden hallar el camino de regreso al buen pastor. Estarán saludables y terminarán bien.

«Y el Dios de paz, que resucitó de entre los muertos a Jesús nuestro Señor, el gran Pastor de las ovejas mediante la sangre del pacto eterno, los haga aptos en toda obra buena para hacer Su voluntad, obrando Él en nosotros lo que es agradable delante de Él mediante Jesucristo, a quien *sea* la gloria por los siglos de los siglos. Amén». (He 13:20-21)

# SEGUNDA PARTE

# INTEGRIDAD

# DE CORAZÓN

*Y él los pastoreó según la
integridad de su corazón*

SALMOS 78:72

# 4

## LA VIDA INTEGRAL

*Y él los pastoreó según la integridad de su corazón,*
*Y los guió con la destreza de sus manos.*

Salmos 78:72

Se llamaba Humpty Dumpty. Era, además de un sujeto regordete con forma de huevo, el personaje más famoso de mi mágico libro de poemas infantiles. Por aquel entonces no me imaginaba que aquella rima sería una especie de metáfora de mis vivencias y del ministerio pastoral:

Humpty Dumpty
a un muro subió,
Humpty Dumpty
de allí se cayó.

Ni los caballos,
ni siervos del rey,
lograron a Humpty
armar otra vez.

Esta tonada infantil refleja mi naturaleza desgarrada y mi profundo anhelo de integridad. Estoy roto, por tanto, quiero que alguien me «recomponga» urgentemente.

Como líderes pastorales, nos topamos a diario con infinidad de mundos destrozados, igual que Humpty Dumpty: amistades destruidas, divorcios, problemas familiares, enfermedades, adicciones, dificultades en las áreas laboral y financiera, todo al estilo del personaje. ¡La pesada angustia de tantos quebrantos humanos es insoportable! A gritos, los corazones de los feligreses piden que alguien junte de nuevo sus pedazos y nosotros los oímos. A la vez, anunciamos el glorioso mensaje de que Jesús no solo nos perdona, sino que, incluso, trae sanidad y vida de nueva creación, ahora en su reino parcial. Sin embargo, hablando con franqueza, muchas veces no experimentamos el paso de la ruptura a la integridad que anhelamos en nuestras vidas y en nuestro liderazgo. En ocasiones nos parecemos más a Humpty Dumpty de lo que quisiéramos.

## PASTORES HUMPTY DUMPTY

A los pocos años de emprender mi labor de pastoreo caí en una crisis de fe existencial. No desconfiaba de la solidez y coherencia del cristianismo. ¡Para nada! Lo que me sucedía era que observaba la innegable y dolorosa falta de crecimiento y transformación espiritual en las vidas de mis feligreses. Las verdades bíblicas que enseñaba al rebaño los informaba, pero no los cambiaba. Mi preocupación más grande era que yo mismo no avanzaba del quebrantamiento a la integridad. Me sentía como un ministro Humpty Dumpty. ¿Lucía bien por fuera? Sin duda, pero sabía que adentro las cosas andaban mal. Mi alma estaba en duelo y luchaba por creer que, de alguna manera, podría recomponerse.[1]

Al conversar sin tapujos con otros pastores Humpty Dumpty me he convencido de que no estoy solo en mi experiencia. Algunos ministros, en medio de esta encarnizada lucha con nuestra falta de formación espiritual, tiran la toalla y abandonan su vocación. Otros continúan sirviendo en una comunidad de fe, resignados a la cortesía profesional y a una vida cómoda. Entonces, por medio de distracciones, ocultan el entumecimiento de sus almas.

Como se ha visto en los últimos capítulos, los pastores han perdido el rumbo. Los paradigmas corruptos afectan el trabajo, les impiden fructificar y ser guiados por Dios. Sin embargo, un modelo correcto solo ayuda a medias. David pastoreaba *según la integridad de su corazón.* La autenticidad y eficacia del ministerio pastoral en el largo y arduo terreno del liderazgo de la iglesia, requiere un servicio fiel, pero así mismo una formación espiritual práctica y reconocible en nuestras acciones. ¿La verdad bíblica que proclamamos con tanta pasión en cada prédica informa y transforma nuestra existencia? Amén de los deberes pastorales, ¿nos volvemos cada vez más íntegros, o chapoteamos en las turbias profundidades del quebranto? ¿Enmascaramos la pobreza de espíritu bajo un barniz de profesionalidad que resulte agradable? ¿Nos engañamos a nosotros mismos y a los demás diciendo que nuestro mundo interior está bien y nuestra vida en orden? ¿Fingimos a toda hora? Para dar fruto necesitamos abordar estas cuestiones.

El apóstol Pablo, en su discurso de despedida a los líderes de la iglesia de Éfeso, advierte lo siguiente: «Tengan cuidado de sí mismos y de toda la congregación, en medio de la cual el Espíritu Santo les ha hecho obispos para pastorear la iglesia de Dios, la cual Él compró con Su propia sangre» (Hch 20:28). Sin duda, cuidar de la paz y la seguridad de las congregaciones en las que servimos es muy importante. Pero él enfatiza en la entereza del alma y en la salud espiritual de nuestras vidas como líderes. El autoexamen es un elemento básico. Protegernos a nosotros mismos no es ser egoístas; resulta decisivo en nuestro adiestramiento y útil a la hora de ejercer el liderazgo en el ministerio. ¡Formar nuestro espíritu es lo primero! Los próximos capítulos abordarán cómo debemos hacer la obra de pastoreo según la integridad de nuestros corazones.

## LA VIDA QUE ANHELAMOS VIVIR

Opino que el escritor estadounidense, Henry David Thoreau, estaba en lo cierto cuando describió la condición humana como una desesperación silenciosa.[2] Sin importar nuestra edad, género, circunstancias de por vida o actuales, todos enfrentamos la dura realidad de que existe una brecha entre la forma de vida que anhelamos y la que vivimos actualmente. Jesús ofrece esperanza a las almas y las vidas rotas de Humpty Dumpty. Él dice:

«Yo he venido para que tengan vida, y para que *la* tengan *en* abundancia» (Jn 10:10). Nos invita a experimentar esa existencia que queremos en lo más profundo de nuestros corazones.

Sé que nunca experimentaremos la vida que anhelamos si nuestra búsqueda se centra en la autosuficiencia, el éxito, la fama, el poder eclesiástico y todo tipo de comodidades. Os Guinness señala, con razón, la ironía del empobrecimiento actual de nuestras almas. «El problema es que, como individuos modernos, poseemos mucho con lo cual vivir y muy poco para lo cual vivir [...]. En medio de la abundancia material, exhibimos pobreza espiritual».[3] Muchas veces en el ministerio nos lamentamos que la grey se muestra apática e inmadura en asuntos espirituales. Sin embargo, deberíamos preocuparnos de nuestra falta de formación espiritual y nuestra poca semejanza con Cristo. ¿Por qué los sermones carecen de unción? ¡Porque el alma está famélica! James Davison, con agudeza, habla a los líderes espirituales sobre el carácter de nuestra época:

> «El mundo moderno es en extremo confuso y hay poco consuelo espiritual. Los cristianos, igual que todos, quieren probar lo auténtico, lo razonable y lo profundo. Sin embargo, aunque lo procuran, no lo consiguen. Sin duda, necesitamos una visión alternativa que sea al menos un poco más adecuada al temperamento de nuestra época».[4]

Es necesario que respondamos a la ruptura y las ansias en nuestro fuero interno, ya que ante nosotros se extiende un camino de sabiduría que va de la pobreza espiritual a lo verdadero, coherente y pleno. La buena noticia es que nuestro Hacedor y Redentor, puede darnos la existencia completa que anhelamos; esa como nueva creación, obtenida mediante la muerte expiatoria en la cruz y la resurrección, está disponible para nosotros en el reino glorioso de Cristo. El agobio silencioso se convierte en un alegre deleite producto de la entereza de nuestra alma. Todo esto se logra al andar en el poder del Espíritu Santo. Jesús nos moldeará a su imagen y semejanza. ¡Es el único que puede reconstruir nuestras vidas Humpty

Dumpty! Como líderes, necesitamos experimentar lo que el salmista describe como integridad de corazón.

## INTEGRIDAD DE CORAZÓN

En Salmos 78:72, la frase «la integridad de su corazón» describe el elemento básico del liderazgo del rey David. Aquí los términos hebreos, *corazón* e *integridad*, son vitales para cualquier empresa de guía espiritual. En las Sagradas Escrituras, el corazón no alude al órgano físico, sino a una realidad completa que conforma nuestro mundo interior de sentimientos, percepciones, voluntad y pensamiento.[5] Dallas Willard, por medio de una meditación bíblica y filosófica, señala que el corazón humano es el centro de nuestras vidas. «Cuando hablo de nuestro corazón, me refiero a ese núcleo interno de nuestro ser del que fluyen todas nuestras acciones».[6] Curt Thompson, de modo riguroso, hace un compendio de reflexiones bíblicas, siglos de sabiduría espiritual e investigaciones recientes sobre la neurobiología interpersonal. Define el corazón humano así: «El corazón, nuestro yo emocional, cognitivo, consciente, inconsciente más hondo, se manifiesta mucho más a nivel del córtex prefrontal».[7] Sea como sea que lo definamos, este órgano ocupa el centro de lo que somos como seres de carne y hueso. Los corazones nobles hacen pastores nobles.

***Más que ética.*** Cuando oímos la palabra *integridad*, pensamos en el cumplimiento de una serie de reglas, en ser honestos con los demás o ser fieles a nosotros mismos. Es cierto que la rectitud tiene un componente ético. No obstante, el Salmo 78 brinda una imagen del rey David que resulta carente de supuestos morales. El asunto no es cumplir las promesas o ser franco. Más bien, se trata de una realidad ontológica.[8] La honradez es algo que brota del interior, no la manera en que nos comportamos según determinadas normas éticas en el día a día. No significa controlar el pecado.

Cuando mi esposa Liz y yo vamos a comprar muebles queremos saber la calidad del producto. Tratamos de averiguar si es sólido y resistente. ¿Está hecho de nogal o caoba? ¿O tiene un enchape que las imita? Nos interesa mucho que sea auténtico. Siempre estamos dispuestos a pagar un buen precio por un mueble de madera maciza, pero no por una imitación. Así mismo, la entereza humana no es un mero barniz agradable y ético. Brota del interior del individuo que da frutos. Su vida de pies a cabeza y de adentro hacia fuera es completa, robusta y franca. Cuando hablamos de este tipo de personas enfatizamos que es alguien «sólido» o «sincero». Ser íntegro no es solo decir la verdad: es vivirla.

## LA VIDA *TOM*

La palabra hebrea que se usa para integridad viene de los vocablos *tom* y *tamím*. Se traduce como «integridad», «intachable» o «rectitud».[9] El Antiguo Testamento las emplea con frecuencia para describir a quien es fructífero espiritualmente en la adoración, la sabiduría o el sufrimiento.[10] También se asocia a alguien que camina con Dios. Al principio de Génesis observamos cómo Noé resplandece cual estrella en medio de la noche oscura del pecado. El escritor del libro afirma: «Noé era un hombre justo, [*tom*] perfecto entre sus contemporáneos. Noé siempre andaba con Dios». (Gn 6:9). No obstante, debemos aclarar algo. A diferencia de otras nociones de progreso o florecimiento, el *tom* se centra en el ser interior del individuo. Aunque, por lo común, se relaciona con decisiones sabias en lo ético, y así se manifiesta la integridad, el *tom* no abarca la perfección moral. En Salmos 26, David clama: «Hazme justicia, oh SEÑOR, porque yo en mi integridad he andado, y en el SEÑOR he confiado sin titubear» (Sal 26:1; ver también Sal 7:8; 78:72). Se trata de un estado del ser, no de una vida ética. *Tom* es el nexo del mundo interior de una persona con Dios, el vínculo que conecta cada una de sus áreas y forma la integridad.

El clímax de la alianza con Abraham aparece en los primeros versículos de Génesis 17: «Cuando Abram tenía 99 años, el SEÑOR se le apareció, y le dijo: "Yo soy el Dios Todopoderoso"; anda delante de Mí, y sé perfecto [*tamim*]. Yo estableceré Mi pacto contigo, y te multiplicaré en gran manera» (Gn 17:1-2). Aunque Dios ya le había prometido muchas cosas, entre ellas una nueva tierra, renombre y un gran número de descendientes, ahora le invita a experimentar la vida fructífera para la cual lo había concebido: aquella vida integral que se perdió en Edén cuando el pecado y la muerte entraron en la creación. Recordemos que allí también él aseguró nuestra libertad a través de la sangre expiatoria de Cristo derramada en una cruz romana. Dicho tipo de existencia no se basa en los méritos de Abraham, es un don de gracia que el Señor le ofrece por la fe (Gn 15:6). El llamamiento consta de tres puntos bien delimitados: una vida de comunión, integridad e influencia. La primera es la base para un vínculo trascendente con Dios, la que a su vez produce una vida íntegra que se expresa en una influencia genuina. ¡Y eso también es para nosotros!

## LA INTIMIDAD CON DIOS

En Génesis 17:1, el Señor se revela a Abraham y le dice: «Anda delante de Mí».[11] La invitación que, por gracia, le hace al patriarca describe un estilo de vida que consiste en permanecer siempre inmerso en la presencia misma del Dios creador. Aquí, en un tono entrañable y tierno, se alude a un trato de profunda intimidad. La base de una existencia integral es estar en comunión con el Altísimo. Es imposible vivirla sin una búsqueda continua de su persona. La vida plena se forma y emerge de esa constante familiaridad con él. En un líder pastoral, la búsqueda de Dios se antepone a la entereza del corazón.

El cultivo de la intimidad con Cristo es un aspecto de primer orden en nuestro adiestramiento espiritual. El hermano Lawrence abre el cofre de los tesoros de la historia de la iglesia y nos muestra la forma de practicar la presencia de Dios en nuestra vida cotidiana. «Deberíamos alimentar y sustentar nuestras almas con un elevado concepto de Dios; pues el consagrarnos a él nos sería altamente grato [...]. Debemos entregarnos a Dios, tanto a través de las cosas temporales como espirituales, y buscar nuestra más íntima satisfacción, solamente en el cumplimiento de su voluntad».[12] Nosotros somos la imagen del Dios trino y personal. Por ende, nos creó para tener vínculos primero con él y luego con los demás individuos en una comunidad segura. Conocerlo y ser conocidos por él es, más que nada, una obra relacional íntima. Fuimos hechos para su deleite; para caminar, vivir, amar, respirar ante su presencia; es decir, estar conectados con Dios.

Si eres un líder pastoral, la realidad más importante de toda tu existencia es que el Señor te conoce, te entiende y está junto a ti. Comprende cada rincón de tu existir, tus alegrías, fracasos, miedos, penas y quebrantos. Él te ha adoptado en su familia y Cristo te ama de la misma manera que el Padre lo ama a él (Jn 15:9). Jesús te redimió, por tanto puedes sentir al Dios trino que te guarda y te atiende con la más profunda devoción y el más tierno afecto. Él se complace en ti y te ama con todo su corazón. Imagina el impacto en tu vida, relaciones y liderazgo si siempre fueras consciente de su presencia. Dirigirías con una fe audaz, una confianza humilde, un realismo halagüeño y un júbilo contagioso.

***Practicar su presencia.*** La Biblia describe al rey David como un hombre de corazón íntegro. Sin duda, constituye un modelo de la práctica de la presencia de Dios. En el Salmo 139, menciona una y otra vez la omnipresencia del Altísimo. Habla de su intimidad profunda con el Señor y admite que él lo conoce muy bien y que siempre está cercano. El salmista lo alaba y dice:

«Oh Señor, Tú me has escudriñado y conocido.

Tú conoces mi sentarme y mi levantarme;

Desde lejos comprendes mis pensamientos.

Tú escudriñas mi senda y mi descanso,

y conoces bien todos mis caminos». (Sal 139:1-3)

En una alabanza genuina, David recuerda que no hay lugar al que vaya donde Dios no esté con él, pues, ¡siempre acude en su ayuda! Aunque quizás no puede verlo, sabe por experiencia, que él no lo abandona. Curt Thompson insiste en la seguridad que tiene el salmista de que Dios está pendiente de él:

«Sabe que lo conoce, lo busca y lo guarda. Entiende que el Señor lo formó, lo entretejió en lo íntimo. ¡Las manos divinas formaron su embrión! El Altísimo no lo olvida y tiene planes para él. Los niños, ante las adversidades, imaginan cómo su madre los reconforta y los tranquiliza. Así mismo, el salmista piensa en Dios».[13]

Consciente de que está a salvo y seguro en el amor divino, el salmista concluye el poema 139 abriendo su corazón a una intimidad más profunda con el Señor. Quiere que este lo conozca mucho más y exclama:

«Escudríñame, oh Dios, y conoce mi corazón;
Pruébame y conoce mis inquietudes.
Y ve si hay en mí camino malo,
Y guíame en el camino eterno». (Sal 139:23-24)

A veces, nos inquieta saber que Dios conoce todos los rincones secretos y quebrantados de nuestro corazón. Al principio es incómodo salir de nuestro escondite; pero solo ante su rostro podemos ser conocidos y amados en todas nuestras áreas.

En los primeros años del ministerio caí en una profunda crisis de fe al observar que muchos de mis feligreses tenían vastos conocimientos bíblicos, pero adolecían de formación espiritual e intimidad con Cristo. Profesaban una fe que no era íntegra. Daban vueltas en un círculo religioso. Entendí que la grey reflejaba mi propia carencia espiritual y de comunión con el Señor. Mi cerebro estaba repleto de datos sobre la Palabra; sin embargo, tuve que reconocer que mi pensamiento y corazón estaban distantes. Había priorizado la búsqueda de conceptos sobre Jesús en vez de la intimidad con él. ¡Fue traumático para mi alma! La vergüenza que arrastraba, las inseguridades y las luchas pasadas me impidieron ser honesto con Dios. Un día, un amigo me dijo: «Mira, vuelve a leer los Evangelios como si nunca lo hubieras hecho». Por primera vez en mi vida, empecé a mirarlos a través de la oración y la intimidad, más que mediante las ideas o acciones. Por la misteriosa providencia de Dios y la obra del Espíritu Santo, mis ojos de fe se abrieron al hojear de nuevo sus páginas. Veía los preceptos y prácticas de Jesús como el modo de conseguir un vínculo más estrecho. Sí, ¡conocerlo y ser conocido! Luego de mucho tiempo, experimenté la proximidad que mi alma tanto anhelaba y que mi liderazgo pastoral requería. Me sentía bien, honrado y completo al ver que mis hechos se correspondían con aquello que expresaba. Ahora dirigía mi comunidad de fe de manera genuina, con desenvoltura y alegría.

Caminar ante Dios, refugiarse todos los días en su presencia y sentir la comunión íntima con él es la vida más dulce, alegre y dichosa que nos podamos imaginar. En Cristo, esa existencia está a tu disposición. Si queremos disfrutar la compañía del Señor, debemos obedecerlo sin condiciones.

*El camino de la obediencia.* Caminar ante Dios significa ser obediente de manera absoluta a su palabra. Jesús recuerda a sus seguidores que la obediencia es el camino para el fomento de la intimidad con el Señor. Él afirma: «El que tiene Mis mandamientos y los guarda, ese es el que me ama; y el que me ama será amado por Mi Padre; y Yo lo amaré y me manifestaré a él» (Jn 14:21). Muchas veces oigo a los líderes pastorales expresar que anhelan sentir un vínculo más profundo con Dios. Sin embargo, cuando hacemos un sondeo en sus almas, constatamos que la mayor barrera para lograrlo es la falta de voluntad a la hora de obedecer su palabra de todo corazón. Resulta fácil acatar hasta un límite; pero es decisivo que comprendamos que la obediencia parcial es la desobediencia más engañosa de todas. No importa cuántos argumentos manejemos: la obediencia a medias no es más que una rebeldía disfrazada. Cuando no hacemos lo que el Señor manda, construimos un muro que impide nuestro acercamiento a él. Los líderes pastorales que desean ser íntegros, necesitan descubrir y eliminar las áreas que no han sometido a Cristo. Acudir a un guía espiritual o a un colega del ministerio es valioso para la confesión y el arrepentimiento que cambia nuestro interior. Como lo declara Santiago: «Por tanto, confiésense sus pecados unos a otros, y oren unos por otros para que sean sanados. La oración eficaz del justo puede lograr mucho» (Stg 5:16).

*Que nuestro público sea el Señor.* Cuando Dios le dice a Abraham «Anda delante de Mí», lo invita a existir, primero, ante él. ¡No ante los hombres! Los pastores íntegros de corazón viven *coram Deo* (ante Dios). Vivir así significa cultivar en todo momento la intimidad con él y realizar todas nuestras obligaciones. Como sus criaturas, somos responsables ante Aquel que nos creó a su imagen. Una de las verdades más sinceras del universo es que un día daremos cuenta ante el trono divino de todo lo que somos y lo que tenemos.[14] Nuestro Padre amoroso que todo lo ve, jamás pasa por alto lo que pensamos, decimos o hacemos. El escritor de Eclesiastés finaliza su apasionada búsqueda de la vida satisfactoria y juiciosa con el siguiente alegato: «La conclusión, cuando todo se ha oído, *es esta*: Teme a Dios y guarda Sus mandamientos, Porque esto *concierne* a toda persona. Porque Dios traerá toda obra a juicio, junto con todo lo oculto, sea bueno o sea malo» (Ec 12:13-14). El profeta Jeremías también nos recuerda: «Yo, el Señor, escudriño el corazón, pruebo los pensamientos, para dar a cada uno según sus caminos, según el fruto de sus obras» (Jr 17:10).

En nuestro andar ante el Señor somos conscientes de que como él nos conoce, examinará nuestras vidas y nos recompensará si las administramos con prudencia. Somos entendidos si todos los días recordamos que él será quien nos haga el examen final. El apóstol Pablo advierte a los seguidores de Jesús que ellos también se enfrentarán al tribunal de Cristo. Para los verdaderos cristianos, este juicio no tiene que ver con su salvación, sino con la buena o mala gestión de sus vidas. «Porque todos nosotros debemos comparecer ante el tribunal de Cristo, para que cada uno sea recompensado por sus hechos estando en el cuerpo, de acuerdo con lo que hizo, sea bueno o sea malo» (2 Co 5:10).

En muchas ocasiones, he observado, con dolor, a algunos colegas que se han enfriado, se han alejado, se han extraviado o, sin más, se han vuelto perezosos en sus obligaciones pastorales. Diversas causas pueden formar corazones errantes, desilusionados o cínicos. No obstante, la primera en la lista es no aceptar deberes que tenemos ante un Dios amoroso y santo. Una de las mayores mentiras del diablo es que no somos responsables de nuestras vidas ante el Señor. El pastor y mártir alemán, Dietrich Bonhoeffer, observó atónito que Dios, en cierto sentido, se vuelve irreal cuando caemos en las garras de la tentación.[15] Las seducciones intentan aplastar el temor de Dios en nuestras vidas. ¡Lo que más le preocupa a Satanás no es que dejemos de amar al Señor, sino que dejemos de temerle! No debemos minimizar o ignorar la verdad del evangelio de la gracia inmerecida. Pero esto también se cumple en cuanto al temor de Dios.

Los pastores íntegros no solo aman al Señor desde lo profundo, sino que también le temen de la manera correcta.

***El verdadero temor de Dios.*** C. S. Lewis comprendió muy bien ambas cosas: la gracia y el temor de Dios. En su clásico literario *El león, la bruja y el ropero*, describe de manera brillante lo que sucede poco antes de que Lucy y Susan se encuentren con el gran león Aslan, quien es una figura de Cristo. El rico diálogo entre Lucy y el señor y la señora Castores resulta una verdad intemporal no solo para los niños imaginativos, sino también para los ministros:

> «Si hay alguien que pueda presentarse ante Aslan sin que le tiemblen las rodillas, o es más valiente que nadie en el mundo, o es, simplemente, un tonto.
>
> —Entonces, es peligroso —dijo Lucy.
>
> —¿Peligroso? —dijo el Castor—. ¿No oyeron lo que les dijo la señora Castora? ¿Quién ha dicho algo sobre peligro? ¡Por supuesto que es peligroso! Pero es bueno».[16]

El Dios trino al que amamos, servimos y adoramos con toda nuestra vida es fuego consumidor. ¡Nadie puede burlarse de él! No podemos ser triviales al leer su Palabra. Cuando vemos en las Sagradas Escrituras la frase «temor de Dios», a veces nos imaginamos un Creador furibundo del que debemos escapar aterrorizados. También existe la tendencia a creer que quienes conocen la gracia del evangelio no necesitan sentir temor de Dios. Todo eso es falso. Temer al Señor es vivir en una obediencia constante y sabia; es mantener una actitud de adoración y dependencia, sabiendo que nuestro Dios amoroso nos observa y que juzgará cuanto hacemos con nuestro tiempo, palabras, actitudes, acciones vínculos y recursos. Los libros sapienciales del Antiguo Testamento enseñan que un individuo puede considerarse prudente o insensato de acuerdo con su temor a Dios. El escritor de Proverbios afirma: «El temor del Señor es el principio de la sabiduría; los necios desprecian la sabiduría y la instrucción» (Pr 1:7). El apóstol Pablo defiende con firmeza que dicho temor es un componente básico en la formación espiritual que recibimos por gracia. El apóstol escribe: «Por tanto, amados, teniendo estas promesas, limpiémonos de toda inmundicia de la carne y del espíritu, perfeccionando la santidad en el temor de Dios» (2 Co 7:1). Santiago, por su parte, advierte que Dios juzgará a los líderes espirituales con mayor rigor (Stg 3:1).

***El reto de la visibilidad.*** Como líderes pastorales, con frecuencia tenemos que estar delante de mucha gente. Estar en el escenario, ser el centro de atención y sentir el aplauso de una multitud puede ser atractivo, ¿no es así? Es por ello que todo líder de este ministerio debe acordarse de las palabras del profeta Jeremías: «Más engañoso que todo es el corazón, y sin remedio; ¿Quién lo comprenderá?» (Jr 17:9). Una de las maneras en la que controlamos las motivaciones del alma es preguntándonos si somos los mismos cuando estamos ante una multitud que cuando nos hallamos frente a otras personas de manera individual. Si estamos rodeados de una comunidad espiritual y tenemos a un grupo de amigos adultos en cuestiones de fe, podemos, sin estar a la defensiva, pedirles que observen los motivos y las intenciones de nuestro corazón.

Un domingo por la mañana, luego del sermón, uno de mis amigos se acercó a mí y me dijo: «Disculpa, me parece que estás hablando mucho de ti». Se preguntaba si, en el fondo, yo estaba tratando de quedar bien o si quería impresionar a los demás con mis logros. ¿Anhelaba recibir los elogios de la grey? ¿A quién me dirigía? De forma amable, me sugirió otro lenguaje menos egocéntrico. Me aconsejó que pasara un tiempo a solas y buscara lo que mi corazón ocultaba detrás de mi oratoria. Al principio me sentí un poco a la defensiva. Sin embargo, sus sabias palabras me condujeron al necesario examen interior. Entonces descubrí que, en lo íntimo, había empezado a confiar en mis fuerzas y había brotado una raicilla de amor por el ego. ¡Necesitaba hacer cambios en mi discurso público! Una de las pruebas de fuego para determinar en qué estado se encuentra el alma de un ministro es esclarecer las motivaciones de su prédica. Ahora, en la primera página de mis sermones escribo: «Dios es mi audiencia». La frase me ayuda a recordar quién es mi auditorio más importante, y se ha convertido en una cita permanente de mi vida y liderazgo pastoral diarios.

La buena noticia es que los pastores pueden experimentar la integridad del corazón y vivir acorde a ello. Cuando estamos en Cristo y el Señor es nuestra audiencia, no tenemos nada que temer, ni encubrir demostrar. El miedo no neutraliza nuestra fe; la vergüenza no socava nuestra intimidad con Dios y el ego no esclaviza nuestro trabajo. Toda la energía de nuestra alma se focaliza en amar, honrar y servir a Jesús. Este amor íntimo deviene el principio integrador de nuestra alma. Cuando amamos bien a los demás y vivimos con gozo, entonces desempeñamos correctamente nuestros llamados vocacionales en el mundo. Ello hace posible que nuestros corazones íntegros sean quienes dirijan nuestro pastoreo.

## BUSCAR LA INTEGRIDAD EN TODO

En Génesis 17:1, El Señor invita a Abraham a caminar ante él, pero también a vivir un *tom* o vida integral.[17] Notemos que el llamado consta de un orden. La conducta honesta que el patriarca desea surgirá de la cercanía en su relación con Dios. Es allí, en esa paulatina intimidad, donde forjará el temple en cada área de su personalidad. Después de la invitación, le asegura una existencia llena de gracia y bendiciones ahora y para siempre.[18] Entonces le da un nombre e identidad nuevos. Lo urge a disfrutar la vida floreciente para la que fue diseñado, esa que anhela vivir.

Todavía recuerdo mi examen de ordenación para obtener mi título eclesiástico cuando era un pastor joven. Había escrito un documento bastante extenso en el que presentaba mis convicciones doctrinales y mi sentido del ministerio pastoral. Un equipo de líderes avezados me hizo infinidad de preguntas sobre teología y liderazgo durante tres horas. En realidad, lo que más evoco es el consejo que uno de los miembros me dio al despedirme. Me llamó aparte, reafirmó mi vocación y me dijo que reflexionara en estas palabras: «Tom, anda de acuerdo con lo que dices y di de acuerdo con lo que andas. Nunca hables de lo que no has andado y no andes en lo que no dices». A lo largo de los años, he guardado esas palabras muy dentro de mí. Jamás olvido que el ministerio pastoral es una convocatoria a vivir de manera íntegra.

Uno de los grandes peligros del ministerio pastoral es la tentación a compartimentar nuestras vidas, en vez de ejercer una vida integrada. Es fácil quebrantar nuestras promesas. Quizás una de las mayores amenazas vocacionales de los ministros es que tenemos facilidad de palabra; de hecho, a muchos nos pagan por hablar bien. En ocasiones incentivamos a otros a asumir vidas que nosotros no llevamos. Decimos que el evangelio llega a todos los rincones de la existencia humana. Sin embargo, a veces el mensaje que nos gusta y proclamamos no ha tratado con nuestras propias áreas. Nuestra nueva vida en el reino de Jesús, que aún no se ha establecido por completo, evita el riesgo de la compartimentación y el pensamiento dicotómico, como la divergencia entre lo «sagrado» y lo «secular». Charles Spurgeon expone:

> «Para un hombre que vive con Dios nada es secular, todo es sagrado. Se pone su ropa de trabajo y para él es una túnica [...]. Va a su trabajo, y en él ejerce el oficio del sacerdocio [...]. Vive y se mueve en la presencia divina. Hacer una rápida división y afirma: "Esto es sagrado y esto secular", es, a mi juicio, diametralmente opuesto a las enseñanzas de Cristo y el espíritu del evangelio».[19]

Es necesario que las verdades transformadoras del consejo de Dios reveladas en la Biblia, hablen y moldeen cada dimensión de nuestra existencia: pensamientos, deseos, relaciones, sexualidad, dinero y trabajo diario. Ni un centímetro cuadrado de nuestras vidas debe quedar fuera de los límites de la gracia sanadora del Espíritu y de su verdad. Podemos y debemos ser un modelo de franqueza, procurar el discipulado y la convergencia en todas nuestras áreas dentro de la comunidad de fe. El mayor discurso que predicamos es la vida integral que vivimos ante Dios y quiénes nos rodean.

Mientras más crecemos en Jesús, más intenso es nuestro vínculo con él y mayor nuestro deseo de ser líderes completos. Cuando perseguimos la entereza, la vida se vuelve más armónica. Los amores desordenados de nuestros corazones idólatras se ordenan y sitúan en su justo lugar. Igual ocurre con nuestras prioridades. Sentimos que el alma está a buen resguardo y nos convertimos en personas virtuosas. Steven Garber describe bien la naturaleza consistente y abarcadora de la vida integral: «Ver la vida integral como importante para Dios, para nosotros y para el mundo, que es el significado más pleno y certero de la vocación, es entender que nuestro anhelo de coherencia nace de nuestra humanidad más genuina. Es percibir la realidad de que ser humano y ser santo son una misma vida».[20]

**Entender el sufrimiento.** El evangelio trata con todas las áreas de la existencia humana. La vida integral, por su parte, cristaliza en cada una de las esferas de la vida cotidiana, incluyendo el dolor. La palabra hebrea *tom* alude a una forma de ser y de comportarse ante las adversidades.[21] El Libro de Job, en el Antiguo Testamento, es la historia de un hombre que mantiene su integridad en medio de angustias inimaginables. Se mantuvo firme aunque los vientos huracanados de la desgracia y la catástrofe soplaron con fuerza sobre él. El propio Job declara su entereza; incluso su esposa, quien lo incita a rendirse, maldecir a Dios y morir, reconoce que su marido posee una vida de rectitud. Lo más importante es que el Señor mismo le declara a Satanás que Job era una persona íntegra.[22]

No es casual que en medio de la angustia se presente a Job como una persona honrada. Como líderes pastorales, sus acciones nos sugieren que la entereza es una cualidad que se forja de manera única mediante las adversidades y penurias. El sufrimiento, aunque desagradable, no debería sorprender ni derrumbar a los seguidores de Cristo. Más bien ha de percibirse como el modo en que Dios transforma nuestras vidas para hacernos más cómo Jesús. El apóstol Pablo declara: «Y no solo esto, sino que también nos gloriamos en las tribulaciones, sabiendo que la tribulación produce paciencia; y la paciencia, carácter probado; y el carácter probado, esperanza» (Ro 5:3-4).

Como líderes pastorales no solo afrontaremos el infortunio y la aflicción comunes a todos, sino también tipos específicos de agonía relacionados con la fidelidad vocacional. Sentiremos el aguijón de la crítica hiriente, escucharemos la desaprobación de las expectativas no cumplidas, seremos presa de las emboscadas del dolor, el fracaso nos mirará cara a cara, seremos incomprendidos, malinterpretados y maltratados. Enfrentaremos las intrigas del diablo, cuyo odio demencial hacia la esposa de Cristo recae directamente sobre quienes cuidan el rebaño de Dios. Tomemos la cruz y sigamos a nuestro Señor que sufrió. Apoyémonos en las ráfagas de la adversidad, sabiendo que la vida integral y el liderazgo se forjan en el yunque del sufrimiento.

***Procurar la sabiduría.*** Pocos textos bíblicos hablan más de la integridad que el libro de Proverbios en el Antiguo Testamento (ver Pr 1:12; 2:7, 21; 10:9, 29; 11:3, 5, 20; 13:6; 19:1; 20:7; 28:6, 10, 18; 29:10). Aunque en las Sagradas Escrituras la vida íntegra rebasa lo ético, el comportamiento y la manera en que dirigimos cada día, expone nuestra rectitud.[23] En Proverbios, leemos:

> «Él reserva la prosperidad para los rectos *y es* escudo para los que andan en integridad, guarda las sendas del juicio, y preserva el camino de Sus santos». (Pr 2:7-8)

El escritor de Proverbios subraya la importancia de la vida sabia en materia de justicia y atención a los vulnerables. Describe la existencia integral como ejemplo de sabiduría en nuestro trabajo y economía. También enfatiza en el valor de la pureza sexual, las relaciones adecuadas hacia el prójimo, la gestión de nuestros recursos económicos y el cuidado de nuestro cuerpo. La vida completa que Dios desea para nosotros y para la que nos prepara exige decisiones sensatas constantemente.

Jesús nos dice que la fidelidad o carencia de ella en cuanto a los tesoros terrenales, se relaciona con nuestro acceso a las riquezas espirituales de su reino (Lc 16:11). El apóstol Pablo nos dice, como líderes espirituales, que nuestra cualificación para dirigir en la iglesia se originan del buen cuidado de nuestros hogares (1 Ti 3:5). La vida sabia e íntegra, imprescindible para el liderazgo del ministro en la iglesia, se observa primero en la casa. Unos de los indicadores más evidentes de la integridad del corazón es la forma en que los pastores administran sus finanzas personales. Las aptitudes para estas, la salud emocional y la disciplina física, no solo aportan fuerza, temple y longevidad, sino que también exhiben una vida honrada. Del mismo modo que no hay un centímetro cuadrado del universo que no pertenezca a Cristo, así tampoco existe un espacio de nuestras vidas donde la sabiduría y la entereza no tengan importancia.

## LIDERAR UNA VIDA DE INFLUENCIA

Dios le hizo a Abraham una invitación que cambió su conducta; fue un llamamiento a la intimidad y la rectitud, pero también a una vida de influencia. Génesis 17 manifiesta cuán fructífera fue la existencia del patriarca y de su legado duradero. En el mandato cultural que el Señor le dio a este hombre y a cada uno de nosotros en la creación, nos exhorta a una vida de frutos (Gn 1:28). Jesús nos recuerda que quienes los dan son sus discípulos, y que nuestro padre celestial es glorificado cuando fructificamos en abundancia (ver Jn 15). Una vida jugosa es el producto de la íntima permanencia con Cristo. Para eso fuimos creados y anhelamos vivir así: de manera fructífera, en intimidad, rectitud e influencia.

Somos criaturas que buscan un sentido, y parte de esa búsqueda está en el trabajo que debemos desempeñar y en nuestras contribuciones al mundo.[24] Como líderes anhelamos marcar la diferencia. Sin embargo, la base de una vida influyente es reconocer que nuestro valor como guías pastorales no está en lo que hacemos, sino en quiénes somos y a quiénes pertenecemos. Lo más importante no es el tamaño de nuestros logros, sino la condición de nuestra alma. Una vida integral redefine nuestra influencia sobre los demás.

El pastor Harold Bishop nunca llegó a ser alguien reconocido. Pero en sus treinta años de ministerio en la iglesia local, mantuvo su corazón a buen resguardo, llevó una vida recta e influyó en muchos para llevarlos a los pies de Cristo. Lo conocí cuando yo era miembro de un ministerio universitario en la Universidad de Kansas, en la ciudad de Lawrence. Durante los dos años que viví y trabajé allí, tuve el privilegio de formar parte de la comunidad de fe de la iglesia local en la que sirvió con tanta devoción y capacidad. Vi de primera mano su amor por Jesús y por su rebaño. Mi esposa Liz y yo tuvimos la dicha de que él fuera quien oficiara nuestra boda.

¿Cómo olvidar esa mañana? Cuando pasé por el santuario para recoger un artículo, me asomé a la puerta y allí estaba el pastor Bishop, solo, aspirando la alfombra marrón de la parte delantera de la iglesia. Se aseguraba de que todo estuviera bien para nuestra boda por la noche. No era un ministro Humpty Dumpty. Vivía una vida de honradez y su audiencia era Dios. Este ministro, al igual que Nuestro Señor, dirigía con un lebrillo y una toalla en sus manos callosas. ¡Sabía guiar porque era bien guiado! Era un buen pastor líder porque tenía un corazón íntegro.

# 5

# EL APRENDIZAJE CON JESÚS

*«Cuando observa al maestro y emula sus esfuerzos, el aprendiz obtiene, sin darse cuenta, las reglas del arte, incluso aquellas que su mentor no conoce de forma explícita».*

MICHAEL POLANYI, *PERSONAL KNOWLEDGE*
[*CONOCIMIENTO PERSONAL*]

Quienes nos enseñan nos forman. Bob fue mi profesor de asuntos empresariales en el instituto. Durante mi primer año me introdujo en el vasto e intrigante mundo de los negocios y el comercio en una economía de libre mercado. No puedo negar que disfruté sobremanera mis experiencias en el aula. Pero fuera de ella, Bob me enseñó muchísimo más. Además de ser instructor de negocios en la escuela secundaria, era dueño del Dairy Queen, un restaurante exitoso y rentable.

En el primer año me llamó aparte y me preguntó si quería trabajar allí. ¡Cómo imaginar que ese día, en apariencia ordinario, sería un momento decisivo en mi vida! Durante los siguientes ocho años, mi jefe me inculcó una sabia perspicacia empresarial que moldeó y fortaleció mi comprensión del liderazgo. Bob me abrió su corazón, creyó en mí, me dio ánimos y con frecuencia me demostró su afecto. En el laboratorio al aire libre de una pequeña y próspera empresa, él hablaba palabras de sabiduría. No obstante, la mayor parte de lo que aprendí sobre la vida y el liderazgo no lo escuché de su boca, sino que más bien lo recibí de forma tácita por medio de una estrecha amistad y un aprendizaje cotidiano.

Ahora, al recordar esos ocho años formativos, me doy cuenta de que las lecciones más importantes que he aprendido sobre el liderazgo no las recibí en un aula. Se grabaron en mi pensamiento al ver la forma en que Bob administraba su restaurante. Estoy muy agradecido por mi adiestramiento. Como pastor, creo que la enseñanza en el seminario es importante y de gran valor. En las aulas, mis profesores me dotaron de herramientas exegéticas para toda una vida de adquisición de conocimientos propositivos. Sin embargo, este patrón de entrenamiento pastoral carecía de los conocimientos implícitos que se adquieren en un ámbito de aprendizaje. Durante mis cuatro años de seminario recibí mucha información teológica, pero sin el cuidado relacional necesario para los cambios en la persona. Luego de graduarme, cuando inicié mi trabajo como pastor, descubrí lo poco preparado que estaba para situarme al frente de una comunidad de fe en una iglesia local. Lo que faltaba en mi formación espiritual y de liderazgo era un modelo de aprendizaje basado en el laboratorio vivo del ajetreo cotidiano en dicho sitio. Lo que Bob era para mí en el mundo empresarial era lo que necesitaba en el contexto de la iglesia local; pero, caramba, ¡no lo tenía!

## UN MODELO DE APRENDIZAJE

Pastores, ¿quieren liderar bien? Primero aprendan a obedecer correctamente. Hay que aprender otra vez el arte del liderazgo pastoral. Entender que se basa principalmente en una persona, no en una estrategia de liderazgo. La integridad del corazón y la destreza de las manos surgen de un aprendizaje fecundo en relaciones, en el cual el conocimiento implícito se transfiere de individuo a individuo. Jesús, el mayor líder que jamás haya pisado este planeta, adoptó y enseñó un modelo de aprendizaje. Observó el singular poder del mismo no solo para moldear, sino para transformar vidas. Él lo expresa de esta forma: «Un discípulo no está por encima de su maestro; pero todo *discípulo*, después de que se ha preparado bien, será como su maestro» (Lc 6:40). Aunque los pastores necesitan aprender de otros líderes, aspecto que tocaré más adelante en este capítulo, nuestro principal aprendizaje para transformarnos es con Jesús, el buen pastor. No existe sustituto para tal regalo de conocimientos. Cuando somos discípulos de Cristo, el ser más brillante e íntegro del universo, con el tiempo, la formación, la disciplina y el poder del Espíritu Santo, nos hace cada vez más a su imagen. En el aula de nuestro Señor experimentamos la intimidad más profunda que el alma anhela. Aprendemos la rectitud a través de la imitación, y ello genera la nota más alta del liderazgo pastoral: parecernos a Jesús. Ahora, ¿cómo es esta experiencia de pupilos?

*Un viaje paradójico.* El aprendizaje con Jesús sucede en el terreno escarpado y paradójico de esa vida fructífera que nos ofrece en su reino, el cual aún se está estableciendo. Él les propone a todos los que se convertirán en sus discípulos un modelo de aprendizaje que consiste en la invitación, la metáfora y la paradoja. En el Evangelio de Marcos, Cristo convida a sus aprendices a tomar la cruz y seguirle. Afirma: «Si alguien quiere venir conmigo, niéguese a sí mismo, tome su cruz, y sígame. Porque el que quiera salvar su vida, la perderá; pero el que pierda su vida por causa de Mí y del evangelio, la salvará» (Mc 8:34-35). Para explicar lo que significa seguirle y experimentar la verdadera vida, nuestro Señor habla de la cruz en forma metafórica. En esta expresión describimos una paradoja del reino: en la muerte encontramos la vida. Por su propio diseño, la enseñanza con Jesús implicará un continuo morir a uno mismo, pero al morir a nosotros mismos, hallaremos la verdadera vida. Dietrich Bonhoeffer capta la esencia de la propuesta divina al aprendizaje: «Cuando Cristo llama a un hombre, le pide que venga y muera».[1] Henri Nouwen describe la vía dolorosa del saber para el líder cristiano: «El camino del líder cristiano no es el ascendente en el que se ha empeñado tanto nuestro mundo, sino el descendente, que termina en la cruz».[2] Francis Schaeffer, quien enfrentó una gran crisis de fe debido a la falta de transformación personal en su vida y en la de otros cristianos, expresa con sabiduría: «En el momento en que aceptamos a Jesucristo como nuestro Salvador, quedamos justificados y nuestra culpa desaparece de una vez y para siempre. Eso es absoluto. Pero si queremos experimentar en algo la realidad en la vida cristiana, algo de la verdadera espiritualidad, debemos "tomar nuestra cruz cada día"».[3]

Además de la metáfora de la cruz, Jesús enseña, a cuantos quieren ser sus discípulos, aquella de la vid. En el Evangelio de Juan invita a sus aprendices a una vida fructífera de gozosa intimidad con él. Allí afirma: «Permanezcan en Mí, y Yo en ustedes. Como el sarmiento no puede dar fruto por sí mismo si no permanece en la vid, así tampoco ustedes si no permanecen en Mí. Yo soy la vid, ustedes los sarmientos; el que permanece en Mí y Yo en él, ese da mucho fruto, porque separados de Mí nada pueden hacer» (Jn 15:4-5). Una vid era una imagen metafórica de la vida vibrante, orgánica y fructífera. El adiestramiento con Cristo nos llevará a una relación cercana y plena de una alegría vivificante. Sin embargo, en la metáfora de la vid observamos la paradoja de la poda (Jn 15:2). El proceso consiste en eliminar parte del crecimiento de la planta para que esta se desarrolle mejor. La paradoja del reino es que, aunque al principio la poda arranca algunas secciones, al final hace que se obtenga un mejor crecimiento. Esta acción sabia y disciplinada produce más frutos. El aprendizaje con Jesús implicará decir adiós a algunas cosas buenas en nuestras vidas para dar paso a otras mejores. Una persona cada vez más íntegra permite que el Señor corte de ella lo que sea necesario.

En el Evangelio de Mateo, Jesús invita a todos sus aprendices a descansar mientras aprenden de él. A través del mismo esquema de exhortación, metáfora y paradoja, hace el llamado a cargar su yugo y declara: «Tomen Mi yugo sobre ustedes y aprendan de Mí, que Yo soy manso y humilde de corazón, y hallarán descanso para sus almas. Porque Mi yugo es fácil y Mi carga ligera» (Mt 11:29). En el siglo I, el yugo era una imagen de sometimiento, esclavitud y deshumanización. En esta metáfora, aparece una paradoja increíble. En su yugo de obediencia, los discípulos experimentarán la verdadera libertad y lo que significa ser plenamente humano. Allí, bajo su peso, encontrarán el verdadero descanso. Los que se conviertan en sus seguidores comenzarán alegres una vida de sumisión integral y de total obediencia a Jesús.

Es importante aprender de Cristo mientras nos lleva por las sendas de la paradoja. Oír su llamado implica seguirle, perseverar y aprender de él. Necesitamos ese vínculo para liderar adecuadamente. Una de las ironías más obvias de nuestro tiempo es que muchos pastores que enseñan y hablan del discipulado no experimentan ellos mismos este tipo de aprendizaje. Su ministerio pastoral constituye una barrera para la intimidad con el Señor. Cuando los ministros eligen la sala verde, el solo libre y una vida compartimentada, lo único que cosechan es una existencia trágica e infértil. La escasez de formación espiritual para conseguir una mayor semejanza con Cristo es hoy en muchos pastores una prueba alarmante de la falta de encuentros con Jesús. Algunos no han respondido en fe y obediencia a la gran invitación que él les ha hecho.

***Redescubrir la gran invitación.*** Hace muchos años, mi esposa Liz y yo recibimos una invitación que sobrepasaba todas las demás. El día que llegó por correo, nos apresuramos a abrirla: procedía de la Casa Blanca, y llevaba el sello presidencial en letras doradas. Al leerla, el corazón nos dio un vuelco. Nos invitaban a un banquete, una gala formal en un hotel de cinco estrellas de Washington. ¿Qué piensas que hicimos? Miramos nuestra apretada agenda y pensamos: «No tenemos tiempo para esto» ¿Qué tú crees? ¡Claro que no! Esta invitación era distinta ¿Por qué? Por quien la envió. Con la invitación presidencial en nuestras manos, nuestros pensamientos y corazones estaban enfocados en Washington D. C. ¡Nada iba a disuadirnos!

Las invitaciones resultan un aspecto importante de nuestras vidas, en dependencia de quien nos convide y los motivos. Pueden constituirse en recuerdos futuros; o ser momentos decisivos. Jesús, el Príncipe de Paz, no un presidente o un afamado líder mundial, sino el creador de todas las cosas, nos invita a cada uno a la experiencia más extraordinaria que se pueda imaginar. Cristo, el Rey de reyes y el Señor de todo, nos ofrece a ti y a mí el increíble privilegio de convertirnos en sus aprendices íntimos, de conocerle, de ser conocidos por él. Quiere que estemos próximos, mostrarnos su amor y enseñarnos. Si deseamos ser ministros e íntegros, debemos aceptar este gran incentivo, llenos de fe expectante y gozosa obediencia.

Durante muchos años como pastor, pasé por alto la relevancia del llamado de Jesús a convertirme en un discípulo que llevara su yugo. ¡Esta lección me dejaba boquiabierto y transformaba mi alma! Sabía que sus enseñanzas sobre el gran mandamiento eran importantes.[4] Amar a Dios y al prójimo es el centro de la fe cristiana. También entendía que la gran comisión era esencial.[5] Hacer discípulos de todas las naciones constituía un aspecto básico para la encomienda de expandir el evangelio. Lo que no comprendía era qué tanto el gran mandamiento como la gran comisión estaban en peligro si no aceptaba la gran invitación de Cristo. Puede sonar fuerte, pero ¿sabes qué?: si intentamos vivir el gran mandamiento sin ser aprendices de Jesús, entonces lo convertimos en el gran acuerdo. ¡No podemos amar al Señor y a nuestros semejantes por nosotros mismos! Es clave que Cristo nos enseñe cómo hacerlo desde las tinieblas de nuestros corazones engañosos y en medio de la rudeza de la vida diaria en un mundo caído. Si tratamos de acatar la gran comisión de hacer discípulos sin serlo nosotros mismos, entonces, los esfuerzos que hagamos, no importa cuán sinceros o nobles sean, resultarán anémicos y pobres. Cuando la desempeñamos sin aceptar la gran invitación, entonces la gran comisión se convierte en la gran omisión.[6]

Si pasamos por alto una de las enseñanzas más importantes de Jesús arriesgaremos muchos aspectos de nuestras vidas y del liderazgo pastoral. A. W. Tozer señaló con lucidez la gran importancia de redescubrir lo que llamó «verdades postradas». Se trata de esas palabras familiares que «pierden todo su poder de verdad y yacen postradas en el dormitorio del alma, junto con los más despreciables y refutables errores».[7] Por desgracia, creo que para muchos de nosotros la gran invitación ha devenido en una verdad postrada. En su gracia, Dios invitó a Abraham para que experimentara una vida de intimidad, rectitud e influencia. Así también Cristo, en su gracia, nos insta a probar la vida abundante e integral para la que fuimos diseñados en un principio. ¡Echémosle un vistazo!

## UN ACERCAMIENTO A LA GRAN INVITACIÓN

El evangelista Mateo revela la invitación de Jesús mientras oraba al Padre. En aquel momento declaró:

> «Te alabo, Padre, Señor del cielo y de la tierra, porque ocultaste estas cosas a sabios e inteligentes, y las revelaste a los niños. Sí, Padre, porque así fue de Tu agrado. Todas las cosas me han sido entregadas por Mi Padre; y nadie conoce al Hijo, sino el Padre, ni nadie conoce al Padre, sino el Hijo, y aquel a quien el Hijo *se lo* quiera revelar. Vengan a Mí, todos los que están cansados y cargados, y Yo los haré descansar. Tomen Mi yugo sobre ustedes y aprendan de Mí, que Yo soy manso y humilde de corazón, y HALLARÁN DESCANSO PARA SUS ALMAS. Porque Mi yugo es fácil y Mi carga ligera». (Mt 11:25-30)

¡Qué imagen tan hermosa y convincente se nos brinda de la intimidad del Padre y del Hijo! Comulgan juntos en el impresionante misterio del amor trino. A su vez, recordamos quién es Jesús como profeta, sacerdote y rey mesiánico. Él es el Hijo de Dios, quien expresa al Padre su oficio de profeta para revelar, de sacerdote para mediar, y de rey para ejercer autoridad. En este preámbulo, es importante que primero veamos «quién» invita antes y «cuál» es la invitación.[8]

Piensa por un momento quién te hace la invitación para que seas su discípulo. ¡No es cualquier persona! Se trata de Jesús, Creador y Redentor, de quien el apóstol Pablo, con elocuencia, expresara: «Porque en Él fueron creadas todas las cosas, *tanto* en los cielos *como* en la tierra, visibles e invisibles; ya sean tronos o dominios o poderes o autoridades; todo ha sido creado por medio de Él y para Él. Y Él es antes de todas las cosas, y en Él todas las cosas permanecen» (Col 1:16-17). El apóstol nos recuerda que Jesús es el Dios-hombre, sin pecado, quien se encarnó. Nos hace notar que él ha perdonado, redimido, rehecho y reconciliado a criaturas pecadoras como tú y yo, mediante su muerte expiatoria en la cruz. «Porque agradó *al Padre* que en Él habitara toda la plenitud, y por medio de Él reconciliar todas las cosas consigo, habiendo hecho la paz por medio de la sangre de Su cruz, por medio de Él, *repito*, ya sean las que están en la tierra o las que están en los cielos» (Col 1:19-20). Solo podemos cargar el yugo de Cristo a través de su cruz. La gracia inmerecida de la fe evangélica abre las puertas y allana el camino para nuestro aprendizaje a los pies del Maestro. Ella materializa, prepara y moldea todas las lecciones que escucharemos. La obra redentora de Jesús es el centro de nuestra fe. Por desgracia, su yugo se ha convertido en un mero detalle curioso.

***Vengan a mí.*** La gran invitación divina comienza con la amorosa frase «Vengan a Mí». Cristo no nos llama a un grupo de normas religiosas, una filosofía especial de vida o un sistema teológico. Nos insta a conocerlo y a que seamos conocidos por él en una relación estrecha y constante. Ese es el «qué» de Jesús. Dietrich Bonhoeffer, de manera acertada, observa que la persona de Cristo constituye el centro de su incentivo al discipulado. «Cuando nos llama a seguirlo, nos convoca a un apego exclusivo a sí. La gracia de su llamada rompe todas las ataduras del legalismo. Es un mandamiento de gracia».[9]

Como líderes pastorales, debemos comprender que Jesús orienta nuestra brújula de aprendizaje hacia la intimidad no hacia los éxitos. El objetivo básico del entrenamiento no es la obtención de grandes cosas, sino el disfrute de una mayor intimidad con Dios. Algunos pastores están mal formados espiritualmente y pierden el rumbo porque desde el comienzo del ministerio, su vida y su brújula de liderazgo están desviadas del norte.

En nuestra brega diaria, la tentación constante es dirigir nuestras energías hacia la obtención de grandes cosas para Jesús, en vez del crecimiento de una mayor intimidad con él. Para ser francos: muchas de las cosas visibles que nos esforzamos por alcanzar tienen su origen en nuestras propias inseguridades y fuerzas. ¡Las hacemos para nuestra gloria! Eso resulta muy peligroso.[10] Con frecuencia, los procesos institucionales y la gente que nos rodea, acentúan nuestros logros manifiestos y medibles ante Dios. No significa que tales éxitos y el avance misionero carezcan de importancia; pero a menudo los ponemos en un podio para la admiración personal y la de otros individuos. En el caso de muchos pastores, el control de desempeño se centra solo en las victorias del ministerio, es decir, en evidencias de prestigio, no en una mayor semejanza con Cristo. Lo que medimos, lo valoramos, y lo que valoramos, lo medimos. El fruto del Espíritu manifiesta nuestra cercanía a Jesús: amor, gozo, paz, paciencia, benignidad, bondad, fidelidad, mansedumbre y dominio propio.

La tentación del orgullo cegador, toda vez que hemos logrado grandes cosas para Cristo y tenemos ministerios exitosos o muy visibles, es más de lo que muchos de nosotros podemos resistir. Cuando llegamos a la conclusión de que no hemos hecho grandes cosas para Jesús, que tenemos un ministerio modesto y que nuestros compañeros exhiben mayores habilidades, entonces empieza la constante tiranía del desánimo, la amargura, la envidia y la desesperanza. Una de las certezas más terribles y oscuras que asechan el corazón de muchos pastores son los celos de sus pares que tienen mayor visibilidad y ministerios más reconocidos. Pero si fijamos nuestra brújula en la comunión con Jesús, basados en nuestra nueva identidad en Cristo, sea que tengamos mayor o menor reconocimiento, nuestras almas estarán bien y también las personas a las cuales lideramos. El aprendizaje con el Maestro hace que prioricemos nuestra amistad con él. ¡Constituye nuestro foco de atención! Henri Nouwen se dirige a los llamados a pastorear el rebaño del Señor: «El gran mensaje que tenemos que llevar, como ministros de la palabra de Dios y seguidores de Jesús, es que el Señor nos ama no por nuestros éxitos, sino porque nos creó y redimió en amor y nos ha elegido para proclamarlo como el verdadero manantial de la vida humana».[11] Cuando respondemos al «venid a mí» de Cristo, experimentamos el amor de nuestro buen Pastor, su regocijo en nosotros y su anhelo de estar a nuestro lado. Siempre que oigo estas palabras, me imagino que entra en la habitación y me busca. Sus ojos se deleitan en mí, sonríe alegre y me acoge en sus brazos.

La letra de la canción cristiana contemporánea «Ven a mí»[12] capta de manera excelente la tierna gracia de la gran invitación de Jesús:

Jesús te espera pacientemente;
Oh ven a mí, oh ven a mí.

Su voz te llama tan dulcemente;
Oh ven a mí, oh ven a mí.

Al aceptar su propuesta, entramos en la vida con el Maestro. Cuando los líderes religiosos de Jerusalén vieron la audacia y brillantez de Pedro y Juan se quedaron estupefactos. Ante esta notable demostración de liderazgo por parte de ambos apóstoles reconocieron que la única razón era que habían pasado tiempo con Cristo. «Al ver la confianza de Pedro y de Juan, y dándose cuenta de que eran hombres sin letras y sin preparación, se maravillaban, y reconocían que ellos habían estado con Jesús» (Hch 4:13). Para los pastores, disponer mucho tiempo para hablar con el Señor no es algo optativo. Resulta básico a fin de que fluya el manantial de un liderazgo de servicio vigoroso y continuo. Aquellos que sirven con nosotros reconocerán que la cualidad más distintiva y persuasiva de nuestras vidas y labor es que hemos estado con Jesús. Dietrich Bonhoeffer escribe:

> «Su yugo y su peso es la cruz. Ir bajo ella no significa miseria ni desesperación, sino recreo y paz de las almas, es la alegría suprema. No marchamos ya bajo las leyes y las cargas que nos habíamos fabricado a nosotros mismos, sino bajo el yugo de aquel que nos conoce y comparte ese mismo yugo con nosotros. Bajo su yugo tenemos la certeza de su proximidad y de su comunión».[13]

La gran invitación no es solo a la intimidad, sino también a aprender a vivir de la manera en que lo haría Jesús en nuestro lugar. Hacerlo significa tomar su yugo de enseñanza.

***Tomen mi yugo.*** Luego de exhortarnos a una relación con él, nos llama a tomar su yugo. Los rabinos lo usaban, de forma metafórica, para describir los rigores del proceso de aprendizaje.[14] El término proviene de un contexto agrario en el cual dos bueyes se juntaban con sendos arneses para arar el campo o tirar de un carro. Dicho implemento se asemeja a la letra M de McDonald's, con una viga de madera en la parte superior. Doblar la cabeza bajo el yugo del agricultor significaba sumisión. Los bueyes ya no eran libres, pues quedaban bajo la guía y disciplina del amo.

Así realizaban un trabajo más organizado. Resulta paradójico, pero el sometimiento no equivalía a esclavitud o privación, sino más bien el camino hacia la libertad y el florecimiento. Para todos los que deseen entrar en su yugo de lecciones, Jesús emplea esta escena de animales domésticos que se enyuntan. El requisito previo para cualquier aspirante a discípulo de Cristo no es la brillantez intelectual, sino la obediencia voluntaria. El yugo de aprendizaje divino es para todos y pueden cargarlo quienes se sometan a él como maestro. Además, el yugo se adapta de manera única a cada individuo.

En la mayoría de los casos, la falta de adiestramiento espiritual y el liderazgo anémico no se deben a una escasez de información bíblica o a una doctrina superficial. El problema es que hay quienes no rinden todas las áreas de su vida a Jesús. Cuanto mayor y más completa sea la sumisión voluntaria a Cristo, mayor será la profundidad y el alcance de nuestra formación espiritual. Ello se hará patente en el desempeño de nuestra labor al frente de la comunidad de la iglesia local. La siguiente frase del Señor, de por sí triste y acusadora al mismo tiempo, revolotea sobre las cabezas de muchísimos pastores: «¿Por qué ustedes me llaman: "Señor, Señor", y no hacen lo que Yo digo?» (Lc 6:46).

Entendí el empoderamiento de la formación durante unas vacaciones familiares en Minnesota. Mis hijos y yo decidimos ir de pesca a un lugar de mi infancia. El día estaba resplandeciente y había mucho sol. Las nubes, cual algodones gigantescos en el cielo, arrojaban sombras cada cierto tiempo. Saludábamos a los pasantes en el camino. El frescor nos daba energías. Sentíamos la humedad del rocío, que, obstinado, intentaba sobrevivir en la abundante hierba. Teníamos los pies empapados. Cuando llegamos, enseguida cebamos los anzuelos y los lanzamos al agua. Me hallaba algo distraído, con no sé qué, cuando de repente, por encima de mi hombro derecho, vi un águila calva que volaba en picada sobre la pequeña presa donde estábamos pescando en el río Rum. Su maniobra se asemejaba a los elegantes aterrizajes toma y despegue en los portaviones. Nunca había visto tal precisión y gracia sin esfuerzo aparente. Después empezó a dar vueltas en el cielo azul, del todo despejado, sobre mí. Ascendió muy alto, sus fuertes alas la impulsaron hacia la atmósfera. Entonces, dejó de batir sus alas y las mantuvo en una posición firme. Comenzó a planear sobre el impresionante poder de las corrientes térmicas a cientos de metros por encima de nuestras cabezas. La belleza del momento me dejó en un estado hipnótico. Entonces me di cuenta de que esta majestuosa ave de rapiña fue creada no solo para volar con la fuerza de sus poderosísimas alas, sino también para elevarse en corrientes ascendentes mucho más fuertes que la constitución de sus alas y su cuerpo. Pero para lograrlo, tenía que dejar a un lado sus propias fuerzas y descansar en algo mucho más grande que ella misma. Tuvo que someterse. De manera similar, cuando tomamos el yugo de Jesús y somos obedientes, aprendemos que no solo fuimos hechos para remontar vuelo en nuestras fuerzas, sino también para hacerlo en las poderosas corrientes de la gracia y la verdad transformadoras de Cristo. El poder natural está a nuestra disposición mientras aprendemos bajo el yugo. Es el único modo en el que experimentamos lo que es una vida sobrenatural. El yugo de aprendizaje demanda nuestra rendición a Jesús. Si no nos inclinamos ante él, jamás volaremos.

*Aprendan de mí.* Jesús explica que su yugo está diseñado para nuestra formación. Él afirma: «Tomen Mi yugo sobre ustedes y aprendan de Mí». Es una metáfora agraria del primer siglo. Por esa época, cuando un campesino quería entrenar a un buey nuevo, pedía al carpintero del pueblo que le hiciera un yugo específico. Si el obrero era bueno entonces medía los cuellos del buey veterano y del novato. La parte donde el animal más viejo colocaba su cuello era más grande y soportaba más peso que el del animal joven. Después se ajustaba un yugo especialmente diseñado para el buey maestro y otro para el buey novicio. Llegado el momento de domar al buey joven, el granjero lo ponía en el yugo de entrenamiento al lado del buey maduro. Día tras día, caminaba ojo con ojo con el animal más viejo y de esa manera aprendería de aquel. Con el tiempo, adquiriría la experiencia y la fuerza del buey veterano. Nuestro Señor fue carpintero y quizás estaba familiarizado con dichos quehaceres. Es posible que algunas veces haya fabricado yugos.

Las personas del primer siglo que oyeron a Cristo estaban familiarizadas con los yugos y sabían cómo funcionaban. Pero nosotros desconocemos muchos aspectos sobre la agricultura del mundo antiguo. No obstante, la metáfora contiene una verdad eterna que no debemos ignorar: explica de una forma maravillosa cómo aprendemos del Señor y como él nos cambia. Para nosotros, el modelo de aprendizaje consiste en la obtención de conocimientos sin un vínculo determinado. Si bien hay cosas buenas e importantes que aprendemos en este formato común, Jesús enfatizó la primacía de aprender de alguien, no solo de hacerlo aparte de ese alguien.

Frente a nuestro distorsionado juicio sobre el conocimiento, Michael Polanyi intentó explicárnoslo del modo siguiente. El saber implícito es importante, pero resulta difícil de ubicar en términos proposicionales o categorías. Surge de relacionarse e imitar a otra persona que es cercana. Estima que este tipo de sabiduría se transfiere de individuo a individuo: «Cuando observa al maestro y emula sus esfuerzos, el aprendiz obtiene, sin darse cuenta, las reglas del arte, incluso aquellas que su mentor no conoce de forma explícita».[15] Algunas cosas se aprenden mejor a través de una relación entre el maestro y el discípulo en el laboratorio práctico de la vida cotidiana.

Mi comprensión del discipulado fue bastante pobre durante varios años. Estuve atento a las palabras de Jesús, pero no me había centrado en las disciplinas espirituales y los ritmos que él empleó mientras, sin pecado, habitó entre nosotros. Cuando nos convertimos en alumnos imitamos a nuestro maestro de forma integral. Dallas Willard nos ofrece una perspectiva abarcadora del discipulado. Él afirma: «El secreto del yugo fácil es aprender a vivir la vida en su totalidad. Significa invertir nuestro tiempo y energías de pensamiento y cuerpo como lo hizo el Señor».[16] En el yugo fácil de Cristo asimilamos los ritmos de la gracia, que abarcan tanto sus preceptos divinos como sus prácticas. Eugene Peterson, en su paráfrasis de la gran invitación, captura con belleza ese aprendizaje que cambia vidas y que está a nuestro alcance:

«¿Están cansados?, ¿Agotados?, ¿Hastiados de la religión? Vengan a mí. Si me siguen van a recobrar sus vidas. Miren, voy a enseñarles el verdadero reposo. Caminen y trabajen a mi lado. Aprendan de mí, obsérvenme y prueben la gracia genuina. Jamás les impondré una carga demasiado pesada o incómoda, no teman ¡Vamos conmigo!; voy a mostrarles cómo vivir ligeros y en libertad». (Mt 11:28-30, traducción libre de la versión MSG)

La prioridad en el liderazgo de los pastores es crecer cada vez más a la semejanza de Cristo. Necesitaremos disciplina espiritual durante nuestro aprendizaje en yugo con el Maestro. Cuando le escribió al joven pastor Timoteo, Pablo le aconsejó: «... disciplínate a ti mismo para la piedad» (1 Ti 4:7). El término griego que utiliza es el mismo de donde procede la palabra *gimnasio*.[17] El apóstol hace una comparación: de la misma forma que nuestros cuerpos físicos necesitan ejercicios para estar lozanos, así también nuestras vidas espirituales. Si vamos a correr una maratón no podemos de golpe salir un día y recorrer cuarenta y tres kilómetros. No importa cuánto nos esforcemos; sin el requisito previo de un régimen de entrenamiento eficiente y disciplinado, no tendremos la resistencia física para llegar a la meta. Lo mismo pasa, a grandes rasgos, con nuestro crecimiento espiritual y maduración en Cristo. El punto en el aprendizaje con Jesús, no es solo trabajar más, sino también prepararse mejor. ¡Eso es lo que de veras transforma! Para ser diestros en un idioma extranjero, hábiles en un instrumento musical o sobresalir en los deportes, ¿no requerimos muchísima práctica? La competencia no se basa solo en el esfuerzo, sino en el correcto ejercicio. ¡Así adquirimos las destrezas! Para liderar bien debemos entrenar bien. El liderazgo pastoral completo requiere una vida metódica.

Somos aprendices de Jesús, así que debemos adoptar sus prácticas espirituales. El camino desde el ejercicio de la fe hasta la obediencia transformadora está reforzado con el Espíritu Santo,[18] y pavimentado con las disciplinas espirituales. Cristo, los apóstoles y demás discípulos no fueron los únicos que ejercieron tales disciplinas por siglos. Hoy nosotros estamos aprendiendo cuán renovadoras son desde el punto de vista de la neurobiología interpersonal. El psiquiatra cristiano, Curt Thompson, enfatiza:

«Los seguidores de Dios que poseen una honda integración han practicado las disciplinas espirituales durante más de tres mil años. Es curioso que estas facilitan las mismas cosas que la neurociencia y la investigación de la teoría del apego sugieren como reflejos de estados mentales saludables y apego seguro. Además, dichas disciplinas, fortalecen las nueve funciones de la corteza prefrontal».[19]

Las disciplinas espirituales no son encomiables, pero sí transformadoras en varios aspectos.

Los seguidores de Jesús han adoptado muchos procedimientos espirituales. Aun así, el Señor ejerció cinco prácticas formativas: el estudio, la oración, la soledad, el ayuno y el servicio. Con frecuencia aludo a ellas como las «cinco piedras lisas».[20] Las he incorporado en mi viaje de liderazgo y las he integrado en nuestras enseñanzas en la iglesia local.

En la historia de la iglesia, las disciplinas espirituales han devenido en formas degradadas de ascetismo y legalismo. Para el líder pastoral es básico permanecer al tanto de las motivaciones del corazón a la hora de emplearlas. Con toda facilidad, Satanás puede coger algo que es bueno y correcto, distorsionarlo y luego alejarnos de la centralidad de la gracia salvadora. Es muy fácil caer en un legalismo farisaico que menosprecia a quienes son menos «disciplinados» o creernos la mentira de que merecemos que Dios nos acepte a través de nuestras prácticas espirituales. En lo personal, estimo que los ministros enfrentan un peligro aún mayor. No hablo del legalismo meritorio, sino aquel de la gracia barata y licenciosa. Como el primero es tan venenoso, resulta muy fácil torcer, peligrosamente, la segunda. Ella no tiene nada que ver con la ganancia o el mérito humanos, pero sí con los esfuerzos y la disciplina del hombre. La buena noticia de la gracia del evangelio es que Jesús ha merecido todo por nosotros; que en él, por su obra expiatoria en la cruz, somos sin reservas, perdonados y aceptados, agradables y queridos sin condición, como hijos de Dios. Bien entendida y aplicada, la gracia cambia la motivación de nuestra alma para obedecer a Cristo en gratitud por lo que ha hecho por nosotros.

Por desgracia, algunos ministros han cubierto las prácticas espirituales con un barniz de legalismo meritorio. Dietrich Bonhoeffer le habló a la iglesia de su época, pero sus palabras llegan a la nuestra:

«La gracia barata es la gracia sin seguimiento de Cristo, la gracia sin cruz, la gracia sin Jesucristo vivo y encarnado [...]. La gracia barata no ha tenido compasión con nuestra Iglesia evangélica. Tampoco la ha tenido de nosotros desde un punto de vista personal. No nos ha abierto el camino que lleva a Cristo; nos lo ha cerrado. No nos ha llamado al seguimiento, sino que nos ha endurecido en la desobediencia».[21]

***Hallarán descanso.*** En su gran invitación, Jesús repite dos veces la promesa de que encontraremos descanso cuando aceptemos su yugo de aprendizaje. Mira al pasado y observa el jardín edénico, luego al futuro y ve una cruz romana. En la historia bíblica, la primera vez que aparece el reposo es cuando Dios «reposó» en el séptimo día de la creación (Gn 2:1-3). No lo hizo porque estuviera cansado o aburrido, sino porque se deleitaba en la bondad de su obra. Este sosiego es un símbolo de la vida integral que él diseñó para los hombres; traza el ritmo de siete días que su corona de creación debe implementar para mantenerse saludable. Se apartó un día de cada semana para no trabajar y deleitarse en la misericordia y la abundante provisión divinas. El descanso sabático representa esa vida quieta y fructífera que el Altísimo hizo para nosotros. En su gran ofrecimiento, Jesús asegura darnos un verdadero descanso. Esto se logró por medio de su obra expiatoria en la cruz. Así es que obtenemos su paz. Cuando ponemos nuestra fe en la obra salvadora de Cristo, obtenemos el verdadero descanso hoy y por siempre.[22] Mediante la fe en el evangelio no solo entramos en el reposo, sino que, además, lo experimentamos durante nuestro aprendizaje a los pies del Maestro.

Como líderes pastorales, lo más importante del autoexamen, además de aceptar la fe salvadora del evangelio, es nuestra respuesta a la gran invitación de Jesús. Su yugo es fácil, no porque esté exento de esfuerzo o dificultad, sino porque él lo diseñó para que se ajuste perfectamente a nosotros. En esta yunta de aprendizaje que formamos con Cristo radica la vida integral para la que fuimos hechos y descubrimos los líderes cabales que anhelamos ser. También podemos vivir la integridad de corazón y desarrollar las manos hábiles requeridas para un liderazgo pastoral vigoroso.

# 6

# EN BUSCA DE LA PLENITUD

*«Pero gemimos, suspiramos, protestamos en nuestra naturaleza. Y a veces, anhelamos algo más, tal vez, la forma en que las cosas deberían ser».*

STEVEN GARBER, *THE SEAMLESS LIFE [UNA VIDA SIN COSTURAS]*

Todos lo conocían en el ambiente de las megaiglesias y lo consideraban una especie de «estrella en ascenso». Nuestras vidas, a lo largo de los años, se cruzaron alguna que otra vez en reuniones y conferencias. Aprecio mucho mi interacción con este pastor, quien siempre fue amable en sus palabras y cálido en su comportamiento. Recuerdo la tristeza que me invadió cuando me enteré de que lo habían destituido de la iglesia en la que servía debido a su falta de honradez y a abusos de liderazgo. No huyó, ni negó las muchísimas luchas de su mundo interior y tampoco redujo los perjuicios que había causado a los demás. Optó por recibir asesoramiento idóneo, dirección y tutoría espiritual. Eso me hizo sentir mejor. También agradecí que más tarde utilizara su influyente plataforma pública para discurrir sobre sus batallas con la dañina cultura pastoral de la celebridad y del sentido de derecho que había adoptado. Sin embargo, en el centro de su implosión había algo más peligroso y sutil que dichas cuestiones. Lo expresó así: «Con el tiempo, dejé de dar prioridad a mi lazo con Jesús y convertí el ministerio en mi objetivo básico».[1] El éxito y la parafernalia que lo acompañan no solo resultan fascinantes, sino que, además, por desgracia, pueden ser muy destructivos para los ministros, sus familias y las congregaciones donde sirven. El comunicado de prensa sobre este pastor decía: «Murió de una herida de bala autoinfligida».[2] ¡Eso me rompió el corazón!

Siempre nos asombramos cuando alguien se quita la vida; sin duda, es algo trágico y la consecuencia de un enmarañado grupo de factores espirituales, psicológicos, emocionales, sociales y físicos. Pero, cuando un ministro lo hace, el tsunami, no solo para la grey, sino también para el resto de los pastores, puede ser del todo destructivo y perturbador. Nos quedamos atónitos y con incredulidad preguntamos: ¿pero cómo sucedió esto?, ¿cómo es posible? Miramos nuestras vidas, las luchas internas y nos cuestionamos si podría pasarnos algo así. ¡Nos invaden el temor y las dudas! Nosotros también enfrentamos retos diarios; sentimos enormes presiones, las cargas de los secretos de otros hermanos, sus incertidumbres, sus decepciones que los llevan a agonizar y sus grandes anhelos del alma. Entonces, raudos, corremos a sanar sus heridas; sin embargo, con frecuencia, nos demoramos en prestar atención a las nuestras. Sabemos lo que es habitar en el solitario y oscuro valle del temor. Sí, muchas veces se nos considera baluartes de la fe. ¡Pero nosotros, así mismo, sentimos la neblina de la duda! Aunque la divisa de nuestras vidas es la alegría, a menudo luchamos contra las nubes de tormenta del desánimo. Nuestro pan diario es el escabroso terreno de las debilidades. Podemos tener una sana doctrina y no estar sanos, u ocuparnos de los asuntos de la iglesia y no de aquellos dentro de nosotros; dar respuestas teológicas profundas y a la vez ser increíblemente superficiales en nuestra madurez emocional y relaciones. Podemos ser impresionantes por fuera y estar marchitos por dentro.

Un árbol que se veía desde la ventana de mi oficina me hizo recordar esas verdades. Lo marcaron para cortarlo. Cuando escuché que lo derribarían me puse muy triste porque le había tomado cariño. Me gustaban su sombra y sus ramas donde se posaban muchísimos pájaros. A mi juicio, estaba lozano. Sin embargo, los expertos en el cuidado de la tierra detectaron algo que yo no percibía. Me dolió ver cómo lo talaban. Con insensible facilidad, las potentes motosierras atravesaron el grueso y obstinado tronco. Entonces, vi lo que se escondía en su interior: ¡el centro, la savia, se estaba pudriendo! En lo exterior lucía bien, pero se estaba muriendo poco a poco, esperando el próximo vendaval o algún relámpago que lo hiciera caer. En realidad, distaba mucho de estar completo. No estaba íntegro y yo no me di cuenta. ¡Cuán cierto puede ser esto en nuestras vidas!

En el capítulo cuatro abordamos la idea de la totalidad: ser íntegros significa que todas las partes de nuestra existencia están integradas en Dios. En el cinco vimos que nos formamos en torno a una persona, Jesucristo, quien nos invita a aprender mediante su yugo. Ahora, descubrimos cómo a veces pasamos por alto la gran invitación que el Señor nos hace. Comprendemos que podemos vivir a plenitud con, por, y a través de la persona más armónica. Primero, debemos preguntar qué es la vida holística. Luego, si es posible y de manera más amplia, cómo este holismo puede aplicarse a cada área del liderazgo pastoral.

## ¿QUÉ ES UN ENFOQUE HOLÍSTICO?

Un pastor lozano y fructífero vive y ejerce el liderazgo a partir de una vida cada vez más integral. No obstante, si somos francos, no siempre gastamos nuestras mayores energías en la búsqueda de una mayor plenitud. Sea un árbol o un colega pastoral caído, esto constituye una llamada de atención: atender nuestra alma es lo primero en nuestras faenas de liderazgo. Dicho aspecto es de suma importancia, ya que todo lo que haces procede de tu estado interior.

Anthony Hoekema hace esta importante observación:

«Uno de los aspectos más importantes del concepto cristiano del ser humano es que debemos verlo en su unidad, como una persona total. Con frecuencia se ha pensado en los seres humanos como compuestos de «partes» distintas y a veces separables que luego se abstraen del todo. Así, en círculos cristianos, se ha enseñado que el ser humano consiste o de «cuerpo» y «alma» o de «cuerpo», «alma» y «espíritu». Sin embargo, tanto científicos seculares como teólogos cristianos están reconociendo cada vez más que esta forma de entender a los seres humanos es errónea, y que debe vérselo en su unidad».[3]

Pastor líder, todas las dimensiones de tu vida son importantes para la totalidad integral. Jesús las comprende y se preocupa por ellas. Él quiere transformar, dar poder y llenar de sabiduría cada una de tus relaciones, dictámenes, empresas, trabajos y diversas áreas de tu vida. La gran invitación al reposo y al estudio no se limita a la vida y a las disciplinas espirituales. Cuando estás «inmerso» en Jesús, él llena toda tu vida. Doug Webster habla del discipulado y su búsqueda de una totalidad integral:

> «Ser discípulo no es un pasatiempo. No somos aprendices de la misma manera que somos miembros de algún club. No es lo mismo tomar el yugo que jugar al golf. La vida cristiana se torna una carga imposible cuando la vivimos a tiempo parcial o la abordamos a medias. Seguir a Jesús requiere que integremos cada área de nuestra existencia a nuestro compromiso con él».[4]

Cristo desea que pongamos bajo el yugo, junto a la carga, todo lo que somos y hacemos. Si dejas algunas partes fuera, entonces vas a estancarte.

## ¿ES POSIBLE UNA VIDA HOLÍSTICA?

Al ver las luchas de los demás pastores y la nuestra con nuestros mundos internos, es fácil preguntarse si con certeza podemos experimentar mayor plenitud del alma. Pero, como nos recuerda el apóstol Pedro, no ajeno al fracaso y la lucha, tenemos a nuestra disposición los recursos sobrenaturales:

> «Pues Su divino poder nos ha concedido todo cuanto concierne a la vida y a la piedad, mediante el verdadero conocimiento de Aquel que nos llamó por Su gloria y excelencia. Por ellas Él nos ha concedido Sus preciosas y maravillosas promesas, a fin de que ustedes lleguen a ser partícipes de *la* naturaleza divina, habiendo

escapado de la corrupción que hay en el mundo por *causa de los malos deseos*». (2 P 1:3-4)

El apóstol Pedro declara que podemos estar seguros de que experimentaremos la vida integral que anhelamos vivir, ya que el poder transformador del evangelio lo facilita. Recibimos el perdón de pecados y nos reconciliamos con Dios; pero, además, las buenas noticias incluyen una regeneración de adentro hacia fuera. Nuestras vidas no solo descansan sobre el terreno firme de las promesas del Señor, sino que asimismo, hemos obtenido la vida de la nueva creación; el Altísimo nos ha renovado (2 Co 5:17). Al experimentar el nuevo nacimiento, nos hacemos partícipes de la naturaleza divina, integral y completa (Jn 3:7-8; 1 P 1:3-5). De la misma forma que la creación primigenia, era óptima, también lo es la nuestra en Cristo. La vida integral que Dios desea que tengamos en su reino, el cual aún no es pleno, no es una ilusión fugaz o un simple optimismo: es el fundamento de nuestra fe cristiana. La quiebra y la compartimentación tan evidentes en los corazones rotos por el pecado, pueden recomponerse sin fisuras. Él puede sanarnos y enmendarnos por completo.

Todo pastor líder debe percibir a Jesús como el gran médico; es la única persona que puede curar lo más profundo dentro de nosotros. ¿Para qué ocultar nuestras heridas? ¿Qué sentido tiene ponernos una careta? Él puede sanarnos. Podemos descubrir y entender esa vida cada vez más completa. Henri Nouwen ofrece un conmovedor recordatorio de que, en el ministerio, no es adecuado esconder nuestras cicatrices. De hecho, es a través del sufrimiento y la sanidad que podemos orientar a quienes sufren: «La gran ilusión del liderazgo es pensar que el hombre puede ser sacado del desierto por alguien que nunca ha estado en él. Nuestras vidas están llenas de ejemplos que nos dicen que el liderazgo requiere compartir».[5] Como líderes, debemos reconocer y aceptar nuestras heridas si queremos desempeñarnos de forma efectiva. Solo mediante nuestra propia curación a través del poder de Cristo, es que somos aptos para dar esperanzas a quienes dirigimos. Al recibir la sanidad de Cristo nos ponemos el manto de nuestra vocación de pastoreo y nos convertimos en sanadores heridos.[6] Cuando empapamos nuestras vidas con las Sagradas Escrituras y recibimos la fuerza del Espíritu Santo, entonces guiamos a otros hacia Cristo. Él sí puede curar las heridas y las fracturas, tanto en lo individual como en lo colectivo.

## EL «CÓMO» DEL HOLISMO

*Una vida virtuosa.* Iniciamos el «cómo» al considerar el papel de la acción física y transformadora hacia el pastoreo holístico. El apóstol Pedro no solo nos enseña los recursos sobrenaturales que están disponibles para nosotros en Cristo, sino que también enfatiza nuestro papel y responsabilidad en el crecimiento como personas íntegras e intachables en lo moral. Una vida armónica llega a ser honrada y, con el tiempo, eficaz y fructífera. El apóstol Pedro escribe:

> «Por esta razón también, obrando con toda diligencia, añadan a su fe, virtud, y a la virtud, conocimiento; el conocimiento, dominio propio, el dominio propio, perseverancia, y a la perseverancia, piedad, a la piedad, fraternidad y a la fraternidad, amor. Pues estas *virtudes*, al estar en ustedes y al abundar, no los dejarán ociosos ni estériles en el verdadero conocimiento de nuestro Señor Jesucristo». (2 P 1:5-8)

Cualquiera que acepte el llamado a convertirse en pastor líder de una comunidad de fe en una iglesia local, debe estar alerta a la fuerte reprimenda de Pedro en cuanto a crecer en virtud. La forma en que el apóstol se refiere a tal cualidad manifiesta la antigua tradición del filósofo griego Aristóteles. Este afirmaba que la vida buena en verdad era aquella cuyas acciones externas reflejaban de modo sistémico el carácter interior del individuo. En la tradición aristotélica, cada día brindaba una nueva oportunidad para ejercer la virtud o el vicio. Cultivar lo primero y evitar lo segundo era muy importante para el adiestramiento moral. Esto último no solo consiste en el saber, requiere del hacer. Las manos tienen un papel clave en la formación del corazón.[7] Una existencia virtuosa alimenta la armonía interna, la coherencia sostenida, la integridad personal y la ética externa demostrable.

En la tradición cristiana la vida virtuosa también incluye fe, esperanza y amor. Jesús fue el arquetipo de dicha existencia. Sus seguidores también la aprendieron de él. Rebekah DeYoung afirma que, en asuntos de virtud, Cristo es el estándar perfecto a imitar. «Su vida y ministerio son un modelo de virtud, y debemos confiar en su gracia y el poder del Espíritu Santo para lograr imitarlo».[8] Por desgracia, en ocasiones los ministros descuidan la práctica de la virtud.[9] Adquirirla es un aspecto básico en la formación espiritual, intrínseco a nuestro aprendizaje con Jesús e imprescindible para un liderazgo seguro. La credibilidad y la voz persuasiva del liderazgo pastoral están muy ligadas a una vida ética, o no, dentro del quehacer diario de la iglesia. La búsqueda de la plenitud siempre nos lleva por el camino de una existencia cada vez más honrada. Ella alimenta la verdadera influencia del liderazgo.

**Hacer relaciones.** El rey David fue alguien que se esforzó por conseguir la plenitud. Si bien fracasó algunas veces, nunca se rindió en su búsqueda personal. Eso resulta evidente en el Salmo 101, una composición que toca las fibras del alma de cualquier líder pastoral. El poema bien pudiera llamarse «Un canto a la integridad». El término hebreo para tal palabra aparece tres veces.[10] El salmista reconoce que solo puede encontrarla en su vínculo estrecho y gozoso con Dios. Entonces declara: «La misericordia y la justicia cantaré; A Ti, oh señor, cantaré alabanzas…» (Sal 101:1). Su corazón se llena de un gozo desbordante y musical cuando reflexiona en el amor inquebrantable que experimenta. La voz hebrea que usa David, traducida como «misericordia», describe el pacto de amor que el Altísimo ha hecho con su pueblo, a la vez que captura un sentimiento de seguridad y una relación muy estrecha.[11]

Marcus Warner y Jim Wilder captan el término hebreo: «*Hesed* es una de las palabras que más se usan en el Antiguo Testamento para describir a Dios. Podemos traducirlo como: amor pegajoso. Es un sentimiento del que no puedes deshacerte. Se adhiere por medio de los altibajos, éxitos, frustraciones y pecados».[12] David lo experimenta de parte de Dios en medio de cada contratiempo. Este mismo amor de apego impregnará el área que él dirige como rey. En sus palabras el salmista expresa la vida plena que David vivió en comunidad:

> «Mis ojos estarán sobre los bienes de la tierra, para que moren conmigo; el que anda en camino de integridad me servirá». (Sal 101:6)

La calidad y hondura de nuestro nexo espiritual con Dios y con los demás resulta un barómetro fiable para medir el crecimiento completo de nuestra vida. Amén de las diferencias en cuanto a cultura y personalidad, los pastores líderes integrales buscan hacer relaciones, alimentan a las comunidades que aprecian y siempre buscan los vínculos. Jesús recordó a sus discípulos que sus relaciones con las personas evidenciarían la autenticidad de su lazo de amor con él. «En esto conocerán todos que son Mis discípulos, si se tienen amor los unos a los otros» (Jn 13:35). Los líderes pastorales a veces olvidan que las relaciones cercanas ocupan el primer lugar.

Procurar la vida holística no es una empresa solitaria. Como líderes, nos convertimos en seres más integrales dentro de una comunidad donde abundan las relaciones. Nuestro adiestramiento espiritual hacia una mayor semejanza con Cristo, así como un liderazgo efectivo, sucede dentro de un grupo de creyentes donde conocemos y somos conocidos por otros. Si un pastor está casado, no hay mayor prioridad que el cultivo de una mayor relación íntima con su cónyuge (ver Ef 5:22-33; 1 P 3:1-7).[13] Un pastor soltero necesitará ir en busca de amigos espirituales cercanos.[14] Sea cual sea la etapa de nuestra existencia, debemos permanecer abiertos a las relaciones para que nuestra formación espiritual y vida plena vayan en aumento. Marcus Warner y James Wilder alientan a los líderes a crecer en madurez emocional y relacional al darle más importancia a esto que a los problemas. Exhortan sabiamente a aquellos que buscan la integridad el cultivo de la curiosidad, la misericordia y el aprecio dentro de las comunidades en las que sirven.[15]

Todos los pastores son diferentes; algunos son introvertidos y otros, extrovertidos. No obstante, si queremos tener una vida integral debemos impedir a toda costa el aislamiento, ya que nos empobrece, y tratar de relacionarnos. Para ello es preciso ser valientes y quererlas de verdad. Es importante que dediquemos el tiempo y las energías emocionales necesarias para lograr amistades profundas. En algunas ocasiones establecer vínculos con quienes portan una imagen quebrantada y pecaminosa resultará triste y bastante confuso. Lo más probable es que, en algún momento, los ministros sientan el dolor insufrible de la traición a manos de otros miembros del personal, líderes laicos o amigos. Los pastores y sus familias sentirán el aguijón de las críticas, a veces justificadas y otras veces no.

Cuando mis hijos eran pequeños, me recordaban que, aunque yo hablaba de vivir solo ante la audiencia del Señor, ellos vivían todos los domingos ante la asamblea de mil. Si bien mantener límites familiares y pastorales adecuados es significativo para la dicha, la satisfacción y la longevidad, el desarrollo y el mantenimiento de amistades cercanas y transparentes es de gran importancia. Una de las tentaciones más dañinas que enfrentan los ministros es la de encerrarse en sí mismos y esconderse bajo un caparazón. No debemos distanciarnos de los otros en lo emocional o lo físico. Al contrario, precisamos buscar una conexión más profunda, no solo porque es básico, sino porque además nos regenera. Las amistades forman y alegran nuestras vidas. Aquellas que se cultivan a lo largo de nuestra existencia, se convierten en una corriente de gozo que nace en el corazón; lo limpian y lo refrescan.

***Ver sin fisuras.*** De niño aprendí esta canción en la escuela dominical:

Cuidadito con lo que ven tus ojitos;
Que tu Padre mira desde cielo,
Y te ama con celo,
Cuidadito con lo que ven tus ojitos.

La sabiduría en la letra de esta tonada me ha guiado por años en mi búsqueda de la vida integral. Lo que miramos es importante. El salmista vincula la integridad del corazón con aquello que perciben los ojos:

«En la integridad de mi corazón andaré dentro de mi casa. No pondré cosa indigna delante de mis ojos». (Sal 101:2-3)[16]

Así mismo, Jesús enfatiza en el valor de cuanto vemos. De forma metafórica señala que son ventanas a nuestro mundo interior. «La lámpara de tu cuerpo es tu ojo; cuando tu ojo está sano, también todo tu cuerpo está lleno de luz; pero cuando está malo, también tu cuerpo está lleno de oscuridad» (Lc 11:34).

Como ministros, nuestra percepción sensorial del mundo demanda un enfoque disciplinado y un constante discernimiento del mal. El apóstol Pedro describe al maligno como un león al acecho y nos exhorta a ser sobrios y cautelosos (1 P 5:8).

¡Cuán verídico resulta el himno de Martín Lutero!: «Y si demonios mil están prontos a devorarnos».[17] A veces observo que, en algunos pastores, la moral y la sana doctrina empiezan a erosionarse lentamente. ¿Cómo inicia todo? Comienza por una pérdida del discernimiento en lo tocante al bien y al mal, lo correcto y lo incorrecto y la presencia del maligno. El salmista dice que quiere vivir una vida pura e íntegra. Resuelve la búsqueda de mayor juicio con respecto al mal en todas sus áreas y manifestaciones: «El corazón perverso se alejará de mí; no conoceré maldad» (Sal 101:4). Procura una visión disciplinada, una postura lúcida que evita las influencias negativas del mal y los malhechores: «Aborrezco la obra de los que se desvían; no se aferrará a mí» (Sal 101:3). ¿Eres un líder pastoral? Entonces, ¿puedes discernir bien tu mundo interior y exterior? No pierdas de vista a tu adversario. Cuídate de lo que miras. ¡Vigila tus ojos!

La vida íntegra no solo detalla lo que observa, sino que además ve el mundo sin fisuras. Cuando aceptamos el evangelio y nacemos de nuevo, recibimos un corazón y ojos nuevos. Ahora discernimos el mal con nitidez y vemos a Dios de otra forma. Ver sin fisuras significa que percibimos cómo él sostiene la realidad del universo material e inmaterial. Nos deleitamos en la belleza del mundo corpóreo que el Altísimo diseñó. Aunque la eternidad nos llama, nos importa este tiempo y espacio. Como líderes pastorales que buscan la vida integral, debemos ver más allá de la dicotomización ciega y defectuosa de lo secular y lo sagrado. Es importante que captemos el valor de lo eterno sin restárselo a lo temporal. Jesús nos recuerda que, aunque los lirios del campo y las aves del cielo son de corta duración, el Padre los suple y los cuida. Su existencia es breve; sin embargo, son muy valiosos para Dios y también deberían serlo para nosotros. Debemos mostrar respeto por el mundo material, aunque esté destruido por el pecado y gima bajo el peso del mismo. La escritora de himnos, Maltbie Babcock, arroja luz con su brillante composición «El mundo es de mi Dios»:

El mundo es de mi Dios,
su eterna posesión.
Eleva a Dios su dulce voz
la entera creación.
El mundo es de mi Dios,
trae paz así pensar.
Él hizo el sol, y el arrebol,
la tierra, cielo y mar.[18]

Cuando vemos el mundo sin fisuras, nuestras vidas ordinarias adquieren un sentido y propósito extraordinarios. Steve Garber nos ayuda a ver nuestra existencia y vocación de forma global: «Ver sin fisuras es observar con esperanzas, quizás incluso de manera sagrada, el sitio donde el cielo y la tierra se encuentran. Allí, donde *ora et labora* [oración y trabajo] son casi lo mismo, en medio de nuestras vidas ordinarias, vividas correctamente en lugares ordinarios».[19]

***Andar con sabiduría.*** Para los ministros, vivir y liderar con sabiduría es un aspecto esencial. En nuestra cultura somos ricos en información y mendigos en conocimiento. Si hay algo que necesitamos pronto es el saber intemporal que nos ofrecen las Sagradas Escrituras. En lo que atañe al tiempo, el trabajo, el dinero, las relaciones o la pureza sexual, me apoyo siempre en la sabiduría que aparece en Salmos, Proverbios y Eclesiastés.

Con el transcurso de los años he descubierto que lo intemporal resulta lo más apropiado para los líderes a la hora de tomar decisiones. A veces lo irrelevante es lo más relevante. También me aferro a la promesa de que, por medio de la oración, obtengo la sabiduría que viene de lo alto: «Y si a alguno de ustedes le falta sabiduría, que se *la* pida a Dios, quien da a todos abundantemente y sin reproche, y le será dada» (Stg 1:5). Cuando oro antes de tomar decisiones, recibo la confianza para avanzar incluso en el terreno más difícil del liderazgo. Caminar con sabiduría, además de la oración, requiere apoyarse en la presencia y los recursos del Espíritu Santo; implica que considero siempre mis estaciones y etapas de vida y estoy atento a la condición de la tierra de mi alma.[20] Los pastores bivocacionales deben descubrir ritmos sostenibles y saludables para el crecimiento y la plenitud dentro de su entorno y limitaciones de tiempo. Cada ministro debe preocuparse por crecer y convertirse en un líder más sabio. Al vivir con sabiduría, somos conscientes de los ritmos de nuestra existencia.

***Cuidarse no es ser egoísta.*** Un día me asignaron un entrenador ejecutivo sabio y experimentado. ¡Ha sido uno de los mejores regalos en mi vida de pastor! No solo es un amigo de confianza, sino que aún me critica y aconseja con sensatez. Nunca olvidaré una conversación que tuvimos mientras cenábamos: «¿Bueno, y cuántos puntos me das en eficiencia?». Yo estaba desempeñando mis funciones actuales de liderazgo. Esperaba que me diera una alta calificación, ya que estaba trabajando duro y se observaba el avance misionero en las organizaciones que dirigía. Su respuesta me dejó perplejo: «Te doy un cuarenta por ciento de efectividad». Al ver mi cara de asombro, agregó: «Mira, no estás aprovechando tus fortalezas, ¿entiendes?; necesitas enfocarte en ellas. Además, ¿por qué no te cuidas? Eso es importante».

Su cariñosa y clara exhortación hizo que observara una evidente debilidad en mi vida y en mi liderazgo. Siempre había considerado que cuidar de mi salud era egolatría. ¡Pero, en realidad, al hacerlo honraba a Dios! No sé cuántas veces había leído y citado el gran mandamiento de amar a los demás como a mí mismo, pero ignoraba la parte de amarme a mí mismo. Cuando hablo de este amor propio no me refiero a un narcisismo carnal o a un ensimismamiento egocéntrico. Sin duda, hay etapas en que los ministros deben sacrificarse para servir a los demás y hacer avanzar la misión. Sin embargo, ahora entiendo que el cuidado personal oportuno no es egoísmo: es una acción del liderazgo de servicio que enaltece a Dios. Es imposible tener una vida íntegra sin que lo tengamos en cuenta. En retrospectiva, me parece que son más los pastores que sucumben en su vida personal, matrimonio y efectividad de liderazgo, debido a una perenne falta de autocuidado, que quienes caen por cualquier otra causa. Con frecuencia los ministros jóvenes me preguntan: «¿Qué cosa usted haría de manera distinta si empezara de nuevo?». Enseguida respondo: «Me tomaría más en serio mi autocuidado». Entonces, ¿cuál es el modo correcto de cuidarse? Habrá diferencias según la cultura, la personalidad y la etapa de la vida; pero algunos aspectos son similares.

Es de suma importancia cuidar nuestras almas, pero no debemos descuidar nuestros cuerpos físicos. Dios nos diseñó como criaturas de carne y hueso y se complace en nuestra forma material (Gn 1:31). Aunque ahora corruptos por el pecado, Pablo nos recuerda que son templos del Espíritu Santo y que, por medio de ellos, debemos glorificar al Señor (1 Co 6:19-20). Constituyen una de nuestras principales mayordomías divinas. Entonces, debemos tomar en serio las horas de sueño que necesitamos. No dormir lo suficiente es un indicador de que estamos haciendo demasiado y de que nuestra salud peligra. ¿Es la pereza un vicio dañino para los ministros? Sí, por supuesto, ¡pero también lo es la adicción al trabajo! Por desgracia, es común que los miembros y las juntas de la iglesia feliciten a los pastores por esta destructiva manía; ¡piensan que eso significa compromiso con Cristo y su grey! Es importante dormir, comer bien y mantener un peso saludable, ya que ello permite que nuestro cuerpo funcione bien. Los chequeos médicos regulares promueven los estilos de vida saludables y nos alertan sobre los cambios que debemos hacer en nuestro desempeño cotidiano. En nuestro bienestar, debemos tener en cuenta nuestra salud.[21] Necesitamos ejercitarnos a menudo. En lo personal, sigo un régimen de carrera, un ejercicio bastante efectivo para el cuidado de mi salud. Pocas cosas en mi vida me dan una mayor sensación de bienestar físico, mental y espiritual que mis rutinas de entrenamiento. Además de dichos beneficios, he visto que soy más creativo cuando las llevo a cabo. Quizás todo esto sea nuevo para ti. Sin embargo, cuidar el cuerpo que Dios te ha confiado es una enorme mayordomía de tu liderazgo pastoral. Tu fuerza y vigor te permiten pensar, amar y guiar bien, haya tormenta o bonanza. El dicho reza que la fatiga «acobarda» a todo el mundo, no que, «entontece» a todo el mundo.

Uno de mis peores miedos es quedarme varado en la carretera porque se me acabó la gasolina, ¿qué te parece? Así que, mientras conduzco, vigilo a cada momento este indicador. Rara vez dejo que mi tanque esté por debajo de la mitad. ¿Cosas de maniático? Bueno, acaso a veces exagero un poco, pero mi automóvil nunca se ha quedado sin combustible. Y, sin embargo, como pastor, no he sido tan diligente en cuanto a tener mi tanque emocional lleno de combustible. Los ministros nos agotamos en lo emocional porque a toda hora y en cualquier sitio, batallamos con las necesidades, expectativas y demandas de los feligreses. Liz, mi esposa, en su inmenso amor me ayuda a ver desde la perspectiva justa y a desarrollar límites y patrones sensatos para que rellene mi tanque de sentimientos.

¿Quieres conocer una de las disciplinas más importantes para tu felicidad emocional y espiritual? Descansar los *sabbats*. Mira, yo crecí en un ambiente que distorsionaba el concepto del día de reposo. Guardarlo, lejos de verse como un acto vigorizante, se percibía como una acción del legalismo. En mis primeros años como pastor, minimizada la importancia de este día. Pero mientras más estudio la Biblia, más entiendo que el diseño original para el florecimiento humano incluye un día a la semana para el descanso y la renovación. Incluirlo en tu agenda no significa que te desvíes de tu llamado. Resulta básico para tu cuidado personal. Pero no solo eso; además de un *sabbat* a la semana, aparta un tiempo de vacaciones todos los años. Ello refleja un principio sabático más amplio en cuanto a la efectividad del descanso y la renovación. En mi iglesia local, nuestro equipo, de forma obligatoria, toma vacaciones anuales. También ofrecemos tiempo sabáticos de doce semanas cada cinco o siete años. El principio sabático de reposo y renuevo mejora tu salud física, espiritual, emocional y relacional. Además, la comunidad de fe te imita y avanza hacia una mayor plenitud.

Cuando yo era seminarista un ejecutivo experimentado me dio un consejo que jamás olvidaré. Mientras desayunábamos me dijo:

— Oye, si supieras lo triste que me siento por la cantidad de pastores que han perdido sus matrimonios.

—¿Muchos? —le pregunté.

—Muchísimos —respondió tras un sorbo—. Sus familias quedan desechas.

El tema era aprensivo, pero sentía curiosidad.

—¿Y eso por qué?

Tomó su servilleta y la rasgó por el medio; suspiró.

—Muchos de ellos, incluso conocidos míos, descuidan a sus esposas e hijos. Piensan que el trabajo en la iglesia es más importante —me miró a los ojos y expresó—: Tom, voy a darte dos consejos, no los olvides —Me incliné a él casi sin notarlo—. Primero, no pierdas a tu familia por causa del ministerio. Segundo, ama el sitio al que regresas cada noche.

Lo que me asombró no fue su primera advertencia, sino la segunda; ¿qué quería decir con amar el lugar donde vivo?

— ¿Amar el sitio al que regreso? —le pregunté.

—Sí, mira, —dijo más animado— nuestras casas son un espacio de refugio, descanso y regocijo.

Esos consejos me han guiado durante años, y mi esposa, Liz, y yo hemos dedicado tiempo y energías en hacer de nuestra casa un nido de reposo y belleza, propicio para la hospitalidad.

Los pastores no necesitamos casas fastuosas. Más bien, según nuestro poder adquisitivo, debemos invertir recursos para que nuestros hogares sean refugios placenteros y tranquilos. La creación de espacios agradables realza el florecimiento y la alegría que los demás comparten con nosotros cuando celebramos juntos. ¡Son un remanso de disfrute! Procurar la belleza a nuestro alrededor, disminuye los efectos corrosivos del pecado, y trae júbilo y satisfacción a nuestras vidas y relaciones. Fuimos creados para habitar en un lindo jardín y, aunque vivimos en un mundo caído, la hermosura nos renueva. Mi esposa Liz y yo buscamos sitios naturales que sean bonitos y que nos hagan sentir renovados. Nos gusta caminar por un parque, escalar montañas, pasear junto al mar, hacer jardinería, visitar un museo o escuchar música sinfónica. Rodearnos de objetos primorosos es bueno para el cuidado individual.

En ocasiones advertimos los problemas de salud afectiva y espiritual de nuestra grey y, sin embargo, desconocemos los nuestros. Tener una mayor autoconciencia no significa ensimismarse. Necesitamos crecer en madurez emocional y personal para el logro de una comprensión más amplia de quiénes somos. En su estudio, Marcus Warner y Jim Wilder, concluyen que la madurez de carácter es básica para un liderazgo seguro. «Me he convencido de que la principal limitante de la mayoría de los líderes es la inmadurez emocional».[22] Una de las mejores experiencias que tuve en cuanto a conocerme más en el aspecto interno sucedió durante una reunión con un consejero profesional, un experto en cuestiones de educación y familia. Algunas áreas que se deben discutir con un profesional de este tipo son: el estrés, las enfermedades, la irritabilidad, los olvidos, los conflictos en nuestras relaciones; cómo experimentamos y respondemos al dolor, la pérdida y las contrariedades en nuestras vidas; cómo asumimos los cambios grandes y pequeños; cómo podemos lograr que los cónyuges y los amigos cercanos puedan ayudarnos en el área psicológica. He descubierto que es bueno que los ministros tengan junto a sí un consejero cristiano que los ayude a crecer en el ámbito emocional y también como individuos.

La raza humana caída ha estado soportando la realidad de la vergüenza destructora desde la tragedia en Edén (ver Gn 2:25 y Gn 3 completo). La culpa del hombre refleja que en un principio hizo algo malo. La vergüenza corrobora que hay un aspecto torcido en nuestro interior. Tal sentimiento constituye una realidad que está presente muy dentro de nosotros; nos recuerda que somos malos y que no merecemos nada en absoluto. Todos batallamos con el oprobio, porque debilita y destruye nuestras vidas y relaciones interpersonales. Muchos pastores proclaman las buenas nuevas de que, en Cristo, ya no hay motivos de vergüenza. Sin embargo luchan con ella. ¡Qué triste! En estos tiempos existe una mejor comprensión del efecto corrosivo que ejerce dicho sentimiento sobre el bienestar y la eficacia del liderazgo. Debido a su naturaleza, el bochorno tiende a solaparse y con frecuencia es silencioso y sutil. Lo bueno es que podemos librarnos de sus garras. Curt Thompson explica la forma: «Para curarnos de la vergüenza es necesario abrirnos a los demás en acciones encarnadas».[23] Estamos seguros en el amor de Cristo, así que en vez de escondernos de los demás, podemos vivir de forma transparente y receptiva ante ellos. Me he dado cuenta de que mientras más franco soy con las personas seguras que me rodean, más resistente me vuelvo en lo emocional. En medio de las dificultades y el sufrimiento experimento un gozo mayor.

Siempre me han gustado mucho los superhéroes; aún alimento mi imaginación. De pequeño, mi favorito era Superman. Su bondad heroica y su fuerza deslumbrante me inspiraban. Sin embargo, pronto me di cuenta de que el personaje no era del todo súper: la criptonita podía afectarlo. Lo paraba en seco y lo debilitaba hasta dejarlo prácticamente inútil. Los ministros están lejos de ser superhéroes poderosos; y en sus vidas pueden toparse con montañas de criptonita. En ese momento, se producen estragos en su mundo interior, carácter, relaciones y liderazgo. Existen varias formas de criptonita pastoral. No obstante, ¿sabes cuál es la más dañina?, tener un espíritu intranquilo.

Uno de los mayores regalos que he disfrutado es el tiempo que pude compartir con Dallas Willard y aprender de él. Una de las primeras veces que lo escuché hablar fue en un seminario sobre el pecado de una vida apresurada. Dijo que Jesús, quien estaba del todo comprometido con su misión redentora, jamás tuvo prisa. Concluyó que, por medio del aprendizaje a los pies del Maestro, debíamos eliminar la premura en nuestro día a día. Entendí que andar siempre corriendo era algo pecaminoso y que yo me comportaba así. ¡Fue duro, pero era la verdad! Tenía un falso sentido de importancia, valor y engreimiento; y todo porque mi agenda estaba llena de actividades. El vivir así, sin poco tiempo y tomando decisiones en el vuelo, absorbía mis energías. Siempre andaba distraído y no prestaba atención a lo que, de hecho, necesitaba. Hay un refrán que dice:

«Si el diablo no puede hacer que peques, te mantendrá ocupado». Estoy de acuerdo. Quizás uno de los vicios más sutiles pero mortales es el espíritu apresurado. No nos permite amar a Dios y a los demás. Es por ello que las palabras de Willard a los pastores han hallado una calurosa acogida en sus almas: «Elimina, sin piedad, las prisas de tu vida».[24]

## PASTOR JOHN YATES SR.

¿Es posible que a largo plazo los líderes pastores vivan y dirijan cada vez con más gozo, esperanza e integridad? La vida y ministerio fructífero de mi amigo y pastor John Yates Sr., constituye un sí rotundo. Ha ejercido el servicio por más de cincuenta años y cuarenta de ellos en la misma comunidad de fe en Washington D. C. A lo largo de todo este tiempo, tanto él como su esposa, han enfrentado los altibajos de la vida y el liderazgo dentro de la grey. Ahora, en un nuevo capítulo de su vida, sigue siendo curioso, crece en intimidad con Cristo, aporta ideas y trata de ofrecer aliento y tutela a una nueva generación de clérigos.

Le pregunté cómo ha encontrado esa plenitud y bienestar que le ha permitido ejercer el liderazgo con eficacia y alegría en su longevidad. Me reveló tres obligaciones individuales que resultan sabios consejos para todos los líderes pastorales que anhelan ser fructíferos y efectivos en su llamado. Primero, estar comprometidos con el estudio regular de la Biblia y la oración que alimenta el alma. Segundo, tener una franca amistad con un pequeño grupo de amigos que puedan exhortarnos y ayudarnos a enfrentar las tinieblas de nuestro mundo interior. Tercero, alejarse por un tiempo de las responsabilidades del liderazgo para descansar y renovarse. Me lo expresó de esta manera: «Cultiva otra vida». Busca un pasatiempo u otro tipo de actividades: cría animalitos, juega el golf, aprende carpintería o jardinería. Ten algunas distracciones sanas y alegres que te ayuden a soportar la carga del pastoreo del rebaño. John Yates, como aprendiz de Jesús, ha dirigido bien una iglesia local. Lo ha hecho con integridad de corazón y manos hábiles. Podemos hacer lo mismo en el poder del Espíritu Santo y bajo el yugo de gracia de Cristo.[25]

# TERCERA PARTE

# MANOS

# HÁBILES

*Y él los pastoreó según la integridad de su corazón,
y los guio con la destreza de sus manos.*

SALMOS 78:72

# 7

# UNA PRESENCIA FIEL

*En resumen, la presencia fiel en la práctica es el ejercicio del liderazgo en todos los ámbitos y niveles de la vida y las actividades. Representa un estilo de compromiso orientado a la fecundidad, la plenitud y el bienestar de todos. Es, por tanto, lo contrario del elitismo y de su dominación implícita. También es la antítesis de la celebridad.*

JAMES DAVISON HUNTER, *TO CHANGE THE WORLD [PARA CAMBIAR AL MUNDO]*

Es común que los feligreses envíen sus críticas a los pastores mediante correos electrónicos. Recuerdo uno de ellos en el cual un miembro de la iglesia, molesto, consideraba que en un sermón reciente había apoyado que los padres mandaran a sus hijos a las escuelas públicas y no a las privadas o a un tutor en casa. Al final señalaba: «Yo no enviaría a mi perro a una escuela pública». No puedo negar que me puse a la defensiva cuando terminé de leer. Durante el mensaje había sido muy cuidadoso con mis palabras. Reconocía que cada persona tiene sus puntos fuertes y débiles, así que no era mi intención mostrar alguna preferencia en cuanto a las vías educativas que los padres debían elegir. Antes había oído opiniones bastante enérgicas y diversas en la comunidad de fe con respecto a la educación, aunque nunca con un lenguaje tan descarnado. Era obvio que este hermano tenía criterios muy firmes sobre cómo los padres cristianos debían educar a sus hijos pequeños. Yo estimaba que, en cuanto a este asunto, los padres requerían sabiduría y orar mucho para escoger con libertad. Sin embargo, esta persona mostraba una posición radical. Desde su punto de vista, todo se resumía en la fidelidad del creyente dentro de una cultura cada vez más secular.

Yo era más joven y no estaba preparado para remar en las vertiginosas y siempre cambiantes corrientes de un liderazgo eclesiástico más amplio. Me quedé atónito y decepcionado cuando descubrí que, miembros sinceros y con buenas intenciones, discutían con frecuencia. No lo hacían por diferencias doctrinales, sino más bien por ideologías políticas y asuntos culturales de la vida cotidiana.[1] Existía mucha variedad en cuanto a la educación, el entretenimiento, lo deportes, la ética del trabajo, los medios de comunicación social, el uso del alcohol, el partidismo y las tecnologías. ¡El ambiente era complejo, problemático y muy voluble! Sin duda, la diversidad cultural requerirá cada vez más una inteligencia sagaz para mediar entre las personas. Es preciso que florezcan en sus vidas también los lunes, al emprender una nueva semana. Con tacto y discernimiento, los ministros deberán promover la unidad dentro de la iglesia local. Para ello requieren de una enorme inteligencia cultural. ¡El desafío es gigantesco y desalienta a cualquiera! Sin embargo, podemos confiar en que, mediante nuestro aprendizaje con el buen pastor, seremos sabios y obtendremos las fuerzas para enfrentar este mundo tan fluctuante. Lo haremos bien, sin ese ritmo frenético que, muchas veces, nos entristece, nos agota y nos desilusiona. Con manos hábiles, los líderes pastorales deben preparar a la grey para que viva de forma fructífera en una sociedad en constante transformación. Si eres un ministro, entonces necesitas tener inteligencia cultural.

El liderazgo de los pastores está relacionado con la claridad de la vocación y el desarrollo de una vida articulada y coherente. Pero también se relaciona con la eficacia del ministerio. Trabajar para organizaciones que carecen de la competencia de liderazgo necesaria resulta molesto, desmoralizante y opresivo. Sin embargo, esto ocurre con bastante frecuencia en las iglesias locales. El investigador del liderazgo, John Kotter, presenta una imagen aleccionadora del déficit existente en esta área en una amplia gama de entidades con y sin ánimo de lucro: «Estoy convencido de que la mayoría de las organizaciones actuales carecen del liderazgo que necesitan. El déficit, por lo común, es enorme. No estoy hablando de un 10 %, sino de un 200 %, 400 % o más en los puestos superiores e inferiores de la jerarquía».[2]

Las Sagradas Escrituras abordan con frecuencia la importancia de la sabiduría para obtener las competencias necesarias en la polifacética empresa del liderazgo espiritual. El Salmo 78 muestra al rey David no solo como alguien de corazón íntegro, sino también de manos hábiles.[3] Pero ¿cómo es el liderazgo con «manos hábiles» y qué significa? Aquí él no brinda un número de pasos para la eficacia en esta tarea o las competencias técnicas. Más bien alude a una forma de arte que es muy relacional, dinámica, sabia, imaginativa y adaptable.[4] Max DePree, en su clásico *Leadership Is an Art* [El liderazgo es un arte], capta bien lo que el salmista expresa cuando habla de las manos hábiles de un líder pastoral: «El liderazgo es un arte, algo que se aprende con el tiempo y no solo a través de los libros. El liderazgo es más tribal que científico, se trata más de entretejer relaciones que de acumular información».[5] Una de las destrezas más importantes del liderazgo de los pastores es abordar de manera ingeniosa las problemáticas más amplias de la cultura contemporánea.

## ENFRENTAR UNA CULTURA CAMBIANTE

Los líderes pastorales son sabios si emplean una perspectiva doble: una enfocada de cerca y la otra de lejos. Es decir, deben utilizar la luz corta para no perder de vista los procesos internos de su iglesia, y al mismo tiempo la luz larga para distinguir las fuerzas externas de una cultura más amplia que influyen en la organización mientras avanza hacia un futuro en desarrollo. ¿Conoces a Wayne Gretzky? Era un jugador de *hockey* extraordinario; ¿no era asombroso? Bueno, se dice que aquello que lo hacía tan genial sobre el hielo era que no patinaba donde estaba el disco, sino hacia donde se dirigía. Los ministros necesitan inteligencia para ir en la dirección del disco cultural. Un aspecto básico del pastoreo es permanecer atentos al ambiente que nos rodea y a las tendencias emergentes.

Debemos anticipar hacia dónde se mueven las corrientes culturales más amplias. Los líderes hábiles, ya sean beduinos cuidadores de ovejas en el Medio Oriente o ministros en una iglesia del mundo occidental inmerso en la tecnología, precisan vivir en sintonía con el entorno. Resulta obligatorio que se mantengan alertas a los cambios graduales o repentinos que se producen a su alrededor. ¡Necesitan comprender su tiempo!

*Entender nuestra época.* Escondida en lo que a menudo se considera un rincón remoto de las Sagradas Escrituras, hallamos una sabiduría de liderazgo intemporal que nos recuerda la gran importancia de entender nuestros tiempos.

Cuando el escritor de Crónicas le muestra a la comunidad exílica el notable ascenso histórico de Israel como nación, destaca la perspicacia de la tribu de Isacar. «De los hijos de Isacar, expertos en discernir los tiempos, con conocimiento de lo que Israel debía hacer, sus jefes *eran* 200; y todos sus parientes *estaban* bajo sus órdenes» (1 Cr 12:32). Los miembros de dicha tribu, vistos a través de la lente histórica, reciben elogios por su inteligencia en cuanto a las ideas, tecnologías y movimientos generales que constituyeron su mundo en la antigüedad. Pero no solo esto, sino también por la forma en que proporcionaron una guía sabia para que el pueblo floreciera bajo el reinado de David. Isacar era una tribu pequeña; sin embargo, mostró una sabiduría cultural maravillosa. Por ello resultaron en extremo influyentes. Incluso pudiéramos decir que, aunque estaban en contacto con una cultura más amplia, no vivían en sintonía con ella. En 1 de Crónicas 12 no hay ninguna pista de acomodo cultural o de sometimiento a las normas sociales. El relato bíblico demuestra que, con extrema sensatez, evitaron convertirse en animales atropellados en la antigua autopista cultural ubicada entre dos superpotencias: Egipto, al sur, y Mesopotamia, al norte. Los líderes del referido grupo siempre permanecían atentos. Buscaban la sabiduría, más siempre apoyados en la oración y obedientes a la alianza que habían hecho con el Altísimo.

¿No seríamos sabios si aprendiéramos de la tribu de Isacar? De nosotros, los seguidores de Jesús, se dice con frecuencia que estamos en el mundo, pero que no somos del mundo. Si es así, entonces debemos ser más conscientes y entendidos de los tiempos en los que vivimos y ejercemos el liderazgo. Discernir las características de nuestra época exige una serie de elementos: estudiar la historia de forma meticulosa, oír con atención y observar con cuidado a quienes conforman la cultura más amplia, es decir, la educación, la economía, los medios de comunicación, el cine, la tecnología, el arte y la política. Los ministros necesitamos leer la Palabra y entender el mundo. A través de una lente bíblica precisamos desentrañar los componentes positivos y negativos de la cultura emergente. De hecho, casi todas las culturas y la mayoría de sus eventos presentan una combinación de ambos. Un amigo mío, alguien con vastos conocimientos sobre la gracia común, me recuerda siempre: «Tom, todos entienden bien al menos un pedacito de la historia».

**El mundo moderno tardío.** Nuestro mundo moderno tardío plantea retos formidables para la fe y la cosmovisión cristiana. En el mundo occidental, vivimos en una época de mayor secularidad. Esto hace que, para muchos, nuestra fe resulte cada vez más dudosa. Charles Taylor ha descrito este formidable dosel profano como el «marco inmanente».[6] El mismo trata de hacernos creer que nuestro mundo material y vidas temporales son todo cuanto existe y lo que en verdad importa. La percepción de Taylor de que la fe en Dios ya no es inevitable o incluso a veces creíble, tiene ramificaciones básicas para nosotros como líderes pastorales.[7] Contraria a este marco inmanente de un mundo sin un Creador, nuestra vocación pastoral se basa en un mundo lleno de su presencia. Nuestras breves acciones y obras diarias se fundamentan en la certeza de un Dios trascendente y en las glorias de la eternidad. Con nuestras palabras y el trabajo de nuestras manos, les enseñamos a otros una seguridad espiritual que va más allá de este breve período. Como ministros, debemos ser conscientes de que enfrentamos una oposición sobrenatural; la misma propone ideas y teorías de una época donde tanto el reino de las tinieblas como el de la luz buscan influencia.[8]

Chris Armstrong discurre con agudeza sobre el marco inmanente de la modernidad tardía. Observa la terrible miopía epistémica del presente: «Nuestra habitación moderna está bien iluminada con la bombilla

incandescente de la ciencia. Pero más allá de ella no vemos nada».[9] Peter
Berger ha señalado la pérdida de estructuras plausibles y la falta de instituciones sociales que refuercen creencias fuertes y lógicas.[10] Aborda un
desafío emergente que amenaza las comunidades religiosas: «Por lo tanto,
el manejo de la duda se convierte en un problema para todas las tradiciones religiosas».[11] James Hunter se hace eco de gran parte del pensamiento del citado investigador, cuando argumenta que el carácter de
nuestro tiempo es uno de diferencias y disoluciones. Sin embargo, apunta
al pluralismo, la presencia cada vez mayor de múltiples culturas que viven en estrecha proximidad. En muchos aspectos, esta es una realidad
maravillosa y una gran coyuntura para la iglesia. Pero la misma fe y cosmovisión pueden caer en tela de juicio en cuanto a formas exclusivas de
concebir la realidad cuando se enfrentan a una amplia gama de creencias
e incredulidades. Hunter también describe el temperamento de nuestro
tiempo a través de la lente iluminadora de la disolución. Esta deconstruye
las suposiciones más básicas de la realidad al vaciar el significado de las
palabras, lo que a menudo conduce a un mayor escepticismo sobre nuestra capacidad para conocer la realidad o la verdad de manera objetiva.[12]
Somos occidentales modernos tardíos, y nuestras mentes están llenas de
dudas en cuanto a la historia y las instituciones, así como casi todo lo que
se relaciona con ellas, incluyendo la iglesia. Este tipo de hecho cultural
afecta la mayor parte de los asuntos del liderazgo del ministro en las congregaciones locales.

   *Los choques culturales.* Cuando adquirimos una mayor comprensión de nuestra época observamos cuán diferente perciben la vida y el
mundo algunos de nuestros hermanos en la fe. En ocasiones nos topamos con otros que tienen supuestos de cosmovisión muy distintos de los
nuestros, experiencias históricas y culturales divergentes y puntos de vista
contrastantes sobre la antropología, el género, la sexualidad, la política
general y pública, la moralidad y la economía. Carl Trueman presenta
un caso convincente que subyace en gran parte de nuestro conflicto cultural. Está relacionado con la revolución sexual y constituye una tajante
reivindicación y redefinición del yo: «En resumen, la revolución sexual es

en esencia una prueba de la revolución más grande del yo que ha tenido lugar en Occidente. Y es solo a medida que llegamos a comprender ese contexto más amplio que podemos comprender realmente la dinámica de la política sexual que ahora domina nuestra cultura».[13] A menudo, confrontar tanta diferencia en niveles sociales tan importantes, deshilacha el tejido del discurso civil y oculta la gracia común. Estas profundas diferencias desafían a los líderes cristianos que enfrentan colisiones culturales y legales en asuntos como la santidad de la vida y la libertad de elección, o la libertad religiosa personal y los derechos LGBTQ+.[14]

De manera oportuna, Luke Goodrich nos recuerda a los pastores y a las congregaciones en las cuales laboramos que vivimos en un mundo moderno tardío y que, por tanto, sufriremos la marginación, el rechazo e incluso, en ocasiones, la hostilidad hacia la fe cristiana que profesamos. Afirma cuán significativo es que preservemos la libertad religiosa; pero, a la vez, nos advierte que como aprendices de Jesús: «No estamos llamados a "ganar", sino a ser como Cristo». Antes que asumir posturas de guerreros culturales, podemos actuar como ciudadanos del reino. El autor, con agudeza, declara: «En resumen, no estamos tratando de vencer en una guerra cultural, sino de glorificar a Dios al ser como Jesús».[15]

***Las oportunidades de la cultura.*** Los pastores no solo enfrentamos poderosos vientos culturales en contra, sino que también sentimos fuertes ráfagas en nuestras espaldas para representar a la iglesia y llevar a cabo la misión divina en el mundo. En muchos aspectos, nuestro siglo XXI es bastante similar al muy pluralista primer siglo, cuando la iglesia dio frutos y el evangelio se extendió por todo el mundo romano. Con frecuencia, en nuestro mundo moderno tardío a las personas se les hace difícil oír las afirmaciones exclusivas de la verdad que proclamamos. En ese caso las obras buenas que hacemos al servicio de nuestros semejantes se convierten en nuestro discurso. ¿Cuál es nuestro llamado como líderes de la iglesia? Hacer discípulos, cuidar de los pobres, hablar por los marginados, buscar justicia para los oprimidos, hacer buenas obras y proclamar el evangelio con palabras y hechos ante un mundo que observa y que no pregunta tanto: ¿es verdadero el cristianismo?, sino más bien, ¿es bueno?

Cuando algunos han desmayado en su búsqueda de sentido, nuestra fe cristiana brinda un mensaje esperanzador de perdón, de nueva vida, de cambio y regocijo ahora y por la eternidad. Lo que distingue nuestro momento cultural es el enorme aislamiento que sienten las personas.

Nunca antes en la historia hemos estado más conectados a través de la tecnología y las redes sociales. Sin embargo, muchos se sienten increíblemente solos. El aislamiento es uno de los mayores problemas de salud física y mental de nuestra época.[16] La iglesia local está diseñada de manera única para acometer la urgente necesidad de pertenencia y conexión. En nuestra obra de pastores tenemos la oportunidad de liderar una comunidad segura y con fuerza espiritual donde conocemos y somos conocidos, amamos y somos amados, crecemos y ayudamos a otros a crecer. Sin duda, estos son tiempos propicios para ser la iglesia en el mundo. No obstante, la confianza y la fecundidad requieren una dosis adicional de amor tierno, sabiduría en oración y valor inquebrantable mientras la guiamos en medio de nuestra cultura dinámica y en constante cambio.

## OTRA VISITA A CRISTO Y LA CULTURA

En mi tradición de fe, me enseñaron de manera explícita y aprendí de forma implícita a recelar en cuanto a las corrientes y prácticas de una cultura más amplia. Gran parte de mi identidad como creyente y señales de santificación, tenían que ver con lo que yo no hacía pero «ellos sí hacían». En cuanto a mi entendimiento de la vida cristiana fiel en el mundo, me inculcaron una enérgica postura separatista hacia la sociedad. Con el transcurso de los años, he ido rechazando esta postura que enfatiza correctamente la importancia de la pureza, pero que minimiza el imperativo bíblico del acercamiento y el compromiso social.

H. Richard Niebuhr abordó los desafíos de la fidelidad cristiana a la luz del contexto cultural.[17] Sus cinco categorías: Cristo contra la cultura, el Cristo de la cultura, Cristo por encima de la cultura, Cristo y la cultura en paradoja y Cristo, el transformador de la cultura, han proporcionado un lenguaje interseccional para una reflexión a fondo sobre las diferentes perspectivas que adoptan los cristianos con respecto al mundo que los rodea. En un extremo existe un fuerte separatismo que cree en la pureza fuera de la cultura y que con frecuencia adopta una posición defensiva contra la misma. En el otro, observamos un enfoque que más bien favorece la cultura y que a menudo incorpora normas culturales y valores contemporáneos. En medio de dichos polos observamos posturas intermedias. D. A. Carson ofrece una crítica útil de las cinco categorías de Niebuhr al afirmar que carecen de profundidad teológica y que en realidad ninguna cuenta con el suficiente apoyo bíblico.[18]

Jesús afirmó que sus seguidores deben ser sal y luz en el mundo. Sin duda, sus palabras resultan básicas para desenvolvernos de manera sabia dentro de la cultura. Él nos dice que la fidelidad cristiana incluye un acercamiento a la cultura y que otros vean las buenas obras de estas personas y que por ello, glorifiquen a Dios (Mt 5:13-16). Ser sal y luz en el mundo significa que los líderes de un grupo eclesiástico local están llamados a ir por una línea fina de sabiduría para mantener la pureza característica de la cultura y, además, permanecer en estrecha cercanía a la misma.

***El pastoreo en el exilio.*** Los líderes pastorales son sabios cuando reconocen que, de muchas formas, al igual que en la época de Jeremías, pastoreamos a nuestras congregaciones en un entorno de exilio. El profeta escribe al pueblo que Dios mantendrá su pacto incluso en el destierro a Babilonia. Les dice que él es fiel y que les ordena establecerse en su nueva tierra y procurar el bien de la Babilonia pagana:

> «Así dice el Señor de los ejércitos, el Dios de Israel, a todos los desterrados que envié al destierro de Jerusalén a Babilonia: "Edifiquen casas y habíten*las*, planten huertos y coman de su fruto. Tomen mujeres y tengan hijos e hijas, tomen mujeres para sus hijos y den sus hijas a maridos para que den a luz hijos e hijas, y multiplíquense allí y no disminuyan. Y busquen el bienestar de la ciudad adonde los he desterrado, y rueguen al Señor por ella; porque en su bienestar tendrán bienestar"». (Jr 29:4-7)

¡Seguro que el pueblo se sorprendió al escuchar las palabras del profeta! Sin embargo, este era, sin duda, el discurso que necesitaban para vivir de manera fiel en el exilio. Su lealtad sería confiar en la soberanía de Dios, tener una perspectiva a largo plazo, vivir en familia y tener abundantes hijos; ser buenos vecinos y buscar de modo activo la paz para una cultura y ciudad paganas.[19]

Las palabras de Jeremías a los exiliados de Babilonia resultan de gran provecho para nosotros como líderes pastorales. ¡Cuántas minas terrestres de la cultura podemos pisar! Sin discernimiento pudiéramos acomodarnos desde el punto de vista cultural y perder nuestro carácter distintivo. También, optar, de forma imprudente, por separarnos de la cultura y entonces perder nuestro testimonio. ¿O qué tal si somos seducidos por el poder de una mentalidad de guerrero cultural en la que el ganador se lo lleva todo, en vez de asumir una postura de reino sacrificial que busca el bien de todos? James Hunter nos recuerda nuestro contexto de exilio en el mundo moderno tardío: «La nuestra es ahora, con fuerza, una cultura poscristiana, y la comunidad de creyentes cristianos son ahora, más que nunca, espiritualmente hablando, exiliados en tierras extranjeras. Los cristianos, al igual que los israelitas en el relato de Jeremías, deben aceptar dicho exilio».[20] Los cristianos occidentales viven en un contexto babilónico; no obstante, debemos recordar que toda la trama bíblica desde Génesis 3 hasta Apocalipsis 21 toma lugar en el exilio. Algún día en el futuro, nuestro exilio terminará con el surgimiento de la nueva creación y «la morada de Dios entre los hombres» (Ap 21:3). Paul Williams insiste en las implicaciones de vivir y liderar en un contexto de exilio. «En el modelo del exilio, las relaciones del pueblo de Dios con el mundo tienen un carácter triple: servir de paradigma, ser un canal de bendición y reconciliar a la humanidad con el Señor».[21] Pastorear en el exilio implica adoptar una postura cultural que no es ni retiro monástico ni aceptación pasiva ni mentalidad de guerrero cultural, sino más bien una de presencia fiel.

*La presencia fiel.* James Hunter es una de las personas que más ha influido en mi pensamiento y forma de enfrentar los retos del mundo moderno tardío. En una pequeña granja ubicada en las montañas de Virginia, no muy lejos de Washington D. C., tuve el privilegio de unirme a un reducido grupo de pastores para oír el trabajo emergente de dicho autor. Su propuesta se centraba en lo que él consideraba un enfoque de presencia fiel para el compromiso cultural. Como uno de los principales sociólogos del país, hizo una fuerte crítica a diversas formas pobres en que el liderazgo cristiano se acercaba a tal relación. También abordó el cambio cultural duradero, la renovación de la iglesia y la importancia de las densas redes superpuestas, incluidas aquellas del clero.[22] Las ideas que adoptamos y los vínculos que surgieron en estos encuentros fueron transformadores para mí y para la comunidad de fe a la que sirvo.

En lo referente a Jesús y la cultura, Hunter escribe: «En oposición a los paradigmas de "defensiva contra", "relevancia para" y "pureza de", he sugerido un modelo de compromiso llamado "presencia fiel en el interior"».[23] Basado en una teología sólida de la creación y la encarnación, entiende esta última como un modelo para quienes siguen a Cristo y viven bajo su señorío en medio de la sociedad. En cierto sentido, la presencia fiel enfatiza la misión de la iglesia que está dispersa, ante todo, para que los creyentes florezcan donde Dios los ha plantado. Hunter profundiza en el enfoque de presencia fiel y escribe:

«Creo que una teología de presencia fiel convoca a los cristianos, antes que todo, a atender a las personas y accionar en los lugares donde se encuentran. No significa que los creyentes deban evitar su responsabilidad con los individuos y lugares en todo el mundo. ¡Claro que no! Después de todo, están llamados a «ir por todo el mundo» y a llevar las buenas nuevas en palabras y hechos de que el reino de Dios se ha acercado. No obstante, el llamado de la presencia fiel prioriza lo que está frente a nosotros: las personas, la comunidad, el barrio, la ciudad donde habitamos».[24]

***La primacía del discipulado vocacional.*** El enfoque de presencia fiel para el compromiso ante la cultura se manifiesta de diversas maneras en la vida y trabajo de la grey. Primero que todo, los líderes forman espiritualmente a sus miembros dentro del contexto transformador de la comunidad de la iglesia gozosa. Si bien es importante que esta se reúna, los ministros de presencia fiel también enfatizan en el discipulado de toda la vida. Este tipo de aprendizaje prepara a los feligreses para desempeñar sus vocaciones y llamados durante la semana. Paul Williams aborda el enfoque de presencia fiel y sus implicaciones para los líderes eclesiásticos:

> «Dios ha diseñado la iglesia de tal manera que los creyentes fieles, dispersos en la sociedad, en cualquier lugar de trabajo, vecindarios y comunidades, estén en la primera línea de encuentro misionero. No necesitan "ir» a otro lugar para ser fructíferos en la misión; solo «ir» a estos lugares bajo el señorío de Jesucristo [...]. Muchos líderes de la iglesia pasan mucho tiempo preguntándose cómo llegar a una «sociedad secular» y mucha energía para iniciar programas e iniciativas, pero no ven que sus feligreses ya están bien colocados para lograrlo. Se mueven en lugares a los que un líder eclesiástico nunca podría llegar o ser creíble».[25]

Con frecuencia, al poner énfasis en su misión del lunes, les recuerdo a mis feligreses que Dios, de manera soberana, los ha colocado y fortalecido para que sean testigos de sal y luz. ¿Cómo? Por medio de su trabajo, remunerado o no, en cualquier espacio de la sociedad. Como líderes pastorales de presencia fiel, debemos percatarnos de que una obra primordial de la iglesia es entrar en acción.[26]

***¡Cuidado con el partidismo!*** Una de las formas más dañinas en que los pastores se apartan de la obra es cuando se identifican demasiado con un partido político. El enfoque de presencia fiel para el compromiso cultural protege contra la seducción constante de poder, con énfasis en el político, al adoptar una postura de servicio amoroso y altruista por el bien de todos. Dicha presencia acentúa la bondad del testimonio público de la iglesia y evita la rendición institucional ante cualquier partido político o ideología partidista. En una cultura cada vez más polarizada, muchos pastores sienten que los feligreses los presionan a toda hora y los critican desde posiciones de izquierda y derecha. A veces los miembros de la iglesia, en vez de construir sus identidades a partir del evangelio, lo hacen basados en un pensamiento político que se anuncia en ciertos medios de difusión. Los pastores que adoptan un enfoque de presencia fiel avivan el compromiso cívico de los creyentes individuales. Pero, de manera hábil, evitan el partidismo político. La victoria partidista de un ministro puede conducir a una pérdida de credibilidad dentro de su entorno comunitario; en tal sentido, sus actividades, lejos de construir puentes, levantan barreras con otras congregaciones religiosas. Estas se vuelven más resistentes a la futura colaboración por el bien común de una urbe o comunidad. El líder pastor tiene un papel en la defensa de la moral y la justicia, pero necesita sabiduría y discernimiento a la hora de ejercerlo en el ámbito político y partidista. Si bien los ministros pueden tener fuertes puntos de vista en esa área, creo que deben ser cuidadosos al abordarlos en la iglesia local.

Los miembros de la comunidad de fe pueden tener, y a menudo tienen, ideas políticas polarizadas y lealtades partidarias diferentes. Esto pudiera desatar conflictos y rupturas. Sin embargo, también pudiera ser un argumento para que el Espíritu enseñe a los feligreses a escuchar, con respeto, las diversas perspectivas individuales. De este modo todos pueden crecer en respeto, profundidad y comprensión.

El círculo íntimo de Jesús era variadísimo. ¿Sabes qué?, incluía a Mateo, el recaudador de impuestos, quien estaba al servicio de Roma; pero también, a Simón el Zelote (*celoso* o *fanático*), ¡que ansiaba derrotar al gobierno romano! ¿Te imaginas las conversaciones animadas y, quizás a veces acaloradas, que estos dos discípulos de Jesús tuvieron alrededor de una fogata galilea? Sin embargo, ambos tenían un amor y una lealtad inquebrantables al Rey Jesús y su reino. Eso eliminaba toda filiación política ¡Cuán importante es este modelo para los pastores! En mi caso, como líder pastoral en mi cultura y ambiente comunitarios, he tomado medidas: no asisto a reuniones de partidos políticos, ni pongo calcomanías con eslóganes en mi auto, ni ubico carteles en mi jardín. Animo a los miembros de la comunidad a desempeñarse en un cargo público, pero no respaldo, ni directa ni indirectamente, a ningún candidato. ¡Ni siquiera a los de mi comunidad de fe!

Por supuesto, mi compromiso de evitar el partidismo ha provocado algunas críticas dolorosas. En ocasiones, algunos feligreses abandonaron nuestra iglesia local. Si bien esto resulta doloroso, todos hemos permanecido juntos en la misión. Quizás tú prefieras enfrentarte a los desafíos y oportunidades de compromiso político y partidista de modo diferente a como yo lo he hecho. Sin embargo, creo que la politización de nuestra fe cristiana es, con frecuencia, una de las estrategias de Satanás para robarnos nuestra identidad evangélica y obstaculizar nuestra tarea de hacer discípulos.

## CUATRO PRÁCTICAS DE LA PRESENCIA FIEL

Max DePree, con agudeza, nos recuerda que el liderazgo efectivo no se trata de seguir una agenda estricta. Más bien, consiste en llevar a cabo prácticas ingeniosas que, con el tiempo, se enraízan y forman a los demás. Él escribe: «El liderazgo es mucho más un arte, una creencia, una condición del alma, que un grupo de cosas a implementar. Los signos de un liderazgo inteligente se observan en la práctica».[27] Observó cuatro prácticas de estilo de vida de ministros hábiles, quienes día tras día moran en una presencia fiel: procuran la longevidad, adoptan una perspectiva de reino, edifican instituciones duraderas y promueven la verdad, la misericordia y la belleza.

*Procurar la longevidad.* Cuando mi esposa y yo nos mudamos de Dallas a Kansas City para establecer Christ Community Church, aceptamos un llamado, no una carrera. Hicimos el compromiso de que nuestra comunidad de fe no fuera un *spring* de cien metros, sino un triatlón de toda la vida. Éramos jóvenes plantadores de iglesias; así que dimos un paso de fe sin saber lo que nos esperaba, pero con una visión a largo plazo. No sabíamos mucho, aunque sí entendíamos que Dios nos estaba llamando a un lugar determinado por mucho tiempo. Si bien con el cursar de los años tuvimos «mejores» oportunidades, nuestro sabio llamado a un sitio y personas específicas ha traído a nuestros corazones agradecidos una sensación de profunda alegría. En todos los aspectos de nuestra existencia y labor aplicamos el enfoque de procurar la longevidad. Eso nos ha permitido superarnos en nuestra formación espiritual, conocer y ser conocidos de veras por una comunidad de fe, así como disfrutar el gozo de la fecundidad que viene más tarde.

James Hunter escribe cuán bueno es que el llamado a un pueblo y un lugar específicos permanezca hasta la vejez.

> «Para la mayoría, esto significará una preferencia por la estabilidad, el sitio, las características de este y sus necesidades. Es aquí, a través de las alegrías, los sufrimientos, las esperanzas, las decepciones, las inquietudes, los deseos y las preocupaciones de las personas con quienes tenemos una relación cercana a largo plazo: familia, vecinos, compañeros de trabajo y comunidad, donde hallamos nuestra autenticidad como cuerpo y como creyentes. Aquí aprendemos el perdón y la servidumbre, practicamos la bondad, la hospitalidad y la misericordia, crecemos en paciencia, en sabiduría, y nos vestimos de compasión, mansedumbre y gozo. ¡Este es el crisol de la santidad cristiana y el contexto para anunciar shalom!».[28]

Hay momentos en que, por determinados motivos, Dios nos llama a servir por breve tiempo en una comunidad de fe. No obstante, los pastores que ejercitan la presencia fiel trabajan con una visión a largo plazo, practican la longevidad y se establecen en una zona específica. Tales ministros estudian, expectantes, el pueblo y la comunidad; descubren la historia y las fuerzas que conforman su rutina actual. Durante un largo período y con el poder del Espíritu Santo alcanzan un mayor conocimiento de la grey, los sucesos negativos de su testimonio y sus complejidades. Con la enseñanza, la predicación y un ejemplo de vida basado en la longevidad, estos ministros de presencia fiel, poco a poco fomentan la imaginación, cultivan la virtud y expanden la misión dentro de la grey.[29] Se niegan a huir de las dificultades y la debilidad; emplean ambos como catalizadores para su propio crecimiento de liderazgo y de amor maduro por la comunidad de fe.

Resulta bastante irónico que los ministros estén frustrados con la falta de crecimiento de los feligreses, mientras que a la vez ignoran que ellos mismos lo necesitan como líderes. ¿Cómo llevaremos una comunidad de fe más lejos de lo que hemos avanzado nosotros mismos? Sin embargo, a pesar de nuestros desafíos de desarrollo, insuficiencias y debilidades, la gracia de Dios obra en nuestras vidas y en nuestra labor. El apóstol Pablo, quien batalló con sus limitaciones para el liderazgo espiritual, sintió alivio ante las palabras de Jesús: «Te basta Mi gracia, pues Mi poder se perfecciona en la debilidad» (2 Co 12:9). ¡Cuán cierta ha sido esta expresión en mi desempeño como ministro! Muchas veces es en nuestros desalientos y fracasos donde el Señor realiza su obra más gloriosa en nuestras vidas y la más transformadora en nuestra comunidad de fe. Su acción en medio de nuestras fatigas nos protege del orgullo y glorifica aún más su nombre.

Muchos de nosotros no veremos los años de ministerio más palpables y fructíferos en unos pocos años, sino en décadas. Recuerdo que hace un tiempo atrás un mentor me dijo que sobreestimamos lo que podemos hacer en un año y sobreestimamos lo que Dios puede hacer en una década. En lo recóndito de mi alma he acogido con placer sus sabias palabras, porque a menudo me recuerdan cuán buena es la longevidad pastoral. Descansa en la soberanía, la vocación y el cuidado divinos y busca la longevidad pastoral.

***Adoptar una mentalidad de reino.*** Otra práctica de los ministros de presencia fiel es la adopción de una mentalidad de reino. Aunque su deber básico es el pastoreo de su propio rebaño, necesitan reconocer y participar en la obra más amplia del reino de Dios en el mundo. Dallas Willard, tras compartir con un grupo de pastores en nuestra ciudad, me dijo algo que nunca olvidaré: «Tom, muchas veces me pregunto cuánta gloria recibiría el Señor, y hasta qué punto avanzaría su misión evangélica en el mundo si los pastores diezmaran el diez por ciento de su tiempo para servir a otros colegas y ministerios en una ciudad». ¡Al momento decidí hacerme un horario! He tratado de dar mi aporte, intento bendecir la vida de otros pastores animándolos en sus luchas y regocijándome en sus éxitos.

Cuando me encuentro con otros colegas, siempre me recuerdan cómo, más allá de nuestras bromas profesionales, de hecho solo podemos tratar sobre «nuestra» iglesia y «nuestro» ministerio. La fea realidad es que muchos pastores tienen un espíritu orgulloso de competencia, en vez de uno amoroso de aliento para la obra multifacética que Dios está haciendo en otros lugares de su reino, el cual aún no se ha establecido por completo. Una disciplina espiritual que he incorporado a mi vida es orar por la bendición y el favor divino sobre mis compañeros pastores cuando paso cerca de sus iglesias. De esta manera, no solo evita que mi corazón se vuelva competitivo, sino que, además, recuerdo que el Señor está llevando a cabo una obra en mi pueblo más allá del alcance de mis manos y de los feligreses a quienes sirvo.

El pastor Tim Keller ha sido un ejemplo maravilloso del enfoque de presencia fiel durante sus largos años de ministerio en la ciudad de Nueva York. Muchas veces les recuerda a los pastores cuán buena resulta la diversidad que existe en las iglesias de una urbe. «No existe una forma única de hacer iglesia que emplee el modelo bíblico o cultural correctos. Así que la ciudad en su conjunto necesita todo tipo de iglesias».[30] Uno de mis viejos amigos pastores sirve a una comunidad de fe en la zona urbana de Kansas City. El pastor Stan Archie ha practicado un estilo de vida de longevidad con un pensamiento enfocado en el reino. Ambos hemos tenido el privilegio de ayudar a nuestras congregaciones durante más de treinta años. Cuando nos reunimos, le gusta conversar y orar por el avance del reino de Dios en nuestra urbe. Aunque cumplimos nuestros propios límites eclesiales y obligaciones del ministerio específicos, hemos continuado en estrecha cooperación a través de los años para el florecimiento de nuestras congregaciones y ciudad. No siempre ha sido fácil; hemos tenido que abordar la desconfianza y las divisiones raciales, conocedores de las profundas heridas históricas, aún sangrantes. Junto a nuestras congregaciones buscamos la justicia para los explotados, cuidamos de los proscritos y servimos a quienes tienen menos recursos.

También trabajamos para que otros colegas se animen a conducir a una nueva generación de ministros de la iglesia. Mantenemos una agenda del reino y tenemos varias redes pastorales y cívicas. Esto ha ayudado a crear confianza y está formando un ecosistema evangélico en nuestra ciudad.[31] Nos unimos con redes amplias y diversas comprometidas con el bien común.[32] Tener una mentalidad del reino significa articularnos para colaborar. Nos asociamos con organizaciones locales, nacionales y del mundo, muchas de las cuales comparten nuestras obligaciones de fe, pero también con otras de buena voluntad. Así, tendemos puentes de amistad por encima de las divisiones religiosas, raciales y políticas.

Los pastores que tienen una mentalidad de reino ponen especial énfasis en preparar a las congregaciones para que vivan en sus mundos vocacionales del lunes. Se anima a los emprendedores de la comunidad de fe a la búsqueda de las formas de potenciar y proveer de oportunidades a las zonas de la comunidad con menos recursos. Es de gran importancia no solo la creación de empleos, sino también el acceso al capital y el adiestramiento en el lugar de trabajo. Les pedimos a los maestros de nuestra iglesia local que desarrollen un pensamiento que rebase el marco de sus escuelas; que logren enfrentar los desafíos educativos más amplios de nuestra ciudad, en la cual muchos colegios están fracasando y las generaciones emergentes se hayan en enorme peligro. Se anima a los líderes de los mercados a la adopción de un enfoque múltiple en sus negocios. Esto incluye conseguir acceso y oportunidades a las poblaciones minoritarias y vulnerables. Se alienta a los funcionarios públicos que forman parte de comunidades religiosas al desarrollo de políticas públicas que promuevan el florecimiento humano. Los ministros de presencia fiel se comprometen a preparar sus iglesias para el lunes, conscientes de que sus feligreses están llamados al desarrollo de la misión del reino en el mundo. Este tipo de ministro necesita una mentalidad de reino.

***Construir instituciones duraderas.*** Desde la ventana de mi oficina se ve el aula de preescolar de nuestra iglesia. En ocasiones, hago una pausa en mi trabajo y observo con asombro a todos los niños y padres que entran al lugar. Durante más de dos décadas, miles de padres y familias han confiado a sus hijos a nuestros increíbles maestros de preescolar. Padres de todos los ámbitos de la vida y cosmovisiones asisten a este espacio sabiendo que sus hijos serán amados y apreciados a la vez que se les enseñan los fundamentos y la virtud de la fe cristiana. Nuestro preescolar, con su liderazgo idóneo, excelentes maestros, cultura enriquecedora, instalaciones de calidad y abundantes recursos administrativos provistos por nuestra familia de la iglesia, se ha convertido en una institución perdurable de presencia fiel en la comunidad. Es bastante común que mientras compro en una tienda o tomo un café se me acerque un extraño y me felicite por nuestras clases para este nivel.

No te comparto esta anécdota y su considerable impacto en el entorno para darme palmaditas en la espalda, sino como un ejemplo sobre la importancia de ver la iglesia no solo como una entidad orgánica, sino también como una institución duradera. Sería imposible mantener la excelencia de este preescolar sin el apoyo de nuestra institución eclesiástica más grande. Eso también se aplica al programa de residencia pastoral de nuestra iglesia, que prepara a los postseminaristas a través de una experiencia práctica de desarrollo de liderazgo de dos años. En muchos de tales programas ministeriales e iniciativas de la iglesia, nuestra fortaleza perenne y salud vibrante como institución, hacen posible un impacto dinámico a largo plazo. Aquí, el dicho es verídico: sin individuos, nada cambia nunca, pero sin instituciones, nada perdura. Como pastores líderes queremos dejar un legado que trascienda, pero eso significa tomarnos más en serio la construcción de instituciones duraderas.

Con frecuencia los ministros reconocemos cuán importante es nuestro rol como predicadores, maestros o guías espirituales. Sin embargo, muchas veces ignoramos nuestro papel como desarrolladores institucionales. Nos centramos en la transformación individual y desatendemos la salud de la institución, algo que proporciona el contexto para el cambio en las vidas individuales y en las comunidades durante períodos más extensos. Quizás enfocarnos en las instalaciones, los presupuestos, las juntas, las políticas y las estructuras organizacionales no sea algo emocionante; pero constituyen una presencia física y aseguran la continuidad del ministerio en una zona determinada. Estas son las prácticas que el pastor de presencia fiel adopta en el desempeño de la edificación corporativa. James Hunter nos recuerda el aspecto institucional de la presencia fiel: «Lo que, otra vez sugiero, es un paradigma diferente de la iglesia en el mundo moderno tardío. El aspecto institucional de la presencia fiel asegura que los cristianos y la iglesia se alistan para perdurar».[33] Dichos pastores comprenden que tanto el cambio de los individuos como la salud de la institución son responsabilidades significativas de su liderazgo.

A veces los ministros tenemos cierta reticencia contra las instituciones. Si bien la iglesia local es más que una institución, tampoco es menos. Como otras, puede ser sana y dar vida, mantenerse inmersa en la mediocridad o, incluso, perder el rumbo. Sin embargo, los ministros no deben abandonarla o descuidarla. Más bien, deben trabajar duro, con paciencia y devoción para renovarla. Los pastores de presencia fiel saben que están llamados a asistir a las personas y también a la institución donde sirven. William James lo expresó así: «El mejor uso de una vida es gastarla en algo que perdure».[34] Esta clase de pastores construyen instituciones duraderas que los sobreviven.

***Promover la verdad, la misericordia y la belleza.*** Los pastores de presencia fiel fomentan la verdad, la misericordia y la hermosura en sus congregaciones y comunidades. No solo son artistas del alma, sino también de lo bello. Todo lo que es agradable, sea en la naturaleza o en el lienzo de un artista, trae sanidad y esperanza a nuestro mundo. La práctica de la verdad, el altruismo y la belleza nos forma como ministros y nos permite ver el primor de la vocación del artista y el papel único que desempeña dentro de la cultura. El artista Makoto Fujimura, de forma convincente, explica a los pastores: «La iglesia ha mantenido la estructura de la verdad, pero en gran medida hemos perdido el contacto con el Espíritu al crear belleza. La iglesia ya no es el espacio donde las masas llegan a conocer al Creador de la belleza».[35] ¿Cómo respondemos? ¿Nos quedamos de brazos cruzados, o corregimos esta deficiencia?

En nuestra iglesia local hemos tratado de promover la verdad, la misericordia y la belleza de varias formas. Un ejemplo palpable es la Galería de los Cuatro Capítulos, situada en nuestro campus del centro de la ciudad.[36] El pastor, Gabe Coyle, quien lo dirige desde el inicio, la ha visto como parte integral de su misión evangélica. Cientos de personas que recorren el distrito de las artes de Kansas City en los «primeros viernes» transitan nuestras instalaciones. El arte que allí se exhibe, de mucha calidad por cierto, muestra la condición humana en su caída y presenta un tema redentor lleno de esperanzas. Los voluntarios que cooperan en el lugar reciben, de manera calurosa, a los visitantes; tratan de fomentar siempre un ambiente divertido y acogedor. Por medio de su estructura y diseño visual, la Galería de los Cuatro Capítulos realza nuestra experiencia de adoración en el campus los domingos y refuerza la fluidez litúrgica de la verdad, la cortesía y la belleza.

Además de la mencionada instalación, nuestra comunidad de fe financia y promueve organizaciones y esfuerzos artísticos en la ciudad. Hemos tenido un largo vínculo de apoyo con la Casa de la Cultura, que prepara a cientos de jóvenes artistas locales.[37] Dos miembros de nuestra iglesia, Jeremiah y Mona Enna, la dirigen. Por muchos años han sido modelos de fidelidad cristiana para el bien común en nuestra urbe. La Casa de la Cultura también alberga el Teatro de Danza Stoerling, que ha ido ganando respeto y notoriedad a nivel nacional por su destacado trabajo en el logro de un mayor entendimiento y reconciliación racial. Los pastores de presencia fiel fortalecen la aptitud del artista e intentan promover las artes de forma individual y comunitaria.[38]

## DESCANSAR EN SU PRESENCIA FIEL

Las prácticas de la presencia fiel y las habilidades necesarias para que los ministros enfrenten los constantes vericuetos de la cultura, a veces pueden resultar agotadoras. Sin embargo, en medio de las gigantescas cargas que conlleva el liderazgo, podemos descansar gozosos en nuestro buen pastor. Él no nos deja ni nos desampara. Tim Laniak nos anima a recordar que, a la postre, Jesús tiene el dominio y cumplirá sus propósitos en nuestras vidas y en la comunidad de fe a la que servimos:

> «El único consuelo y respiro ante la carga implacable del liderazgo es que Dios, el sublime pastor del rebaño, «Jamás se adormecerá ni dormirá». Se ha comprometido a supervisar de manera constante nuestras comunidades, porque las personas que cuidamos son suyas: «Él nos hizo, y no nosotros *a nosotros mismos*; Pueblo Suyo *somos* y ovejas de Su prado».[39]

# 8

# LOGRAR UNA CULTURA FRUCTÍFERA

*La gran mayoría de las organizaciones actuales tienen
inteligencia, práctica y conocimientos más que suficientes
para tener éxito. Lo que les falta es salud organizativa.*

PATRICK LENCIONI, *THE ADVANTAGE* [LA VENTAJA]

«No sabía que la iglesia a la que me enviaron a pastorear estuviera tan enferma». Estas fueron las palabras, desilusionantes y sentidas, que me dijo un joven ministro, quien dejaba su primera misión en una iglesia local. Él y su esposa, rebosantes de esperanzas y de un idealismo juvenil, se habían mudado al otro extremo del país. Compraron una casa, se instalaron en la comunidad y llenos de entusiasmo pusieron manos a la obra, deseosos de servir. Lamentablemente, su luna de miel pastoral terminó muy pronto. La iglesia había tenido un sinnúmero de obreros y carecía de atención pastoral. Los feligreses vestían corazas emocionales y, de hecho, algunos se mostraban distantes y fríos. Las facciones de la congregación no tardaron en aflorar, ya que se habían hecho en torno a sentimientos amargos por conflictos pasados no resueltos. El personal eclesiástico andaba con la moral caída. Tras la marcha del último pastor, había experimentado una reducción de las prestaciones sanitarias; también los asistentes a la iglesia habían mermado y las finanzas eran pocas. Las reuniones del personal eran corteses, profesionales y reservadas. Atrincherados en silos ministeriales, protegían su territorio y desconfiaban entre sí. Los programas, antiguos e ineficaces, no estimulaban los cambios necesarios. La junta directiva se enorgullecía de participar en las operaciones diarias de la iglesia. En ella, los focos de poder convocaban a frecuentes reuniones y las familias opulentas influían en exceso. Disponían de un documento de misión bien elaborado, pero se había convertido en un acomodo para la grey y en una especie de supervivencia institucional.

Al sentir la oposición en todo momento y consciente de lo que se avecinaba, el joven ministro, que solo llevaba dos años en la iglesia, dimitió. Al oír su historia, pude entender en mi alma lo que sentía. Aquí estaba ante un líder joven y talentoso, quien después de estar inmerso en un ambiente hostil, se cuestionaba si continuaría en la obra. Ojalá pudiera decir que la terrible vivencia de este pastor no es común; pero, caramba, ¡es todo lo contrario! No es de extrañar que, para muchos líderes pastorales, el asunto más importante en el momento de ir a una determinada tarea no sea la denominación, el sitio donde está o el tamaño de la iglesia, sino la salud de la misma. Cuando miremos detrás de la cortina del culto corporativo dominical, ¿qué encontraremos? ¿Será una cultura organizativa infértil o fructífera?

Lo que se pasa por alto es, a no dudarlo, una de las habilidades básicas que deben dominar los pastores: la preservación y el cultivo incesante de una cultura organizativa floreciente. Porque es un organismo vivo y una institución duradera, la iglesia local avanza cuando el liderazgo enfoca su atención, de forma disciplinada, en el fomento y el cuidado de la cultura organizativa. Jim Collins nos dice que el liderazgo requiere conservar el núcleo a toda hora y estimular el progreso.[1] Un elemento básico en la preservación del primero es mantenerse atentos a la cultura institucional. Con frecuencia se observa que esta recibe el ciento por ciento de atención, mientras que la estrategia organizativa queda relegada por completo. Mis años de experiencia pastoral confirman esta verdad. No le resto importancia a una buena táctica, sino que acentúo la relevancia de una cultura eclesiástica saludable. Todos los ministros deben dar un tratamiento prioritario a la cultura y la salud organizativas, ya que estas alientan su llamado y su trabajo administrativo. Es posible que un rango superior en la organización dé más influencia, pero podemos crear enormes focos culturales que influyan en el resto de la organización.

## HACEDORES DE CULTURA

¿Qué entendemos por cultura? La definición de Andy Crouch resulta útil: «La cultura es lo que hacemos del mundo». Es, en primer término, el nombre de nuestro incesante e inquieto esfuerzo por tomarlo tal y como nos ha sido dado y hacer algo más.[2] Según este axioma el centro de nuestro trabajo humano es hacer cultura. Cuando estudiamos el relato de la creación en Génesis, vemos a un Dios trino y perfecto que hace una labor integral. La resplandeciente corona de todo lo creado es la humanidad, diseñada a su imagen y semejanza (Gn 1:27). Somos portadores de la primera y eso nos convierte en criaturas relacionales. Reflejamos a nuestro Creador de muchas formas, entre ellas la de moldear el entorno que nos rodea. Ello se observa con claridad en Génesis 2. Allí apreciamos que nosotros, la imagen de Dios en la tierra, teníamos el papel de completar lo que faltaba en lo creado. El escritor de Génesis señala: «… ni había hombre para labrar la tierra» (Gn 2:5). Entonces Dios lo forma, planta un jardín y allí lo coloca (Gn 2:7-8). Prosigue, y nos muestra cuál era su sitio en el orden concebido. «El Señor Dios tomó al hombre y lo puso en el huerto del Edén para que lo cultivara y lo cuidara» (Gn 2:15). Aquí hallamos que el elemento fundamental del trabajo humano es cultivar y proteger el mundo. La palabra *cultivar* tiene un vínculo etimológico con *cultura* y es por una buena razón.[3] Los jardines y las culturas tienen mucho más en común de lo que suponemos. Para que ambos florezcan hay que trabajarlos con gran esmero.

*Los jardines e invernaderos.* Pittsburgh es hermosa. Tiene muchísimos puentes y ríos; pero el horizonte en pleno invierno se torna gris, frío y nublado. Me invitaron a esta ciudad a una conferencia para estudiantes universitarios y profesionales centrada en la vocación. En una tarde nublada y oscura, durante un descanso en las charlas, mi esposa y yo visitamos el famoso Conservatorio y Jardín Botánico Phipps de Pittsburgh. Cuando entramos, quedó atrás el árido y borrascoso mundo invernal para dar paso a la cúpula de cristal con sus veintitrés jardines. El soplo cálido que fluía a través del vibrante ecosistema de los jardines resultaba una delicia para nuestros sentidos. Quedamos boquiabiertos ante la belleza multicolor de las plantas y las flores. En este maravilloso paraíso fértil, la alegría nos saludaba a cada paso.

Mientras, sin ningún apuro, daba mi paseo observé cómo el personal de la instalación trabajaba sin descanso para que surgiera un ecosistema hermoso. De forma disciplinada, habían preservado los nutrientes imprescindibles para el suelo, las necesidades de agua y las condiciones óptimas de luz, de modo que existiera un florecimiento palpitante y una vida rica y diversa. Con cuidado y manos hábiles habían hecho un mundo fructífero, surtido, interdependiente y simbiótico. Sin duda, los jardineros habían logrado una obra admirable y hermosa para que miles de visitantes como yo disfrutaran. En cierto sentido, eso es lo que cada uno de nosotros está llamado a hacer en el mundo. Andy Crouch señala la relación existente entre la vocación de la jardinería y la creación de cultura:

> «El cultivo en el mundo de la cultura se parece bastante a aquel de la naturaleza. Quien lo hace intenta crear las condiciones más fértiles para que las plantas buenas sobrevivan y prosperen. Dicha labor también requiere desbrozar, es decir, separar lo que es bueno de lo que no lo es y lo que da fruto de aquello que lo ahoga».[4]

*La primacía relacional.* Cuando volvemos al primer jardín, debemos tener en cuenta el siguiente paso integral de la historia. La narración de Génesis 2 muestra lo que era necesario para cultivar el huerto después que el hombre estuviera allí: una ayuda idónea. Así que Dios hizo a la mujer para que lo acompañara en la faena de cuidar la tierra. El cultivo de las relaciones es el núcleo de la creación de cultura. Las criaturas relacionales, a imagen del Dios trino, trabajan unidas. Eso significa que la primacía de los vínculos no consiste solo en la de un pastor con Dios, sino que esta constituye la plataforma de una cultura saludable en la iglesia.

Por desgracia, en los primeros años de mi liderazgo pastoral, no entendía cuán básicas eran las relaciones, así que no las prioricé. Sí, tenía algunos amigos cercanos y consideraba que tales vínculos eran importantes. Comprendía que era necesario alimentar la comunidad de la iglesia local. Pero siempre observaba el liderazgo desde la óptica misionera. Me preocupaba mucho más el desvío de la misión que el de las relaciones; lo que más me cegaba era el uso de un ejemplo bíblico para validar la primacía de aquella sobre estas. En el Libro de los Hechos, descubrimos uno de los iniciales conflictos de liderazgo entre Pablo y Bernabé. Su colega, Juan Marcos, no había funcionado muy bien y el primero se empeñaba en que no lo llevaran al próximo viaje misionero. Bernabé insistía en que lo hicieran y le dieran otra oportunidad. Sin duda, había un conflicto de liderazgo: «Se produjo un desacuerdo tan grande que se separaron el uno del otro» (Hch 15:39). Parece que Pablo le da más importancia a la misión, mientras que Bernabé a las relaciones. En verdad, ambas eran bien importantes. Sin embargo, más tarde se nos da una pista de que Pablo ahora percibía la tarea y a Juan Marcos a través de una lente más relacional. Le ordena a Timoteo: «Toma a Marcos y tráelo contigo, porque me es útil para el ministerio» (2 Ti 4:11). Los líderes pastorales debemos tomarnos en serio nuestro encargo, pero también necesitamos ver las relaciones como algo primordial.

***El amor de apego.*** Para lograr una cultura duradera formada por la primacía de los vínculos resulta necesario que el apego de tales sea el centro de la formación espiritual y la salud cultural organizacional.[5] Muchas veces, cuando leemos las epístolas del Nuevo Testamento, nos sorprende ver tantos nombres diversos. Sin embargo, esto nos recuerda que el amor de apego es clave en una comunidad espiritual auténtica. Por ejemplo, en su magnífica carta a los romanos, Pablo dedica casi un capítulo entero para remitir saludos afectuosos a una serie de amigos y colaboradores. ¡Siente un enorme aprecio por ellos![6] La primacía de las relaciones constituía el centro de la iglesia del primer siglo. Una cultura eclesiástica local floreciente muestra el fruto del Espíritu. De esta forma estimula los lazos de amor de apego que, de continuo, crecen en amplitud y profundidad.

Aunque Max DePree no menciona explícitamente ese tipo de amor, lo describe cuando exhorta a los líderes a promover el cultivo de amistades en la organización que dirigen: «Los líderes necesitan fomentar ambientes y procesos de trabajo en los cuales la gente pueda desarrollar relaciones de alta calidad, entre dos personas, con el grupo en el que se trabaja, con los clientes y parroquianos».[7] Así como nuestro liderazgo fluye de poner en primer lugar nuestra relación con el buen pastor, la salud cultural brota de dar prioridad a las relaciones basadas en el amor de apego.

## LAS CONDICIONES PARA FRUCTIFICAR

Fuimos creados y colocados en un jardín; luego se nos enseñó el trabajo de jardinería. Pienso que este aspecto debería contribuir a nuestra comprensión del liderazgo pastoral. Este tipo de pauta hábil no comienza en el Nuevo Testamento, sino en los primeros capítulos del Génesis. Un pastor y un jardinero tienen muchísimo en común cuando hablamos de liderazgo. Con el poder y la guía del Espíritu Santo, los líderes pastorales están llamados a ser expertos en su trabajo de fortalecer el ecosistema organizativo. Una iglesia local fructífera es una especie de jardín saludable, una comunidad espiritual unida y rica en lazos con una cultura organizativa vibrante; es tanto un organismo vivo como una institución duradera que exige de sus líderes una labor sostenida en el aspecto organizativo y en la salud. El arte del liderazgo pastoral implica un trabajo continuo, atento, disciplinado y diestro, necesario para lograr el entorno más óptimo, de modo que las ovejas tengan frutos. En muchos sentidos, los pastores atentos son como los agricultores que trabajan en el campo u horticultores que cuidan un jardín: siempre crean las condiciones adecuadas. ¿Cuáles son aquellas que los pastores deben nutrir para que las ovejas fructifiquen? Aunque hay muchos elementos para la salud de la iglesia que necesitan nuestras oraciones, existen cuatro para una cultura organizativa fructífera en ella. Como ya mencionamos, el predominio de la relación constituye el suelo para dichas condiciones. Luego de establecer algunas formas de cultivar la primacía de las relaciones en nuestras iglesias, examinaremos más de cerca una ortodoxia generosa, la narración tribal, los valores fundamentales y la claridad de la misión.

**Auténticos y accesibles.** Fomentamos una cultura sana en sus relaciones, una que promueve aquellas que resultan afectuosas y estrechas en todos los niveles de la organización. Lo hacemos mediante el modelo de validez y la búsqueda de accesibilidad. De pequeño observaba curioso y asombrado cómo se afinaba el piano de nuestra casa. El experto se valía de un diapasón, indispensable para lograr la mejor calidad del instrumento, establecer el tono preciso y conseguir la primera nota sobre la que ajustaba la calidad tonal. De muchas maneras, los líderes pastorales se parecen a dicho dispositivo; ellos marcan el tono en las relaciones para que los demás lo mantengan.

Los ministros establecen la calidad tonal de las relaciones en una comunidad de fe. Con frecuencia, les digo a los jóvenes pastores residentes en nuestra iglesia que los feligreses no recordarán todo cuanto dicen, pero sí cuánto los amaron. Como pastores, lo reconozcamos o no, los miembros de nuestra congregación no solo oyen nuestras palabras, sino que también nos observan y, en secreto, nos imitan en sus vidas. Chris Lowney concluye: «Ninguna herramienta de liderazgo es tan eficaz como el ejemplo del líder: lo que hace, los valores de sus acciones y lo bien que el "camino" coincide con la "charla"».[8] La primacía relacional en una cultura organizativa se refuerza poderosamente en el ejemplo continuo de su liderazgo. Lo mismo ocurre con la accesibilidad.

Cuando mi hija Sarah estaba en la escuela primaria, me dio uno de los mejores consejos pastorales que he recibido nunca. Me dirigía a una ciudad para dar una charla y, cuando iba saliendo, me miró con sus rizos rubios, sus ojos marrón chocolate, su amplia sonrisa y me dijo: «Papá, no te olvides de ser tú mismo, pero sé tú mejor yo, ¿oíste?». He aprendido que si quiero serlo y sentirme cada vez más cómodo en mi propia piel, es muy importante que considere la accesibilidad en mis relaciones. Quienes me rodean conocen mi anhelo por relacionarme. Eso significa que objeto a quienes me colocan en un pedestal. Con bastante frecuencia le recuerdo a mi congregación que yo también soy una mezcla de quebrantos, imperfecciones, pérdidas, dolor y trabas humanas. Pete Scazzero hace un comentario que resulta fundamental para la cultura saludable de cualquier iglesia donde el ministro modela los vínculos. Afirma: «El mundo entero está roto, carcomido, agrietado y lleno de imperfecciones. Es una amenaza común para toda la humanidad, incluso para quienes niegan esta realidad en sus vidas».[9] En el caso de muchos líderes pastorales, la teología de la omnipresencia del pecado en la condición humana que tanto predican, no impregna su propia filosofía de liderazgo. Este requiere un suave equilibrio entre compartir nuestras fortalezas y signos de crecimiento además de nuestras continuas luchas. No obstante, incluso si somos heridos por quienes no administran nuestra accesibilidad de manera segura, como ministros, permanecer viables es básico para nuestra madurez emocional y para el crecimiento de nuestro liderazgo. La madurez emocional es la armadura del liderazgo».[10] Ser accesible es parte del viaje hacia la madurez emocional.

*Listos para relacionarse.* Los ministros no solo organizan sus vidas en torno a la primacía de las relaciones, sino que también brindan espacios para que las de Dios y los feligreses crezcan y maduren. No podemos minimizar la importancia de nuestras grandes reuniones de culto corporativo, pero necesitamos dedicar una buena parte de la atención y energías al fomento de la vitalidad de los pequeños grupos. Pueden formarse mediante sesiones de estudios bíblicos o de crecimiento espiritual; pueden organizarse con miembros de diferentes edades e intereses. Eso minimiza la fricción de entrada para que las personas más nuevas establezcan amistades en la congregación. En mi iglesia, bien a menudo vemos cómo se profundizan los vínculos a través de oportunidades para servir a la comunidad en la construcción de viviendas, la ayuda a los más longevos y el cuidado de las personas sin hogar. Quienes se ofrecen como voluntarios muchas veces no solo experimentan la alegría de dar, sino que también estrechan sus lazos y descubren una familia espiritual que vivifica. Una iglesia local fructífera pone las relaciones en primer término. Dicho elemento es clave en cuanto al nexo con las cuatro condiciones siguientes:

***Una ortodoxia generosa.*** Una iglesia local que es fructífera se edifica sobre las verdades de las Sagradas Escrituras. En ellas encontramos a nuestro Señor y Salvador Jesucristo, quien es la Palabra de Dios escrita y la Palabra de Dios viva. La verdad es de extrema importancia en una iglesia así. ¡Resulta imprescindible! Si perdemos la verdad que se nos ha revelado también perdemos la comunidad cristiana. Dietrich Bonhoeffer señala que la base de una auténtica comunidad eclesial local es dicha verdad. Escribe: «La comunidad cristiana significa comunidad por y en Jesucristo».[11] El apóstol Pablo exhorta a la iglesia de Colosas del siglo I a que sea una comunidad basada en la verdad: «Que la palabra de Cristo habite en abundancia en ustedes, con toda sabiduría enseñándose y amonestándose unos a otros con salmos, himnos *y* canciones espirituales, cantando a Dios con acción de gracias en sus corazones» (Col 3:16).

Todo ministro que desee obtener una iglesia local saludable pondrá determinado énfasis en la lectura, la enseñanza, la memorización, el canto y la puesta en práctica de las Sagradas Escrituras. Las iglesias saludables muestran una congregación centrada en el evangelio, llena del Espíritu, que crece en el aprendizaje con Jesús, que muestra un amor sacrificial mutuo y que aplica con gracia las Sagradas Escrituras en todas las áreas de la vida. Los pastores no solo cuidan a las personas, sino que también pastorean la verdad expuesta en la Biblia. Así que, los auténticos cristianos, son personas «del libro». El apóstol Pablo recuerda una y otra vez al pastor Timoteo cuán esencial es la verdad revelada y el cuidado de la sana doctrina: «Porque vendrá tiempo cuando no soportarán la sana doctrina, sino que teniendo comezón de oídos, conforme a sus propios deseos, acumularán para sí maestros, y apartarán sus oídos de la verdad, y se volverán a los mitos» (2 Ti 4:3-4).

En nuestra cultura cada vez más secular, aumentan el escepticismo y la hostilidad directa o indirecta hacia las enseñanzas de las Sagradas Escrituras. Antaño consideradas como un depósito de virtudes y bondades para la salvación y el florecimiento humanos, hoy son vistas como una metanarrativa opresiva y discriminatoria.[12] Los ministros pueden sentirse bastante tentados a empequeñecer la doctrina, descartar, encubrir,

retorcer o incluso omitir la verdad bíblica que se opone a la cultura contemporánea. Sin embargo, a través de sus palabras y acciones,[13] deben
enseñar con gracia y valentía lo que la Biblia enseña de forma clara.

Por el contrario, un espíritu generoso surge de una obediencia epistémica, una confianza rendida y una amabilidad enriquecedora. Por ellas,
los ministros deben decir la verdad en amor, dispuestos a que los menos-
precien, los ridiculicen, los acusen de manera degradante, los rechacen
sin contemplaciones, tanto dentro de la congregación como en el mundo
que les rodea. Sin embargo, la verdad intemporal nos sitúa en la realidad
y nos proporciona el dominio para liderar como siervos humildes por
medio de una sabiduría amorosa y un coraje feroz. Max DePree lo dice
bien: «La primera obligación de un líder es definir la realidad. La última es agradecer. Entre las dos, él debe convertirse en un servidor y un
deudor».[14]

Tener un espíritu de generosa ortodoxia hacia todos los aprendices
de Jesús que creen en la Biblia, así como honrar los límites doctrinales
de la tradición de fe cristiana, es importante para una iglesia local fructífera. Los límites doctrinales no deben ser vistos como barreras, sino que
proporcionan un sentido de arraigo y persistencia para el crecimiento y
la unidad de la congregación. Pero lo que hace que tal ortodoxia lo sea
realmente es que busca un terreno común: levanta puentes de amor y
respeto mutuos con otras tradiciones cristianas y se esfuerza por lograr
el bien común. En mi tradición confesional, con frecuencia aludimos al
espíritu humilde y a la sabiduría intemporal en este adagio creador de
cultura: «En lo que es esencial, unidad; en lo que no lo es, libertad; en
todo, caridad».[15]

**La narración tribal.** Pocos escritores estadounidenses han captado
mejor el arte de la narración tribal que Wendell Berry. Ha dedicado su
reconocida carrera literaria a insistir en la importancia del florecimiento
humano y su vínculo con el enraizamiento y el lugar. Como novelista,
Wendell Berry ha difundido vida al pequeño pueblo ficticio de Kentucky,
Port William, con sus muchos habitantes sencillos y graciosos. Acaso uno
de los miembros más intrigantes de allí sea Jayber Crow, el barbero. A

través de este personaje, el autor ofrece una visión nítida de las penas, los anhelos, las alegrías, las excentricidades, los sueños y la historia común de los habitantes. Todo esto ocurre en una comunidad sui géneris que, en las buenas y en las malas, permanece unida. La destreza narrativa de Berry y su notable perspicacia brillan a través de Jayber cuando medita sobre cómo la historia de su pasado se conecta con el sitio: «No recuerdo que alguna vez no haya conocido Port William, el pueblo y el barrio. Mi relación con ese lugar, mi presencia en él y mis ausencias del mismo es la historia de mi vida. Ese relato me ha sorprendido casi todos los días […] como si todo le ocurriera a alguien que no conozco por completo».[16]

Somos criaturas con historias. Las historias no solo nos definen, sino que también nos conectan de manera poderosa.[17] Ellas desempeñan un papel vital desde la forma en que nuestro cerebro está conectado hasta nuestras interacciones con los demás. El psiquiatra cristiano Curt Thompson escribe: «Nuestra capacidad de contar historias, algo que nos distingue de todas las demás criaturas vivas, resulta esencial en cómo nuestras mentes nos conectan con Dios y con los demás».[18] Los ministros estamos llamados a nutrir a una comunidad eclesiástica saludable, así que contar historias resulta clave. De hecho, una mirada somera a los escritores del Nuevo Testamento descubre que Jesús era un brillante narrador, lo que refuerza la primacía de los relatos dentro de la comunidad humana. El liderazgo eficaz y el contar historias van de la mano. Una cultura eclesiástica local sana es rica en esto último.

Una de las principales tareas de los líderes pastorales es contar una y otra vez la maravillosa historia de Dios que aparece en las Sagradas Escrituras. La Biblia no es solo un repositorio de un grupo ordenado y lógico de doctrinas, sino una narración que nos invita a escucharla y a cimentar nuestras vidas en ella. Somos nuevas creaciones en Cristo, y habitamos en él a toda hora; el Señor nos provee, nos sostiene y siempre está con nosotros. Una iglesia local fructífera no solo debe aferrarse a la bondad de las categorías de las teológicas sistemáticas, sino también a un sólido estudio bíblico que abarque todo ámbito de la revelación canónica. La «gran historia del Creador» es, ante todo, este relato coherente: el Dios trino creó el mundo, pero se estropeó; entonces, tomó la decisión de rescatarlo mediante el envío de su Hijo, Jesús; y un día la tierra será renovada. Tal es la historia de cuatro capítulos referida con anterioridad: el *debería*, el *es*, el *puede* y el *será* (ver capítulo dos).

Recuerdo que una vez me reuní con una pareja joven de mi congregación. Su matrimonio estaba bastante deteriorado. Vinieron a verme para que los aconsejara y los animara un poco. Luego de escucharlos durante un rato, les pregunté:

—¿Conocen la historia divina del matrimonio? —Me miraron perplejos por un momento.

—No… no, la verdad que no.

—¿Me permiten que se las cuente? —Se miraron por un momento.

—Bueno… sí, no hay problema.

—Miren, tiene cuatro capítulos: «*debería*, *es*, *puede* y *será*» —Volvieron a mirarse, (era lo que más hacían desde el inicio de nuestra conversación), sin duda, aquello les resultaba interesante y comenzaban a disfrutarlo. ¿A quién no le gustan las historias?

—Dios diseñó el matrimonio de una manera integral y hermosa —dije, y les relaté una buena parte de Génesis, haciendo énfasis en que esta porción era «el *debería*».

Luego, proseguí:

—Todo era maravilloso, ¿saben? Hasta que el pecado entró en el mundo y lo distorsionó. ¡Nada quedó ileso! A eso lo llamamos «el *es*».

En esta parte la muchacha hizo un gesto de asentimiento y dijo con franqueza:

—Ah, pastor, «el *es*» del matrimonio es bastante feo a veces, ¿no? —Su esposo tosió un poquito y se acomodó en la silla como si le quedara estrecha.

—Sí, sí… en eso los dos estamos de acuerdo.

—La verdad es que, «el *es*» a veces da miedo. Pero esta etapa no es el final de la historia de Dios para el compromiso matrimonial.

Noté cómo en sus ojos se encendía una lucecita de esperanza. Hice una pausa para aumentar el dramatismo.

—Siga, siga —dijo ella. Parecía una chiquilla esperando su caramelo. Entonces les compartí los pasajes de la Escritura que describen la imagen redentora de lo que puede llegar a ser un matrimonio centrado en Cristo. Les expliqué que un día en los nuevos cielos y la nueva tierra no estaremos casados como ahora, sino que de una forma que nosotros no podemos concebir porque estamos limitados en tiempo y espacio, tendremos un sentido diferente sobre la intimidad relacional. Entonces, les dije:

—¿Qué les parece si lo intentan?

Cuando salieron de mi oficina se los veía más tranquilos; nuevas esperanzas habían surgido en su interior. Habían comprendido que formaban parte de una historia más grande y sentían más entusiasmo por vivir de manera plena la imagen bíblica del matrimonio. ¡Que nos da esperanzas! No importa el reto que presentan los feligreses; ya sea el matrimonio, la soltería, las relaciones, la enfermedad, los fracasos en el trabajo, el dinero o cualquier situación común, es importante ayudarlos a percibir sus vidas y circunstancias a través de la lente de la gran historia de Dios. Cuando la narramos, ella transforma la vida de la iglesia local.

Los ministros también debemos saber narrar sobre nuestras vidas, tradición de fe y acerca de la iglesia local en la que servimos. Se dice que los líderes necesitan dos cosas para dirigir bien: un amplio sentido de la historia y una buena noche de sueño.

Contar una y otra vez las historias que nos han formado como líderes, y que también son parte de la congregación, da una evidencia de lazo verdadero, de arraigo al lugar y a su gente. Nos recuerda que Dios es misericordioso, fiel, amable y digno de confianza. En la iglesia local donde sirvo, cuando orientamos a los nuevos miembros y a quienes trabajan en ella, muchas veces exponemos los testimonios de la fidelidad del Altísimo en nuestras vidas y en nuestra historia comunitaria; relatamos cómo hemos llegado a la fe y recordamos nuestros orígenes como iglesia. Compartimos momentos, de hace más de tres décadas, frente al «mar Rojo» y el «río Jordán», en los que Dios nos protegió y proveyó. Claro que no vivimos en el pasado, sino que este moldea de forma poderosa el presente y apunta a un futuro esperanzador. Los ministros se esfuerzan por no olvidar el pasado y lo mantienen vivo a través de las narraciones.

Quienes trabajan para la obtención de una cultura eclesiástica local saludable, reconocen la importancia de animar y hacer grupos pequeños para que los feligreses compartan sus historias de forma transparente. Con regularidad los escritores del Nuevo Testamento mencionan la importancia de que los líderes de la iglesia local fomenten una comunidad diáfana, segura, asequible y amorosa. Debemos fijarnos en la gran cantidad de referencias menciones apostólicas de la iglesia local como un cuerpo independiente, así como las numerosas veces que se repite la frase «unos a otros».[19] La narración de testimonios es uno de los aspectos más importantes de los grupos pequeños dentro de la comunidad. La neurociencia y la biología neural interpersonal validan con fuerza la importancia de la naturaleza sanadora de narrar historias. El psiquiatra cristiano, Curt Thompson, señala que se producen cambios visibles en nuestros cerebros cuando las relatamos: «Las personas no solo cambian sus experiencias, sino también sus cerebros mediante el proceso de contar sus historias a un oyente empático. Cuando una persona relata un acontecimiento, y en verdad es escuchada y comprendida, tanto ella como el oyente experimentan variaciones en sus circuitos cerebrales».[20] Para que las congregaciones den frutos, los líderes de pastoreo deben entender que los individuos tienen anécdotas que contar y necesitan que alguien los oiga. En nuestras congregaciones todas las personas necesitan conocer a otras, y a su vez, ser conocidas. El relato es una de las vías para formar y mantener vínculos estrechos y también para alegrarnos juntos.

Es importante que animemos y preparemos a los miembros de nuestras congregaciones no solo para que compartan sus historias con los demás, sino para que intercambien con otros que aún no conocen a Jesús. A veces la palabra *evangelismo* provoca un grupo de asociaciones negativas y temores en la mente de las personas. Aunque no hay nada malo en dicho vocablo, acaso sería mejor usar la frase «contar historias». Poco antes de su ascensión al cielo, Jesús encargó a sus seguidores que fueran sus testigos:

«Pero recibirán poder cuando el Espíritu Santo venga sobre ustedes; y serán Mis testigos en Jerusalén, en toda Judea y Samaria, y hasta los confines de la tierra» (Hch 1:8). ¡Todos sus testigos tienen algo que contar! Es la magnífica historia de Dios, que trata acerca de Jesús, de por qué vino a la tierra, de sus buenas noticias y de cómo ha transformado nuestras vidas. John Newton, a través de uno de los himnos que más nos gustan, relató su experiencia sobre cómo dejó de ser comerciante de esclavos para convertirse en discípulo de Cristo.

> Sublime gracia del Señor
> Que a un pecador salvó
> Fui ciego mas hoy veo yo
> Perdido y Él me halló.[21]

Una iglesia local saludable, normalmente, cuenta historias.

**Los valores fundamentales.** No era el prototipo de un líder que cambiaría el mundo y dejaría un legado duradero. Ignacio de Loyola nació en Azpeitia, una pequeña aldea cercana a la frontera francesa en una zona remota del norte de España. La historia dice que tenía un currículo escaso y varios defectos. Fracasó como oficial militar y eso le hizo perder su carrera, su confianza y, prácticamente, su vida. Excéntrico en muchos aspectos, pero con una conversión religiosa que le cambió la vida hacia los cuarenta años, Ignacio de Loyola, con empuje, convicción, creatividad y notable resistencia, fundó y dirigió la Compañía de Jesús. La que llegó a conocerse como la orden de los jesuitas, alteraría el curso de la historia, educaría a gran parte del occidente y conmovería al mundo entero.

En su libro *El liderazgo al estilo de los jesuitas*, Chris Lowney describe el notable impacto e influencia de los jesuitas:

> «Diez hombres sin capital ni plan de negocios fundaron la organización en 1540. Los jesuitas, en poco más de una generación, construyeron la compañía más influyente del mundo en su género. Eran confidentes de los monarcas europeos, del emperador Ming de China, del shogun japonés y del emperador mogol de la India, y se enorgullecían de tener una lista de contactos

incomparable con la de cualquier entidad comercial, religiosa o gubernamental».[22]

Las historias de los líderes jesuitas han influido con fuerza en mi comprensión del liderazgo pastoral. Muchos elementos hicieron que su modelo fuera tan estable e influyente a lo largo del tiempo. Pero lo más importante fue su paradigma de que todos eran guías. A veces tenemos el concepto erróneo de que las personas son o líderes o seguidores. Sin embargo, Hunter comparte una actitud similar a la de los jesuitas:

«Una simple visión dicotómica que divide a las personas en líderes y seguidores con influencia o sin ella es [...] casi inútil, pues no describe la realidad del mundo ni de nuestras vidas en él. El liderazgo, por lo tanto, no es un asunto exclusivo del clero, ni de los «ricos», los «poderosos» o los talentosos. Todos están implicados en las obligaciones del liderazgo. De una u otra forma, todos los cristianos llevan esta carga».[23]

Los jesuitas priorizaban cuatro valores fundamentales: la conciencia de sí mismo, el ingenio, el amor y el heroísmo. Cada uno de ellos se reforzaba por medio de una virtud genuina y un compromiso sacrificado.[24]

Los valores fundamentales nos ayudan en todo lo que hacemos juntos como organización. En cierto sentido, ellos son como un pegamento que une a personas dotadas y diversas sin ningún tipo de coerción, recurso, mando o control autoritario desde entidades superiores; liberan la energía motivacional para obedecer lo que resulta inaplicable. Brindan un entorno coherente a los miembros de una estructura en cuanto a «por qué hacemos las cosas como las hacemos aquí». Cuando se implementan en la organización, evidencian nuestra conducta diaria, fomentan un ambiente de beneficios y dinamizan la sinergia misionera.

En el momento en que nos encontramos con una organización por primera vez, ya sea una entidad con o sin ánimo de lucro, no es difícil discernir los valores culturales de sus miembros. Como ministro, uno de mis hábitos es observar los valores organizativos que hallo en diversos negocios locales, en especial en aquellos donde mis feligreses trabajan, gestionan o son propietarios. Si la entidad comercial es un restaurante o un supermercado, un taller de reparación de automóviles o una oficina corporativa, concedo especial interés al trato que recibo como cliente, a cuáles son las actitudes de los empleados, la calidad de la tarea que se realiza y el diseño del entorno. Tomo algunas notas y luego, a la primera oportunidad, comento mi experiencia. ¿Qué valores culturales de la organización he experimentado? ¿Mi experiencia coincidió con los que está declara? Muchas veces es un buen momento para aplaudir el buen trabajo de mis feligreses; pero otras, aporto información que les ayude a cerrar la brecha entre los valores declarados de la organización y sus valores reales en la práctica.

También busco la opinión de quienes visitan por primera vez la iglesia. ¿Cuál fue su experiencia? ¿Qué valores encontraron en nuestro personal? ¿Qué percibieron como lo más importante para nosotros como familia eclesiástica? Del mismo modo, aprovecho para agradecer a los numerosos proveedores, contratistas, paisajistas y repartidores que nos prestan servicios. Además de manifestar mi aprecio por su buen trabajo, a veces les pregunto cuál ha sido su experiencia con nuestra iglesia, el equipo de la misma y cómo creen que podríamos mejorar. Esta retroalimentación nos permite, como grupo de liderazgo de la iglesia, evaluar lo que estamos haciendo para difundir y mostrar mejor nuestros valores fundamentales. Las revisiones del personal no solo abordan cuestiones de rendimiento, sino también aquellas de alineación con los valores fundamentales y la práctica diaria de los mismos en el entorno de trabajo. Ese compromiso con nuestros valores claves también se aplica a nuestros muchos voluntarios, tanto en la forma en que se les orienta como en la que se les da formación y entrenamiento para el desarrollo de los valores que estimamos como familia en nuestra iglesia local. Aquí basamos nuestros valores fundamentales en la clara enseñanza de las Sagradas Escrituras. Ponemos énfasis en la dependencia del Espíritu Santo para ejercerlos con el propósito final de glorificar a Dios en todo lo que pensamos, decimos y hacemos. Cuando una iglesia local no está dando frutos, uno de los primeros elementos a examinar con cuidado son los valores fundamentales;

estos deben trazarse de manera clara y comunicarse con regularidad. Los líderes deben ejercerlos, al tiempo que los demás los imitan y celebran con entusiasmo.[25] Patrick Lencioni subraya la importancia vital de los valores fundamentales para crear una cultura organizativa floreciente. «Los valores fundamentales no son una cuestión de conveniencia. No se extraen de la persona como tal. En consecuencia, deben dirigir todos los aspectos de la organización, desde la contratación y el despido hasta la estrategia y el encargo del rendimiento».[26] Una iglesia fructífera prioriza sus valores fundamentales.

***La claridad de la misión.*** Una cultura organizativa saludable también debe mantener su enfoque en la claridad de su misión. El desvío de esta es un constante peligro que los líderes pastorales deben vigilar de cerca, atentos, con discernimiento y en oración.[27] En el centro de la tarea existe un propósito claro y convincente. Simon Sinek nos recuerda que la pregunta más importante que los líderes deben plantearse de continuo no es el «qué» o el «cómo», sino el «por qué»: por qué existe nuestra organización.[28] Esto parece muy obvio, pero los líderes de mayor experiencia saben lo fácil que es perder el gran «por qué» entre las muchas e incesantes actividades, los diversos criterios, las continuas distracciones y las realidades políticas de una organización, cuya tarea es nuestro por qué básico. Pablo refuerza la claridad de la misión al decir lo que podría describirse mejor como un enunciado de misión en su carta a la iglesia de Colosas: «A Él nosotros proclamamos, amonestando a todos los hombres, y enseñando a todos los hombres con toda sabiduría, a fin de poder presentar a todo hombre perfecto en Cristo. Con este fin también trabajo, esforzándome según Su poder que obra poderosamente en mí» (Col 1:28-29). Aquí, el apóstol se centra en el encargo de la iglesia local de dar a conocer las buenas nuevas de Jesús y formar seguidores que sean aprendices maduros de Cristo.

Desde los comienzos, en nuestra iglesia local, hemos declarado la misión que nos inspira y dirige. Quisiera compartirla contigo, no para que la adoptes, sino para que le eches un vistazo a cómo hemos mantenido la claridad de la tarea a lo largo de tres décadas. Nuestro alegato dice: «Ser una familia solidaria de discípulos multiplicadores que influyen en nuestra comunidad y en el mundo para Jesucristo». Escogimos muy bien cada palabra de nuestro manifiesto, de manera que refleje bases profundas y convicciones teológicas. Con frecuencia, lo decimos en voz alta y muchos de nuestros miembros lo aprenden de memoria. La declaración de misión guía e informa nuestro esquema estratégico y prioridades económicas. De esa forma implementamos una labor organizativa que no está influenciada por los caprichos de personalidades cambiantes, tendencias de moda o la última táctica de crecimiento de la iglesia, sino por el trabajo metódico y constante de una acción y pensamiento disciplinados con el tiempo. Así como las personas, las organizaciones pueden estar ocupadas, pero ser indisciplinadas, hacer mucho, pero lograr poco. Con frecuencia se dice que si apuntamos al vacío, al vacío acertaremos. Debemos saber con exactitud lo que estamos llamados a ser y a hacer, y no perder de vista hacia dónde dirigir la mirilla.

En nuestra iglesia local hemos pulido nuestra tesis de misión para obtener una mayor claridad en cuanto al núcleo de esta última. Jim Collins lo describe como un «erizo» organizativo. Para él, es «un principio o concepto básico que unifica y guía todo».[29] El erizo de nuestra iglesia matiza nuestro posicionamiento único y soberano, el empleo de recursos y los dones dentro de nuestro alegato de misión más amplio. Constituye su anillo más interno. Nuestro erizo es «equipar a aprendices integrales e influyentes de Jesús». Jim Collins describe lo que ocurre cuando una organización obtiene claridad de su tarea al poseer un erizo adecuado: «Cuando entiendes bien el concepto de erizo; entonces, "tilín-tilín", oyes el sonar de la verdad como una nota única, clara y perfecta que cuelga en el aire en el total silencio de un auditorio lleno al término de un movimiento tranquilo de un concierto de piano de Mozart. No es necesario decir mucho: la verdad silenciosa habla por sí misma».[30] El trabajo diligente y en oración que se requiere para clarificar su erizo vale la pena, ya que aporta mayor claridad al encargo y hace que su labor organizacional sea más fértil y fructífera.

Obtener y mantener la claridad de su misión es una de las tareas más importantes de un líder pastoral. Eso ayuda a definir la realidad y permite a todas las partes interesadas de una organización mantener la energía, la esperanza y la perseverancia frente a las dificultades, los contratiempos y el desánimo.

## EL MEJOR LUGAR PARA TRABAJAR EN KANSAS CITY

Los pastores no deben mostrarse orgullosos, pero no puedo evitar decir que mi momento de mayor orgullo fue cuando nuestra iglesia fue nominada como uno de los mejores lugares para trabajar en Kansas City. Como pastor principal, me invitaron a un almuerzo en homenaje a los propuestos de todas las categorías, desde grandes corporaciones hasta pequeñas empresas. Durante la cita, cuando se anunció nuestra nominación desde el estrado, el ejecutivo de la empresa que se sentaba a mi lado se inclinó hacia mí y, con una mirada atónita, sonrió y dijo: «Nunca había oído hablar de una iglesia nominada; es impresionante; hábleme de ella». Al oír sus palabras, me sentí animado y triste a la vez: lo primero porque la comunidad en general apreciaba nuestra iglesia como un sitio de exquisitez y bondad para los que trabajaban allí; lo segundo, por ver que tantos líderes de aquí no piensan en una iglesia local como una organización de excelencia y florecimiento humano. Quiero que tal percepción cambie porque creo que la iglesia local puede y debe imprimir el ritmo de una cultura organizativa saludable. Los pastores fomentan un ambiente saludable en la iglesia local, dan prioridad al discipulado de toda la vida y conectan el domingo con el lunes, aspecto que abordaremos a continuación.

# 9

# CONECTAR EL DOMINGO CON EL LUNES

*Si el discipulado es para el mundo, entonces el lugar básico para desarrollarlo es el trabajo, porque es allí donde pasamos la mayor parte del tiempo y donde hay mayor necesidad. Cuando veas todas las dificultades que enfrentamos en nuestro mundo [...] pregúntate: ¿cómo sería si esos lugares estuvieran habitados por discípulos de Jesús que estuvieran haciendo su trabajo para la gloria de Dios y el poder de su nombre?*

DALLAS WILLARD

La confesión es buena para el alma, pero difícil para los ministros; sin embargo, me las arreglé para llenarme de coraje y confesarle algo a mi iglesia. Entonces, dije lo que mi corazón había escondido durante muchísimo tiempo. Lo declaré en medio de un absoluto silencio. No tenía que ver con una conducta sexual inapropiada o un mal uso de los recursos financieros; más bien con otro asunto embarazoso: había caído en una mala práctica pastoral; reconocí que había concedido muy poco tiempo a preparar a los feligreses para lo que Dios les había llamado a ser y hacer la mayor parte de la semana. Me había enfocado en hacerlo todo bien el domingo y no en entrenar a mis ovejas para comenzar el lunes. No los estaba ayudando para hacer frente al inicio de la semana, en específico, en sus lugares de trabajo. Debido a una teología pobre y un modelo pastoral deficiente, había abierto una brecha de domingo a lunes en mi predicación, discipulado y cuidado de los fieles.

No solo los feligreses individuales se habían mal formado en lo espiritual, sino que nuestro encargo colectivo también estaba maltrecho. No había visto, desde Génesis hasta Apocalipsis, la gran importancia de la vocación en general; tampoco, el hilo conductor del trabajo del hombre y los nexos claves entre la fe, la sabiduría económica y el florecimiento humano. No me había percatado de que el evangelio mencionaba todos los asuntos de la vida y que enlazaba el culto del domingo con el trabajo del lunes en una túnica de fidelidad sin costuras y abundancia impulsada por el Espíritu Santo. Tampoco me había fijado en que una de las principales tareas de la iglesia era también la del trabajo. El día que comparecí ante mis feligreses, hice algo más que reconocer mi fracaso. Prometí que, en la gracia de Dios, muchas cosas cambiarían, entre ellas: yo, el lenguaje, las prácticas pastorales, las urgencias, el culto dominical y gran parte de nuestro discipulado. Me comprometí a cerrar la brecha entre el domingo y el lunes; ¿de qué manera? Les ofreceríamos un discipulado de toda la vida a la congregación, algo que no se centrara en unas pocas áreas de sus vidas, sino en la mayoría de ellas, a las cuales el Señor les había llamado a lo largo de la semana. El liderazgo del pastor que honra a Dios significaba que no éramos solo una iglesia para el domingo, sino también para el lunes. Pastorearíamos al rebaño con vistas al primer día laboral.[1]

## LA MALA PRAXIS PASTORAL

Quizás el término mala praxis resulta una evaluación bastante severa, pero no puedo encontrar otra forma más precisa de describir mi fracaso. La triste verdad es que había reflexionado muy poco sobre lo que mis feligreses hacían durante la semana. Creía que el trabajo de mi congregación era importante, sobre todo a la hora de ofrendar el domingo o durante una campaña de recolección de fondos; sin embargo, lo que más importaba era mi labor y el crecimiento numérico de la iglesia reunida los domingos. No, no lo había expresado, y vivía como si mi vocación fuera mucho más importante que la de mis feligreses. La mejor forma de

resumir mi mala praxis al frente de la iglesia es como un fracaso vocacional, profesionalmente aceptado, pero cegador. Por sobre mis buenas
intenciones, una deficiencia teológica había deformado mi modelo profesional. Con un deseo sano, pero con ramificaciones de largo alcance,
había promovido una gran brecha de domingo a lunes.

*La brecha de domingo a lunes.* Me gustaría poder decir que mi
mala práctica pastoral fue un problema aislado, pero no lo es. Para muchos pastores y líderes cristianos, existe una gran fisura de domingo a
lunes. Hay dificultades para entender el nexo entre el culto del domingo
y el trabajo del lunes. Gran cantidad de ministros sinceros y bien intencionados dedican la mayor parte de su tiempo a preparar a los fieles en
tareas que abarcan menos áreas de sus vidas. Omiten la importancia del
trabajo cotidiano y los centros laborales donde ellos pasan tantas horas
de la semana. Las consecuencias negativas de esta tan común mala praxis
pastoral resultan sorprendentes y aleccionadoras.

El investigador, John Knapp, quien entrevistó a cristianos de todo el
país sobre cómo llevan el trabajo y la iglesia, concluye:

> «Nuestro estudio arroja dos conclusiones sorprendentes. En pri-
> mer lugar, los cristianos de un amplio espectro de ocupaciones
> recordaron sin problemas los desafíos éticos que enfrentaban
> en su vida laboral. En segundo término, una increíble mayoría
> informó que la iglesia ha hecho poco o nada para enseñarlos a
> llevar una vida fiel en el trabajo. En su mayoría, percibían que
> la iglesia y el clero se preocupaban más por la esfera privada de
> la vida, es decir, la familia, la salud y las relaciones individuales
> con Dios, y descuidaban los problemas espirituales y éticos en la
> jornada laboral de la semana».[2]

Las investigadoras, Denise Daniels, Elaine Howard Ecklund y Rachel
C. Schneider, también realizaron una encuesta nacional sobre la fe y el
trabajo, a más de trece mil personas. Era bastante extraño hallar feligreses que oían a sus líderes religiosos discurrir sobre el puesto de trabajo.
Solo el dieciséis por ciento de los cristianos practicantes dijo que su líder

religioso hablaba a menudo sobre cómo debían comportarse los feligreses en el trabajo.[3] Tal investigación debería constituir una advertencia para los ministros. Los fieles necesitan mucho más estímulo y apoyo para su trabajo, así como dirección en cuanto a la forma de integrar su fe a la vida laboral. Sin duda, la brecha entre el domingo y el lunes constituye un gran problema.

*¿Qué está en juego?* Recuerdo a un maestro de predicación en el seminario que decía: «Si hay niebla en el púlpito, la habrá en los bancos». Aunque la frase alude a la importancia de la claridad del sermón, sus sabias palabras también hablan de la influencia del liderazgo pastoral que fluye desde el púlpito. Sin duda, una bruma de confusión en el estrado origina problemas. Pero, una espesa, cegadora y adormecedora sería una catástrofe. ¿Qué significa para una congregación que un líder pastoral tenga una nube en su pensamiento teológico sobre la naturaleza completa de la fe, el trabajo, la sabiduría económica y su correlación inmediata con el discipulado de toda la vida? Un ministro con un modelo teológico y vocacional deficiente, también lo será en el liderazgo de la iglesia local.

Resulta difícil comprender del todo el efecto, íntegro y de largo alcance, de un ministro que no enlaza el domingo y el lunes con un encargo de discipulado integral de toda la vida. Sin embargo, no hay dudas de que una espesa niebla pastoral constituye un veneno fatídico para el florecimiento de la congregación y su influencia dentro de la cultura. A partir de mi propia experiencia personal, de una amplia gama de investigaciones sociológicas y de mis diálogos con muchos colegas, cada vez me convenzo más de que la distancia entre el domingo y el lunes es mucho más amplia y prominente de lo que admitimos. Lo que está en juego es el legítimo culto a Dios, la formación espiritual de los feligreses, la plausibilidad del evangelio, su anuncio y el fomento del bien común.

*El legítimo culto a Dios y la formación espiritual.* Si los miembros de la iglesia ven el domingo por la mañana como el momento principal para adorar a Dios, pero no perciben el lunes como una alabanza en horario de máxima audiencia, entonces nuestro bondadoso Dios trino, que es digno de loor las 24 horas del día, recibe una adoración insignificante y pobre. Él nos diseñó para trabajar y reverenciar de manera continua. Al principio de la creación no existía una brecha entre el domingo y el lunes. Aunque no debemos adorar nuestro trabajo (porque es idolatría), sí debemos percibirlo como un acto de fervor y culto hacia Dios y por el bien de los demás. Incluso aunque ahora esté manchado por el pecado y a la vez redimido por el evangelio (Col 3:23). En la gracia salvadora de Cristo y a través del poder residente del Espíritu Santo, los aprendices de Jesús están llamados a vivir y trabajar ante la audiencia del Señor, en una vida de adoración sin fisuras.[4] Asumir esta verdad con el corazón, la mente y el cuerpo transforma no solo a cada individuo, sino también a toda la comunidad de fe de una iglesia local.

Si mantenemos la brecha de domingo a lunes, la formación espiritual de los seguidores de Jesús hacia una mayor semejanza con Él queda empobrecida. Si la grey ve su formación espiritual como algo que ocurre el domingo o que está reservado a una disciplina espiritual durante la semana y no como un aspecto básico del trabajo diario, entonces su crecimiento espiritual se verá obstaculizado. La faena del día a día es uno de los principales medios que el Espíritu Santo utiliza para hacernos más semejantes a Cristo. Nosotros conformamos nuestra labor y ella nos forma e infunde un sentido de experiencia en el diario bregar. Viktor Frankl, psiquiatra suizo y superviviente del holocausto, con su extraordinaria visión de la naturaleza del hombre, concluyó que los seres humanos encuentran un sentido no solo en las relaciones que forjan, sino también en el trabajo que realizan.[5] Sin embargo, muchos seguidores de Jesús que ocupan los bancos del domingo por la mañana, se sienten como ciudadanos de segunda clase cuyo trabajo cotidiano se ve, de modo implícito, y a veces, explícito, disminuido tanto en su significado intrínseco como en su importancia. Uno de los mayores dolores de cabeza que he experimentado como pastor es encontrarme con muchos fieles que en sus iglesias locales se sienten cristianos de poco valor porque no son pastores o misioneros. Tales desencantos no solo cargan mi corazón, también provocan heridas en el de Cristo. Él se deleita en ellos y en el lugar donde los ha llamado a servirle durante toda la semana laboral.

*Certeza y proclamación del evangelio.* Si las congregaciones de las iglesias locales no están preparadas para conectar el domingo con el lunes, nuestro testimonio del evangelio es menos persuasivo y convincente ante una cultura cada vez más profana. La gran disolución de la fe y las ondas diferencias entre el sinnúmero de credos existentes en un mundo plural, originan que cada vez se crea menos en la armonía, la verdad, la importancia y la exactitud de la fe cristiana.[6] El evangelio que apreciamos necesita un anuncio convincente en nuestro contexto cultural moderno tardío. Es importante enseñar cómo ponerlo en práctica en los lugares de trabajo, pletóricos de circunstancias complejas, en los que el pueblo de Dios labora cada día.

En la jornada diaria, los compañeros de trabajo que aún no son seguidores de Cristo tienen la ocasión de ver la realidad transformadora del evangelio. Pueden apreciarlo al constatar la forma en que los cristianos se desempeñan en sus puestos de trabajo. Jesús nos recuerda que debemos ser sal y luz influyentes en el mundo, no solo por lo que decimos a los demás, sino por lo que ellos ven en nosotros. Por medio de buenas obras exhibimos la verdad a otros y les mostramos el Dios al que servimos y amamos (Mt 5:13-16). La misericordia no se ciñe a los actos religiosos, sino que también tiene que ver con el buen trabajo que hacemos a diario. Dorothy Sayers lo dice muy bien al afirmar: «El único trabajo cristiano es aquel que se hace bien».[7] Nuestra honradez vocacional ensancha las estructuras de plausibilidad de los colaboradores, y le añade a la hermosa fragancia de la gracia común el atractivo de la gracia salvadora.

Si no preparamos a nuestras congregaciones para enlazar el domingo con el lunes, obstaculizamos la proclamación del evangelio a un mundo perdido y agonizante. Dado que muchos de nuestros feligreses pasan una considerable parte de su tiempo cada semana en sus lugares de trabajo, el testimonio del evangelio, tanto de obra como de palabra, encuentra allí una gran oportunidad y tiene un impacto transformador. Nunca antes en la historia del hombre el mundo ha estado más conectado. Ahora tenemos la internet, los viajes en avión y la economía global. Nuestros feligreses, por medio del trabajo, pueden recorrer el planeta y compartir el evangelio con sus vecinos cercanos y distantes. Es cierto que muchas personas no entrarán por la puerta de la iglesia el domingo, pero Dios, en su soberanía, ha colocado a los fieles para que trabajen el lunes junto a ellas. ¿Animamos y entrenamos a nuestros feligreses para que compartan su fe con los compañeros de trabajo? En el presente, la ocasión más efectiva de evangelismo es el sitio de trabajo durante los lunes. Bill Peel señala con claridad profética: «Dios llama a cada cristiano a testificar de Él. Así que, para la mayoría de nosotros, el campo misionero es donde pasamos la mayor parte de nuestro tiempo: el puesto de trabajo».[8] La no preparación del rebaño para los lunes es un descuido atroz en el pastoreo.

***El bien común.*** Si no tratamos de acoplar mejor el domingo con el lunes, el bien común de todos los pueblos merma, la cultura humana se empobrece y la misión de la iglesia local queda obstaculizada. John Knapp lo dice con agudeza:

> «La iglesia, al no tender un puente entre la fe y el trabajo, ha fallado consigo misma y con la sociedad. Esto ha tenido consecuencias de gran alcance, ya que los retos a los que se enfrentan las empresas, el gobierno y otros sectores en el siglo XXI plantean cuestiones profundas sobre los propósitos de nuestras instituciones, el valor de los seres humanos y los criterios del buen trabajo. Son cuestiones éticas que se relacionan con la manera en que vivimos, de forma colectiva e individual. Sin embargo, la ley y la economía, más que la teología, son las que definen en esencia el terreno moral en nuestros puestos de trabajo. Eso nos deja con un pragmatismo ético poco inspirado y carente de sabiduría y alma».[9]

El evangelio nos obliga a buscar de forma activa y promover a toda hora el bienestar de todos los que portan la imagen de Dios, aunque todavía no hayan puesto su fe en Cristo. Como vimos antes, Jeremías amonestó al pueblo en el exilio y les ordenó que buscaran el bien común: «Y busquen el bienestar de la ciudad adonde los he desterrado, y rueguen al Señor por ella; porque en su bienestar tendrán bienestar» (Jr 29:7).

¿Qué es buscar el bienestar de una ciudad? Jeremías nos ayuda con esta importante cuestión cuando anima a Israel a no establecer un gueto cultural aislado, sino a casarse, tener hijos, trabajar duro y participar con fuerza en la vida económica de la ciudad de Babilonia. Es básico recordar que dicho enclave era una urbe muy pagana, con un panteón casi infinito, pecados flagrantes y maldad sin ataduras. Si el pueblo de Dios está llamado a vivir como santos en medio de un contexto de tal naturaleza, debe procurar que sus vecinos den frutos. Pocos individuos dieron un mejor ejemplo de la gracia común para el bien común que Daniel, un exiliado judío que sirvió de manera honrada en el gobierno babilónico.

El Espíritu Santo llama y faculta a todos los seguidores de Jesús para dar frutos donde son plantados. Al vivir de manera floreciente en nuestras vocaciones del lunes y administrando bien nuestro trabajo en los mercados babilónicos de nuestra época, no solo somos receptores de las bendiciones divinas, sino que quienes nos rodean también fructifican al disfrutar de los favores tangibles de la gracia común. El escritor de Proverbios lo expresa así: «Con el bien de los justos, se regocija la ciudad» (Pr 11:10). Amy Sherman señala los tres compromisos esenciales: afirmación, educación y apoyo, que los pastores ejercen con sabiduría siempre que tratan de animar a los feligreses para que fructifiquen en el sitio donde Dios los ha plantado el lunes.[10] Al ejercer la gracia común para el bien común, nuestros fieles no solo muestran el amor desprendido y bondadoso de Dios, sino que también se convierten en un imán que invita a la gracia salvadora de Cristo.[11]

***Pastorear con el lunes en mente.*** Los ministros saben que los domingos son importantes. Guiar y servir a la iglesia junta es una responsabilidad básica del liderazgo pastoral. Necesitamos hacer las cosas bien los domingos, es decir, debemos planificar y establecer experiencias de adoración corporativa con la unción del Espíritu, así como brindar una dieta consistente y equilibrada de predicación expositiva y enseñanza de las Sagradas Escrituras. Lo que muchas veces pasamos por alto es que nuestro llamado es preparar a los fieles para que sean aprendices de Jesús para el contexto del lunes. El apóstol Pablo, cuando escribe a los seguidores de Jesús en Éfeso, señala que Dios ha dado dones de liderazgo a la iglesia local. Luego enuncia el propósito de cada uno. Puntualiza: «A fin de capacitar a los santos para la obra del ministerio, para la edificación del cuerpo de Cristo; hasta que todos lleguemos a la unidad de la fe y del pleno conocimiento del Hijo de Dios, a la condición de un hombre maduro, a la medida de la estatura de la plenitud de Cristo» (Ef 4:12-13). Los ministros están llamados a instruir a los seguidores de Jesús que viven su fe en la comunidad de la iglesia local. El objetivo es que alcancen la madurez espiritual y que de esta forma evidencien el carácter de Cristo. Si bien es básico preparar a los cristianos para que usen sus dones y sirvan dentro de la iglesia local, Pablo, en el resto de su epístola, se centra en la vida fuera de los muros de la comunidad eclesiástica. En su papel de líder, entrena a los cristianos de Éfeso en sus vínculos matrimoniales, familiares, laborales y económicos.

Un liderazgo pastoral fiel intenta alistar a los seguidores de Cristo para que sirvan a los demás no solo en el contexto de la iglesia local, sino también en aquel, de por sí desordenado, durante el lunes. Eso abarca los vínculos, la vida familiar, el trabajo y las realidades financieras. Una obligación necesaria del liderazgo de pastoreo es animar y preparar a los discípulos de Jesús para sus mundos del lunes. Se trata de sitios mayoritarios donde Dios los ha puesto para ser embajadores de su reino. Es sumamente importante que el líder pastor entrene a los fieles para que reconozcan la presencia manifiesta de Cristo y utilicen destrezas espirituales en sus lugares de trabajo. Denise Daniels y Shannon Vanderwarker afirman: «Al utilizar prácticas espirituales en el lugar de trabajo, centramos nuestra atención en las formas en que Dios ya está presente, hablando y actuando [...]. El Señor puede, con sus manos transformadoras, moldearte a través de las prácticas espirituales que utilizas en tu faena laboral diaria».[12] Si los fieles entendieran la presencia y la fuerza transformadora del Espíritu Santo y anduvieran en su poder cuando llegaran a sus centros de trabajo los lunes, ¡qué diferente sería todo!

Además de ofrecer entrenamiento para la formación espiritual y el trabajo, los pastores deben socorrer a los feligreses para que puedan enfrentarse a los complejos desafíos éticos del mercado global. La ética es un aspecto básico en la formación espiritual. Recuerdo una vez que intervine en una conferencia en Nuevo México. Allí un considerable grupo de personas eran ingenieros que se desempeñaba en los laboratorios de Los Álamos, donde se construyen armas nucleares. Al concluir mi charla, a favor del vínculo entre la fe y el trabajo, varios ingenieros, devotos seguidores de Jesús, mencionaron los desafíos éticos que enfrentaban. Eran conscientes de que producían armas para asegurar la libertad de la nación que amaban, pero las mismas, a la vez, ocasionaban destrucción masiva. Se preguntaban en qué momento aquellas se vuelven inmorales y cuándo el seguidor de Jesús cruza esa línea. No tenía respuestas sencillas para ellos; pero enfaticé en la complejidad ética que encaraban en sus entornos de trabajo los lunes. En nuestro papel de ministros, ¿somos responsables en cuanto a preparar? ¿De verdad lo tomamos en serio? ¿Entendemos nuestra obligación de entrenar, siempre en oración, o existe una brecha enorme entre el domingo y el lunes en nuestro pensamiento, planificación y práctica?

*Dirigir el cambio organizacional.* El liderazgo pastoral con el lunes en mente significa abordar la brecha entre ambos días de la semana; pero eso no termina allí. Para lograr una transformación sostenida dentro de la iglesia, la comunidad de liderazgo más amplia, formada por el personal profesional y los líderes de la creación, debe reconocer el peligro de la brecha entre los mencionados días. De esa manera se transforman en catalizadores del cambio cultural sistémico y organizativo. Esto requiere orar juntos, ser muy pacientes y obedecer mirando todos en la misma dirección. Aquí, la fidelidad pastoral y la misión evangélica honesta están en juego. Debemos ser generadores de cambio pacientes y decididos que reciben fuerzas del Espíritu Santo. Y es que la iglesia local que Dios diseñó y Jesús ama es la esperanza del mundo.

Uno de los aspectos de más relevancia para lograr la transformación es que los pastores entiendan cuán importante es el lenguaje; un elemento fundamental dentro de la cultura. Recuerdo una vez, en medio de circunstancias perturbadoras, que le dimos la tarea a nuestros ancianos y miembros del personal de vigilar el lenguaje. Permítame explicarme: no eran policías ni ejercían un poder totalitario opresivo. Más bien, todos los que servíamos en la iglesia poníamos mucha atención a las palabras que usábamos al escribir o hablar. Luego evaluábamos nuestras frases para comprobar si reforzaban la brecha de domingo a lunes. Cuando nos topábamos con algo que iba en contra de nuestro objetivo de pastorear con la mirada puesta en el lunes, hacíamos las correcciones necesarias. Al transcurrir algunos meses descubrimos cuán arraigado estaba el lenguaje dicotómico en nuestro personal y en la congregación. Con frecuencia utilizábamos un lenguaje que afectaba nuestra sólida teología y nuestra misión de discipulado de toda la vida.

Debes prestar atención al lenguaje dicotómico que utilizas; por ejemplo, términos como *sagrado* y *secular*, aunque pueden ser descriptivos, hacen que el oyente le brinde una importancia exagerada a lo que se considera «sagrado», es decir, situar las actividades de la iglesia por sobre aquellas de los lunes. Muchas veces los feligreses expresan que tienen un trabajo o que van a una escuela laica. Entiendo muy bien que intentan ser descriptivos; sin embargo, la dicotomía sagrado-secular no solo acarrea problemas teológicos, sino que también refuerza la separación entre el domingo y el lunes en la mente de las personas. Evita cualquier lenguaje tanto en tu discurso público como en tus conversaciones que sugiera una jerarquía de llamados vocacionales. También debemos evadir el lenguaje que describe a los pastores, misioneros o personal de apoyo eclesiástico como «trabajadores cristianos a tiempo completo». Este tipo de calificativo les concede un estatus elevado e indebido a ciertos llamados vocacionales y a la vez disminuye otros del mismo tipo. No disminuimos la bondad e importancia de estos llamados en absoluto; más bien, elevamos el valor del sacerdocio de todos los creyentes y afirmamos sus llamados en el mundo.

Si quieres reducir la distancia entre el domingo y el lunes, hay otro aspecto del lenguaje que debes abordar de manera cuidadosa: precisas tratar los vocablos *culto* y *trabajo*. Por lo general, el primero de ellos se refiere a esa experiencia de lo que hacemos en la iglesia todos juntos, en especial cuando cantamos. Sin restarle importancia a nuestro compromiso litúrgico como comunidad de fe reunida, debemos ayudar a los fieles a entender que toda la vida constituye un acto de adoración (Col 3:23). En nuestra iglesia local llamamos adoración corporativa a nuestra experiencia común del domingo por la mañana. La añadidura del modificador *corporativo* no disminuye en nada la gran importancia de nuestra liturgia dominical, a la vez que refuerza de forma implícita que hay otros aspectos importantes del culto fuera del ámbito de la iglesia reunida.

También debemos aclararles el término *trabajo* a los feligreses. En nuestra sociedad, esa palabra tiene que ver por lo común con lo que hacemos para recibir un salario o economía. Por ejemplo, luego de una temporada de desempleo, con frecuencia afirmamos: «Empecé a trabajar de nuevo la semana pasada». O cuando nos jubilamos, decimos: «Dejé de trabajar». Sin embargo, nuestros fieles deben comprender que el *trabajo* es «hacer una contribución», no solo «recibir una compensación». En nuestra iglesia establecimos dos categorías: trabajo remunerado y no remunerado. Muchas veces oigo cómo algunas parejas que se quedan en la casa, estudiantes y jubilados, afirman estar contentos porque recibieron las felicitaciones de su pastor debido a cierto trabajo que hicieron.

***Los feligreses y el lunes.*** Si vamos a ser fieles a nuestra vocación pastoral, necesitamos dar prioridad a las prácticas pastorales que exaltan el trabajo de nuestros feligreses. En medio de las muchas exigencias del ministerio debemos pedir en oración un lazo coherente entre su preparación para el discipulado de toda la vida y el rediseño de nuestras prioridades y ejercicio pastoral. Creo que es imperativo que asumamos una postura humilde de curiosidad, tanto al ampliar nuestra lectura para aprender acerca de las diversas vocaciones de los feligreses, como al hacer tiempo para visitarlos en sus puestos de trabajo.

Un miembro de la congregación al cual visité en su trabajo me dijo que en casi cuarenta años de ir a la iglesia ningún pastor había visitado su trabajo. ¡Qué tristeza! Eso evidencia la pobreza de la vocación pastoral. Es posible que no podamos entrar en algunos puestos de trabajo, pero sí podemos aprender cómo funcionan. Una dieta de lectura frecuente de guías útiles como el *Wall Street Journal, The Atlantic* y *The Economist* puede familiarizar a los ministros con el ámbito corporativo de sus feligreses. En otras ocasiones también podemos leer revistas especializadas para captar mejor los desafíos que otros enfrentan día a día. Si damos atención pastoral y preparamos bien a nuestros fieles para toda la vida, entonces comenzamos a hacer visitas regulares a sus puestos de trabajo. De ese modo lo hacemos con la misma intención y sensibilidad que las visitas a los enfermos. En mi caso, incluirlas en mi agenda, ha sido una de las experiencias más transformadoras y poderosas del ministerio. Hoy, en nuestra iglesia, es bastante común que el personal pastoral visite el centro de trabajo de un feligrés como si lo visitara en el hospital si está enfermo.

## UNA IGLESIA PARA LOS LUNES

Si vamos a convertirnos en una iglesia que se centra en el mundo del lunes de nuestra membresía entonces debemos oír con atención lo que muchos de ellos sienten. Una de las interrogantes en el alma de mis feligreses es esta: «Pastor, ¿mi trabajo tiene importancia? Sé que el suyo la tiene, pero ¿lo que yo hago todos los días le importa a Dios y al mundo?». Cuando los misioneros y los pastores reciben alabanzas por sus llamados, muchos fieles piensan que los suyos carecen de importancia. Estiman que son ciudadanos de segunda clase en la iglesia porque no han recibido la sólida teología de la vocación y el trabajo que la Biblia presenta de manera clara y convincente. Luego de un día largo y agotador en la oficina o de camino a casa al salir del taller, muchos congregantes tienen momentos tristes de reflexión. Con frecuencia, los azota un sentimiento de vacío aunque hayan alcanzado la cúspide del éxito profesional o experimentado los profundos valles del desastre laboral. ¿La vida se reduce a esto? ¿Cómo influye mi fe evangélica en lo que hago cada día? Cuando no pueden responder a dichas reflexiones del alma, algunos se conforman con una vida segmentada, en la cual la fe del domingo y el trabajo del lunes son mundos aparte. Pero tal enfoque dualista no es el camino para el florecimiento humano. La buena noticia es que la Biblia abunda sobre una existencia integral fructífera, no sobre una pobre, bifurcada o dividida. Precisamos hacer esfuerzos en nuestro discipulado para lograr ver esta realidad integral en la vida de nuestros feligreses durante los lunes. Debemos comunicarles a través de nuestras acciones y palabras que un discípulo de Jesús vive en una pródiga y hermosa diversidad de expresiones en el mundo. La vida espiritual, entendida correctamente, no requiere que cambiemos nuestras profesiones. Lo que significa el aprendizaje con Jesús en nuestro contexto del lunes es que debemos pensar, expresarnos y obrar como si fuera él quien está allí.

***Caminos para el discipulado de toda la vida.*** La preparación de nuestros feligreses para los lunes no es un proceso fortuito. Debemos dar un propósito a su entrenamiento para el desempeño de los lunes en sus centros de trabajo. Las encuestas formales e informales resultan útiles para tener una mejor idea de las demandas y retos laborales que enfrentan. Un aspecto en extremo importante es recopilar datos sobre sus empleos y dónde trabajan durante la semana. Los mismos pueden utilizarse para la creación de redes de trabajo dentro de la comunidad religiosa, así como para hacer un mapa de activos de la congregación. El mapeo de activos en torno a los espacios de trabajo de la membresía nos permite saber las vocaciones laborales más distintivas y cuáles necesidades y ocasiones de misión pudieran surgir. Nos ayuda también a desarrollar esfuerzos de discipulado dirigidos a una mayor especificidad vocacional. Los ministros pueden promover la formación de grupos pequeños en torno a trabajos, profesiones, carreras o industrias comunes. En mi congregación he visto cómo pequeños grupos vibrantes de abogados, médicos, arquitectos, educadores o propietarios de pequeñas empresas se conocen entre sí y comienzan a darse mutuo estímulo. No solo eso, sino que inevitablemente conocen a Dios de manera más plena en la abundancia y la diversidad de sus llamados vocacionales específicos. Esto sucede cuando descubren las evidencias sorprendentes, creativas y hermosas de la presencia llena de gracia del Señor en sus contextos del lunes. Con los corazones y las mentes centrados en Jesús en sus espacios laborales diarios, las interminables preocupaciones originadas por estos se desvanecen y se convierten en una búsqueda rica y creativa de dar a conocer a Cristo a todos sus compañeros.

Cualesquiera que sean nuestras actuales estructuras e iniciativas de discipulado, habrá que evaluarlas a nivel relacional y curricular. ¿De qué manera preparamos a nuestros fieles, ya sean niños, estudiantes o adultos mayores, para que sean discípulos de Jesús en sus contextos del lunes? Amy Sherman menciona cuatro vías de discipulado que demuestran ser eficaces y transformadoras para las iglesias: el florecimiento donde se plantan los congregantes, la formación de habilidades vocacionales, el lanzamiento de empresas sociales y la participación en iniciativas dirigidas a la iglesia.[13]

***Llevar el lunes al domingo.*** Los ministros que conectan el domingo con el lunes también hacen el proceso inverso. Amén de nuestras tradiciones litúrgicas y eclesiales, cuando un pastor o líder cristiano adopta una teología más sólida de la vocación, esta se adaptará al planeamiento y puesta en práctica del culto corporativo. La enseñanza de una teología consistente de la vocación resulta básico, junto al desempeño de una liturgia regular que asegure la importancia de los lunes. Matthew Kaemingh y Cory Willson describen con acierto la desconexión que sienten algunos feligreses cuando se reúnen para el culto corporativo:

> «Muchos trabajadores, al entrar en el santuario, sienten que visitan otro mundo. Uno que está bastante alejado de aquel de sus trabajos. Se sientan en los bancos y experimentan que se ha abierto un abismo enorme entre los rituales que debe realizar en la liturgia y aquellos que realizan en su trabajo cotidiano».[14]

La manera de organizar nuestros cultos reunidos, lo que decimos y celebramos comunica a la grey lo que valoramos. Para reducir la separación entre el domingo y el lunes debemos evaluar y cambiar la experiencia de la iglesia junta.

Los sermones que preparemos estarán más en línea con el fuerte hilo de trabajo que se teje a lo largo del canon bíblico. Quizás muchos ministros opten por exponer una serie centrada en la fe y el trabajo.

Otro tema puede ser la economía y el bien común.[15] Además de un conjunto de sermones, el asunto del trabajo y la mayordomía vocacional debería aparecer de forma regular en la preparación de los mismos. El *Teology of Work Bible Commentary* [Comentario bíblico sobre la teología del trabajo] es una herramienta muy útil que el expositor de las Sagradas Escrituras puede utilizar.[16] En nuestros sermones, no solo tomaremos nota de los temas laborales del texto bíblico, sino que también tendremos en cuenta los entornos laborales de los miembros de la congregación. Las ilustraciones de nuestras prédicas se enfocarán en los centros de trabajo. También abordaremos los desafíos y las oportunidades que brinda el evangelio para testificar durante los lunes. La aplicación de las exposiciones deben incluir cómo la verdad bíblica moldea la vida y los lazos familiares y cómo transforma el trabajo de los lunes. Se debe evitar el lenguaje dicotómico; por ejemplo, «lo sagrado y lo secular» u otro discurso que sugiera una jerarquía de llamados vocacionales.

A través de los mensajes no solo expresamos una teología sólida de la vocación. También la celebramos en nuestra alabanza juntos. Los encargados de planificar los servicios de culto corporativos prestarán mayor cuidado a las letras de las canciones y a la intencionalidad en la selección de las mismas. Los pastores son sabios al percibir que algunos himnos bien establecidos de la iglesia refuerzan la brecha dualista de domingo a lunes, y en su lugar brindan una comprensión más plena de la fe evangélica. Por ejemplo, la canción «Turn Your Eyes Upon Jesus» [Pon tus ojos en Cristo] tiene muchas estrofas buenas, pero también expresiones como: «Pon tus ojos en Cristo, tan lleno de gracia y amor, y lo terrenal sin valor será a la luz del glorioso Señor». Esta letra puede disminuir la importancia del mundo creado y reforzar un dualismo no bíblico. También pudiera distanciar la fe evangélica de los deberes y obligaciones laborales del lunes por la mañana. Por otra parte, el himno «Este es el mundo de mi Padre», aunque reconoce el presente quebrantamiento del mundo creado, enfatiza de forma íntegra la bondad de la creación y las bendiciones de la gracia común.

Los testimonios de cambio a través del evangelio que se ofrecen durante un servicio corporativo deben incluir historias relacionadas con la mayordomía vocacional del creyente y su misión en el puesto de trabajo. Deben participar quienes reciben una remuneración por su labor, pero también los cónyuges que se quedan en casa, los voluntarios y los jubilados quienes en su situación presente no reciben una recompensa económica.

En nuestra iglesia, utilizamos una variedad de testimonios en video y en directo con el título: «This Time Tomorrow» [Mañana a esta hora]. Parecen entrevistas. El ministro hace dos o tres preguntas breves a un determinado feligrés seguidas de una oración. Varias interrogantes sobre el puesto de trabajo pueden ser, digamos: ¿adónde te llamó el Señor a servirlo mañana a esta hora? como seguidor de Jesús, ¿qué es lo que más te gusta de tu trabajo? ¿qué es lo más difícil para ti? ¿cómo podemos orar por ti en tu faena laboral? Pocas cosas alientan e inspiran más a la grey que oír a otros seguidores de Cristo dentro de la congregación, quienes están llamados a vocaciones similares.

Al incluir en nuestra liturgia el contexto del lunes nuestra experiencia dominical influye en las oraciones, los encargos y las bendiciones del ministro. Nuestras plegarias abordan las necesidades físicas y emocionales de los feligreses, las carencias que enfrentan en sus puestos de trabajo y el quebrantamiento de nuestro mundo. Reflejan, en su tono y contenido, una mayor sensibilidad hacia los problemas relacionales, los desafíos económicos, de por sí estresantes, de una economía global y las muy complejas realidades éticas que enfrentan los congregantes en sus centros laborales. En ellas, tratamos las circunstancias económicas como el desempleo y el subempleo, la injusticia financiera, el acoso laboral y la discriminación. Solicitamos la ayuda divina para poder resistir en el puesto de trabajo. Además, pedimos la sabiduría, la fuerza y las oportunidades para evangelizar en los mundos del lunes.[17]

Aunque debemos celebrar el envío de misioneros y trabajadores de la iglesia, también debemos hacerlo con otros llamamientos vocacionales. Muchas veces, las liturgias del culto corporativo incluyen el encargo congregacional de diversos sectores vocacionales. Con el inicio de un nuevo año escolar, podemos hacer énfasis en la tarea de la enseñanza. De ese modo, afirmamos y condicionamos a todos los maestros de la congregación. Otras veces durante el año y en el culto corporativo felicitamos a los trabajadores de la salud, del gobierno, a aquellos obreros y a los empleados de oficinas, a los empresarios y a los estudiantes. Las bendiciones del ministro adquieren una nueva importancia cuando los líderes de la iglesia recuerdan a los feligreses que, al salir para convertirse en la iglesia dispersa, su fidelidad vocacional resulta básica para el discipulado y para el establecimiento de la misión de Dios en el mundo. La bendición, a través de los salmos Pudiera decir:

> «Sea manifestada Tu obra a Tus siervos,
> Y Tu majestad a sus hijos,
> Y sea la gracia del Señor nuestro Dios sobre nosotros.
> Confirma, pues, sobre nosotros la obra de nuestras manos;
> Sí, la obra de nuestras manos confirma». (Sal 90:16-17)

## ES LUNES… ¡GRACIAS A DIOS!

Durante muchos años, desde mi confesión de mala praxis como ministro, el personal ejecutivo y los líderes de la congregación con los que sirvo han trabajado diligentemente para reducir la brecha de domingo a lunes en nuestra iglesia local.[18] Nuestros servicios de adoración dominicales muestran cada vez más la realidad de que el evangelio habla y transforma las vidas, lo que incluye nuestro quehacer. Como iglesia nos esforzamos para que el evangelio declare nuestro trabajo de los lunes, el amor al prójimo, la justicia social, la creación de riqueza, la sabia actividad financiera y el florecimiento económico. Aprendemos en la marcha y hacemos lo mejor que podemos para ejercer una fe plena centrada en el evangelio y reducir la brecha entre el domingo y el lunes.

La prueba genuina de transformación congregacional es que los fieles experimentan una alegre gratitud por desempeñarse en el sitio en el que Dios los ha puesto y llamado para servirle a él y al prójimo el lunes. No trabajan solo para obtener un cheque o gozar del fin de semana, sino que disfrutan de ser tanto la iglesia reunida como dispersa. ¡Aman el domingo y el lunes! Mi corazón se anima cuando recibo un correo electrónico de un director general o de una madre que se queda en casa, de un estudiante o de un jubilado de nuestra grey que ahora ve su vida de los lunes a través de una teología bíblica de la vocación y de la fe integral. Como pastor, cada vez me alegro más de que mis feligreses acepten su trabajo, remunerado o no, como una ofrenda al Altísimo; lo consideran una coyuntura para anunciar el evangelio y contribuir al bien común. Muchos de ellos caminan con más vigor y sus almas han recibido fuerzas. Ven que algunos de sus compañeros de trabajo vienen a Cristo. El evangelio se ha vuelto muy coherente y decisivo no solo en sus vidas, sino también a la hora de compartir con otros en distintos contextos vocacionales y esferas de influencia durante la semana.

El trabajo de nuestros feligreses es más importante de lo que creemos.[19] Resulta el principal medio de adoración y contribuye en gran medida a su crecimiento espiritual. La fidelidad en la mayordomía vocacional también prepara a los fieles para el buen trabajo que un día harán en los futuros cielos y tierra nuevos. En la parábola de los talentos, Jesús felicita a los administradores del dinero terrenal que fueron leales en su trabajo. Él dice: «Bien, siervo bueno y fiel; en lo poco fuiste fiel, sobre mucho te pondré; entra en el gozo de tu señor» (Mt 25:23). El trabajo que nuestros feligreses realizan ahora es un semillero de preparación para su obra futura. Cada lunes por la mañana cuando llegan a su trabajo, deben entender que el mismo posee un gran efecto eterno. Debemos ayudarlos a comprender lo mucho que Dios se preocupa por sus faenas diarias. Los entrenamos para que vean el trabajo como lo ve Dios. Necesitamos ayudarlos para que no caigan en la tentación de la idolatría y la pereza laborales. Los acompañamos y ayudamos en el descubrimiento de la mayordomía vocacional fiel. Mostremos a nuestros feligreses que su labor y su lugar de desempeño son básicos para su desarrollo espiritual y su misión evangélica.

En retrospectiva no entiendo cómo he servido durante tanto tiempo con un modelo pastoral tan pobre. El liderazgo del ministro aborda todas las esferas de la vida de nuestros feligreses, en especial aquellas en las que pasan la mayor parte del tiempo. Cuando reduzco la brecha entre el domingo y el lunes, mi realización vocacional crece, y la congregación se expresa de manera más hermosa y eficaz en su faena de hacer discípulos. Siento mayor satisfacción laboral al saber que ahora soy un pastor más fiel y fructífero. A toda hora hago énfasis en la presencia de Cristo. La confesión de una mala praxis es buena para el alma, para ti y tu congregación.

# 10

# UNA NUEVA TARJETA DE EVALUACIÓN

*El objetivo de reflexionar sobre el liderazgo no es producir líderes grandes, carismáticos o conocidos. La medida del liderazgo no es la calidad de la cabeza, sino el tono del cuerpo. Los signos de un liderazgo sobresaliente aparecen principalmente entre los seguidores. ¿Los seguidores están alcanzando su potencial? ¿Están aprendiendo? ¿Sirven? ¿Alcanzan los resultados requeridos? ¿Cambian con gracia? ¿Gestionan los conflictos?*

MAX DePREE, *LEADERSHIP IS AN ART*
[*EL LIDERAZGO ES UN ARTE*]

Una de las cosas que más disfruto durante las cálidas tardes de verano en Kansas City es ir a un partido de béisbol de los Royals. Hay algo cautivador en el terreno y las fuentes del estadio Kaufmann. Resulta un telón de fondo atractivo para el emocionante juego del béisbol profesional. Soy fanático de los Royals, pero tengo un amigo que lo es más aún y trae su tarjeta de evaluación para llenarla a medida que se desarrolla el partido. Yo me centro más en los logros, las victorias, las derrotas y en la posibilidad de un lugar en las fases finales. Sin embargo, él observa otros indicadores que muestran la habilidad y la eficacia de cada jugador. De esa manera, sabe hasta qué punto el equipo puede perder o ganar en el futuro.

En el béisbol, el rendimiento de cada jugador se obtiene de las destrezas que exhibe en cada faceta del juego; esto se supervisa a través del análisis estadístico. He aprendido que los aficionados a este deporte, bien informados y con vastos conocimientos, siempre observan las tarjetas de evaluación. Constituyen una forma de medir el rendimiento individual y del equipo para saber su progreso a la larga. Dichas herramientas responden preguntas vitales: ¿cómo va todo? ¿Progresamos? ¿Qué experimentamos: éxito, o fracaso? ¿Hay avance en nuestra misión?

Lo que es común en el juego del béisbol es también un hecho en el liderazgo pastoral. Ya sea que se declare de manera explícita o se asuma de forma implícita, tenemos parámetros de evaluación para saber qué tan bien estamos haciendo nuestro trabajo como líderes pastorales. Medimos lo que consideramos importante, y eso revela lo que creemos primordial. Celebramos en la comunidad de fe lo que valoramos en nuestra tarjeta de evaluación. Pero ¿y si tal documento necesita una revisión considerable?

## ¿QUÉ TARJETA DE EVALUACIÓN USAMOS?

Con frecuencia, la tarjeta de evaluación de los ministros se conoce como las tres C: (por sus tres elementos básicos) cuerpos, cotización y construcciones. Hoy, en la era de la información, existe un cuarto componente, la marca. El éxito o el fracaso pastoral tiene que ver con la expectativa del rendimiento del liderazgo del ministro. Se observa en una asistencia mayor a los servicios de adoración juntos, un presupuesto más alto y la evidencia de locaciones que albergan una mayor cantidad de personas. Debido a que muchas iglesias han mirado la presencia en línea, el compromiso virtual y el conocimiento de la marca, también se miden y evalúan con mayor escrutinio y regocijo. Aunque dichos medidores son útiles, por lo común se sobrevaloran y oscurecen a otros que son más precisos a la hora de revelar la eficacia o no del liderazgo pastoral en un contexto específico. A menudo, el rendimiento pastoral es errático a corto plazo, ya que se centra en la capacidad de un ministro para atraer rápidamente a una multitud. Las juntas de ancianos, otros líderes de la iglesia y los ministros valoran poco su validez para que los individuos dejen de ser meros espectadores y se transformen en una comunidad espiritual de discípulos comprometidos con Jesús. Cuando se trata de una tarjeta de evaluación pastoral, no solo es importante extender nuestro alcance, sino también profundizar en nuestra congregación.

Durante años he conversado con pastores que se guían por una tarjeta de evaluación explícita o implícita, la cual valora el aumento de la asistencia al culto. Muchas veces me confían la asfixiante presión interna que sienten para «rendir» los domingos. Tratan de no predicar de forma profética ni ofensiva a fin de no atraer y mantener a una multitud de consumidores religiosos acomodados. Hablan además de la pesada carga que supone la expectativa de la junta directiva, ya que esta desea añadir más programas ministeriales creativos e innovadores. También les entristecen las comparaciones con ministros superestrella o con iglesias de rápido crecimiento en su comunidad. No digo que una expectativa adecuada, basada en la oración, de crecimiento y más habilidades en los sermones carezca de importancia. Los líderes pastorales deben tomar en serio el sublime llamado a la predicación. Sin embargo, la presión continua sobre muchos de ellos hace que se aíslen y se llenen de amargura. Repetidas veces produce resultados muy malos no solo para el pastor, sino para su familia y la iglesia.

Pero nuestra tarjeta de evaluación pastoral debe evaluar algo más que los cuerpos, la cotización, las construcciones y la marca. Más bien, buscamos evidencias de un movimiento de discípulos de Jesús que se multiplican, aman a sus vecinos, influyen en sus contextos del lunes para él y su reino. ¿Podemos buscar si el evangelio está transformando vidas? ¿Si una congregación se está volviendo más virtuosa y espiritual? ¿Si es más efectiva en su misión y más hermosa a la hora de expresarse como sal y luz en el mundo? No es que cuantificar aspectos como la asistencia, las donaciones o los bautismos carezcan de importancia. Pero debemos evaluar también otros puntos más cualitativos y relevantes. Eso implica hacerse preguntas de peritaje sobre la eficacia del liderazgo. Debemos buscar indicadores anecdóticos como elementos significativos de nuestra tarjeta de evaluación pastoral.

*La tarjeta de evaluación pastoral.* Los líderes pastores deben nutrir las almas de los feligreses y prepararlos para sus llamados y contribuciones en el mundo. Resulta básico preocuparse por su estado físico, emocional, relacional y económico. Precisamos mantenernos atentos a la prosperidad de nuestras comunidades, al florecimiento de los más necesitados y a la buena gestión del entorno natural. Pastor, quisiera hacerte una buena pregunta: «Si Jesús hiciera tu revisión anual, ¿qué diría?». ¿Qué opinaría del individuo en que te estás convirtiendo, el orden de tus amores y tu forma de liderar? ¿Qué afirmaría sobre la salud espiritual y la vitalidad de la iglesia en la que sirves? Una de las reflexiones evaluativas más útiles para mí ha sido oír, muy quieto y atento, su voz suave que el ruido circundante puede ahogar tan fácilmente. De esa manera, logro escoger y armonizar en mi pensamiento lo que debe incluirse en una tarjeta de evaluación de desempeño pastoral.

En el aposento alto, la noche antes de su crucifixión, Jesús dijo a sus discípulos: «En esto es glorificado Mi Padre, en que den mucho fruto, y *así* prueben que son Mis discípulos» (Jn 15:8). Cristo vincula la validez del seguimiento con la demostración de nuestra fecundidad; la misma se expresa en nuestro trato con él, en el cambio del carácter propio para asemejarnos a él y en nuestro trabajo por él. Nos llama a una abundancia firme en todo lo que somos y hacemos. El rey David nos recuerda que un aspecto clave de la fecundidad fiel es el liderazgo pastoral eficiente porque refleja una mayor integridad de corazón y manos cada vez más hábiles (Sal 78:70-72). Las formas en que por lo común definimos y evaluamos el «éxito» o el «fracaso» del ministerio necesitan un nuevo análisis en oración, un replanteo valiente y, en muchos casos, un arrepentimiento sincero. La verdadera tarea en nuestro trabajo es experimentar la presencia de Cristo con nosotros y, así, producir abundante fruto. Nuestra confianza como pastores fieles está en un Dios que nos revela cuando racionalizamos, con astucia, los triunfos externos en vez de la obediencia fiel en la intimidad del día a día.

En mi caso, me arrepentí de mi tarjeta de evaluación distorsionada cuando poco a poco me di cuenta de que le había dado demasiada importancia a los indicadores cuantitativos: el número de asistencia y el crecimiento presupuestario, antes que a otros parámetros más cualitativos del aumento del discipulado de toda la vida. Lo primero que hice fue ser honesto conmigo mismo y con el Señor. Reconozco que uno de mis momentos más estresantes del mes era cuando presentábamos las cifras de asistencia en nuestras reuniones de liderazgo. En mi corazón, sabía que pasaba mi sentido de valor y mi regocijo de acuerdo con el crecimiento numérico o no de la congregación. Le confesé a Dios que los totales de asistencia se habían convertido en ídolos de mi vida. Lo segundo que hice fue admitir ante los líderes de la grey mi lucha idolátrica con el crecimiento numérico y pedirles que oraran por mí. Tal franqueza propició una charla sobre el papel de los números cuantitativos en nuestra evaluación y planificación del liderazgo. Hoy, el equipo de líderes valora los datos numéricos, pero además busca el cambio cualitativo. Sigo trabajando y orando por el crecimiento de la iglesia; sin embargo, mi alma y mis emociones no dependen de esas cifras. El replanteo de la tarjeta de evaluación me ha dado libertad para liderar con más regocijo y eficacia. Creo que, para muchos de nosotros, es hora de pensar y rehacer la tarjeta de evaluación pastoral.

## CINCO SEÑALES DE UN PASTOREO HÁBIL

Max DePree señala con agudeza: «No crecemos por medio de las respuestas, sino de las preguntas».[1] ¿Cuáles son las que debemos hacer en cuanto al liderazgo pastoral fiel y fructífero? Te sugiero varias que estimo de gran importancia:

- ¿amamos a nuestros feligreses?;
- ¿cuidamos de los vulnerables?;
- ¿preparamos a los fieles para toda la vida?;
- ¿multiplicamos el número de líderes?, y
- ¿existe mayor fortaleza y salud institucional?

Al abordar estas cuestiones básicas, creo que la tarjeta de evaluación pastoral debe incluir al menos cinco rasgos distintivos de un liderazgo eficaz de fidelidad provechosa. El pastoreo hábil se hará evidente al amar de verdad a las personas, cuidar a los vulnerables, preparar a los fieles para el lunes, construir un liderazgo profundo y fomentar la salud institucional.

***Amar de verdad.*** Muchas veces los feligreses olvidan los sermones que predican los ministros; sin embargo, rara vez lo hacen con las expresiones palpables de amor pastoral. Ahora recuerdo el día que Rita, una madre soltera, se sumó a nuestra congregación; acababa de perder a su marido. Ella y sus hijos pequeños se enfrentaban a desafíos nuevos. Entonces, experimentó una cálida bienvenida y un sinnúmero de expresiones tangibles de cuidado y apoyo. Durante varios años, ella y sus hijos fueron una parte encantadora de nuestra iglesia. A lo largo de ese tiempo escucharon sermones que los alentaron. Nos entregaron sus almas. Un día recibió una oferta de trabajo en otra zona del país. Con lágrimas en los ojos me llamó aparte para despedirse, y me dio las gracias no por los sermones, sino por un breve momento de atención pastoral que yo francamente había olvidado. En la época en que esta madre atravesaba el duelo y se enfrentaba a tanta incertidumbre en el futuro, yo la llamé por teléfono para saber cómo estaba y orar con ella. Muy emocionada, expresó lo alentador que había sido mi pequeño acto de cuidado y aliento ese día.

No te comparto esto para felicitarme a mí mismo, sino para recordar a los ministros que nuestro amor tierno y las demostraciones de atención a los feligreses resultan con el tiempo la base sólida de la eficacia del liderazgo. Nuestra predicación puede ser fiel al texto bíblico desde el punto de vista exegético, e incluso impresionante desde el homilético. Pero si no hay un amor sincero por nuestros feligreses cuanto digamos tendrá poco impacto a la postre. ¡Retrasará nuestra misión! Con imágenes vívidas, el apóstol Pablo nos recuerda que, sin amor no somos más que gongs ruidosos y címbalos que retiñen (1 Co 13:1). Para amar con franqueza hay que escuchar bien. Bonhoeffer, acertado, escribe:

> «El primer servicio que uno debe a otro dentro de la comunidad consiste en escucharlo. Así como el comienzo de nuestro

amor por Dios consiste en escuchar su palabra, así también el comienzo del amor al prójimo consiste en escucharlo. El amor que Dios nos tiene se manifiesta no solamente en que nos da su palabra, sino también en que nos escucha […]. Ciertos cristianos, y en especial los predicadores, creen a menudo que, cada vez que se encuentran con otros hombres, su único servicio consiste en "ofrecerles" algo. Se olvidan de que saber escuchar puede ser más útil que hablar».[2]

Cuando queremos saber si la congregación avanza hacia una comunidad genuinamente amorosa, nuestro amor por los congregantes es lo primero que debemos examinar. Al asomarnos detrás de la cortina pastoral advertimos una verdad trágica y dolorosa: algunos pastores no aman de corazón y de manera sacrificada a sus feligreses. Entonces no debemos extrañarnos de que muchas comunidades de fe no se amen de manera genuina. ¿Acaso las aman sus líderes? Sin embargo, Jesús nos recuerda que nuestro amor mutuo es el sello de autenticidad y la evidencia de que somos sus discípulos. Él dijo: «En esto conocerán todos que son Mis discípulos, si se tienen amor los unos a los otros» (Jn 13:35). ¡Esta interrogante es básica! «¿Amamos a la grey? ¿La amamos de veras?». Aunque no podemos definir todo el amor o evaluarlo de forma cuantitativa, sí podemos observarlo en una comunidad de fe. Bien a menudo nuestro amor pastoral resulta nítido cuando acompañamos, de corazón, a nuestros feligreses en medio de sus penas y sufrimientos.

El amor que aparece en la Biblia no es solo algo que sentimos; es también lo que hacemos, un sentimiento de apego seguro que practicamos en nuestras relaciones con los demás. Conocer y ser conocidos por otros posibilita amarlos de forma tangible. Aumenta la habilidad de amar al prójimo. Por ejemplo, en el matrimonio, aprender a amar al cónyuge requiere tiempo. Precisamos entenderlo y sacrificar nuestras propias preferencias y deseos. Así mismo, en la iglesia local lleva tiempo mostrar amor; se requiere un esfuerzo volitivo y la ayuda del Espíritu Santo. Pablo anima a los creyentes a amarse con sinceridad cuando dice: «Todas sus cosas sean hechas con amor» (1 Co 16:14). Muchas veces, tras la imagen brillante de las celebridades, el sello y las cifras del éxito, hay un rebaño exhausto, seguidores de Jesús que se sienten utilizados, manipulados y desnutridos.

Además de una líder llena de talento que sirvió durante varios años como directora general de la Fundación de Liderazgo de Pittsburgh, Lisa Slayton es una amiga valiosa. Me ha enseñado sobre el liderazgo pastoral y sus manifestaciones tangibles al nutrir una organización donde las personas fructifican y la misión avanza. Cuando entrena a los ministros les recuerda que los individuos no son un medio para el fin, sino un fin para sí mismos. Siempre comienza el día con una oración sentida: «Señor, ¿con quién quieres que esté hoy y cómo quieres que te sirva?». Señala que esta liturgia la concientiza de su lugar como líder. Hace que se enfoque en el amor hacia sus colegas y otras partes interesadas de la organización en la que trabaja.[3]

Cuando hablamos de amor como base de la tarjeta de evaluación pastoral no sugerimos una especie de sentimiento platónico, meloso y susceptible. Se trata más bien de mostrar un amor práctico que siempre está atento y que fortifica. Es un amor que está dispuesto a sobrellevar las duras conversaciones que requieren aquellos líderes que administran a las personas y el bienestar general de la organización. La tarjeta de evaluación de un líder pastor debe traslucir el apego del cuidado, así como las decisiones espinosas y valientes que demanda el amor por el individuo y por la organización. Algunas de mis determinaciones pastorales más difíciles, y también más amorosas, se relacionan con el personal de la iglesia o con los empleados que necesitan un nuevo sitio de empleo y servicio. Aunque el despliegue de este amor puede ser doloroso, los ministros hacen todo lo posible para que no perjudique al individuo ni a la organización. Con el tiempo, el amor tierno o el insensible de un pastor son observables; informan sobre la tarjeta de evaluación de la eficacia del liderazgo.

Por años, me he inspirado en el liderazgo amoroso de Truett Cathy. Su fe cristiana ha influido de forma profunda en su energía empresarial y ha establecido su éxito. En los primeros años de Chick-fil-A, su fundador, dijo al equipo directivo que la meta de sus restaurantes no era crecer, sino mejorar. Truett creía que lo primero era el negocio de las personas, y que si su organización daba un producto mejor y una experiencia más satisfactoria para el cliente, el crecimiento vendría después. En el centro del notable éxito de Chick-fil-A se encuentra una organización comprometida con amar a la gente. Afirmaba que si un presidente al que no apoyaban, entraba a uno de sus restaurantes, había que tratarlo con el mayor respeto y atención. Así había que hacer con cada cliente.[4] Los ministros pueden aprender muchos aspectos de este notable líder empresarial. Dicha atención amorosa debería ser válida para la comunidad de fe de una iglesia local. Cada persona que encontramos, hecha a imagen y semejanza de Dios, tiene un valor y una dignidad inconmensurables y debe ser atendida como tal.

La declaración de la misión de nuestra iglesia, de forma intencional y apasionada, comienza con la frase «ser una familia solidaria». El centro de todo lo que queremos ser y llevar a cabo es brindar amor genuino. Cuando disponemos las actividades de la iglesia consideramos el modelo que nos dio Jesús del lebrillo y la toalla. Siempre que visito a los nuevos en nuestra comunidad de fe, les pregunto cómo se han sentido. Espero que el mensaje y los servicios de adoración corporativa hayan alimentado y retado su fe. Pero lo que más quiero saber es si nuestro personal y voluntarios los recibieron con calidez y atenciones. Quizás el amor genuino sea más difícil de medir que el número de personas que asisten a un servicio de culto corporativo. No obstante, puede ser una medida significativa de evaluación y ambas pueden ser correlativas. El amor franco hacia la gente brinda un contexto acogedor para que quienes comienzan a asistir entren a formar parte de nuestra familia eclesiástica.

***Cuidar de los vulnerables.*** Mi padre murió cuando yo era joven, así que crecí junto a mi madre. Ella trabajaba sin descanso para que tuviéramos ropa y comida. Por desgracia, nuestra comunidad eclesiástica no la ayudó de forma tangible. Sí, se reunía sin falta todos los domingos para escuchar las lecciones de las Sagradas Escrituras. Pero, de alguna forma, no existía el amor por los necesitados, ni dentro de la iglesia ni fuera de ella.

Prestar auxilio a los marginados, los que son física, emocional y económicamente vulnerables, resulta una de las prioridades y obligaciones básicas del liderazgo pastoral. Las duras palabras de juicio de Jesús son para quienes descuidan a los pobres, a los enfermos, a los encarcelados y a los forasteros. Los describe como «los más pequeños», y afirma: «En verdad les digo que en cuanto lo hicieron a uno de estos hermanos Míos, *aun a* los más pequeños, a Mí lo hicieron» (Mt 25:40). Jacobo, el apóstol del Nuevo Testamento que escribió el Libro de Santiago, relaciona la autenticidad de nuestra fe con el cuidado de las viudas y los huérfanos (Stg 1:27). En su discurso de despedida a los líderes de la iglesia local de Éfeso, el apóstol Pablo les recuerda el imperativo de socorrer con generosidad a los débiles (Hch 20:35). Dietrich Bonhoeffer escribe: «Excluir de la comunidad al hermano frágil e insignificante, con el pretexto de que no se puede hacer nada con él, puede suponer, nada menos, la exclusión del mismo Cristo, que llama a nuestra puerta bajo el aspecto de ese hermano miserable».[5]

Los ministros no solo forman líderes, sino que propician el cuidado a los demás. Elaboran sistemas y estructuras para acompañar con sabiduría y misericordia a los menesterosos de la iglesia y de la comunidad en general. En nuestra congregación tenemos un programa muy activo hecho para satisfacer las carencias inmediatas: comida, alquiler, atención médica y otros requerimientos; también empleamos recursos para el asesoramiento en salud mental. Una de nuestras prioridades es acompañar a quienes enfrentan el desempleo y el subempleo; les proporcionamos una red de contactos en toda la ciudad.

Tenemos vínculos con otras organizaciones que se centran en las personas vulnerables de nuestra urbe. El Ejército de Salvación y la *City Union Mission* son colegas valiosos a la hora de brindarles ayuda. Muchos de nuestros feligreses se inscriben en el *Care Portal*, que los enlaza con las urgencias específicas que los trabajadores sociales han descubierto en su faena con los pobres y necesitados. Entonces, nuestros fieles pueden responder a esas demandas específicas, ya sea una donación económica o un artículo de primer orden. También laboramos a la par con organizaciones que promueven el bien común las cuales abordan la injusticia económica, racial y fomentan las oportunidades financieras y educativas; ayudamos a los más vulnerables entre nosotros, de tal forma que puedan defenderse de la opresión. Esto les da la oportunidad de prosperar y es una señal de la eficacia del liderazgo en el ministerio.

***Preparar a los fieles para el lunes.*** Uno de nuestros pastores, luego de una visita a un centro de trabajo, me envió un correo electrónico muy franco. Volvía a su oficina tras hacer una visita con un residente pastoral más joven que lo había acompañado a las oficinas de una empresa internacional cerca de su campus. Mi colega expresaba en su correo cuánto regocijo había sentido al interactuar con sus feligreses en sus lugares de trabajo. Se les iluminaban los ojos cuando él entraba en sus mundos del lunes. Escribió:

> El mensaje era este: «Mi pastor y mi iglesia se preocupan por mí y por mi trabajo. Creen que cuanto hago es importante y por eso se esfuerzan. ¿Y en cuanto a mí? Los amo con más sinceridad, les predico con más eficacia y oro por ellos con más precisión. Me imagino a Ryan en su escritorio, a Josh ante su enorme monitor de aviación, a Michael en su cubículo y a Mark en su despacho. Eso me hace un mejor ministro. Quizás necesito pasar menos tiempo en mi oficina o preocupado por cuántas personas vienen a visitarme a mi lugar de trabajo y hacerles la visita en el suyo, amarlas allí y animarlas a servir a Jesús donde están. ¿De qué manera eso impactaría a nuestra gente, nuestras comunidades y nuestro mundo?».[6]

Un ministro centrado en alistar a los feligreses para sus llamados en el contexto del lunes relaciona sus plegarias, prioridades y prácticas de acuerdo al evangelio de la iglesia dispersa y su misión de hacer discípulos. En ocasiones, los pastores hablan de su compromiso con el discipulado de toda la vida. Sin embargo, con frecuencia no han discipulado a la grey para toda la vida, es decir, para donde pasan la mayor parte del tiempo. Las obligaciones pastorales incluyen el cuidado compasivo y la buena dirección de la iglesia junta en sus servicios de culto corporativos. Aun así, debe ampliarse la tarjeta de evaluación del liderazgo de manera que incluya el peritaje de la eficacia o ineficacia en cuanto a la preparación de la membresía para su desempeño a lo largo de la semana. Eso incluye su entrenamiento en áreas de la sana doctrina bíblica, la sexualidad, el matrimonio, la crianza de los hijos, la vida familiar, la mayordomía multigeneracional, la gestión del patrimonio y las finanzas. Pero no debemos ignorar la importancia de prevenir a nuestros fieles para su vida laboral remunerada o no.

Para que la iglesia local se centre en los lunes, nuestra tarjeta de evaluación debe comprobar que los sermones abordan a intervalos regulares el trabajo, la vocación y el florecimiento económico. Las reuniones de culto de los domingos deben mostrar una liturgia que refleje una sólida teología de la vocación y un énfasis misionológico vocacional. Los ministros necesitan demostrar que las vías de discipulado tienen un fuerte componente de fe, trabajo y sabiduría económica en los planes de estudio.[7] Un liderazgo pastoral eficaz fomenta el mapeo de activos de una comunidad y también el de los fieles individuales. En esta iglesia hemos organizado seminarios de medio día y conferencias de un día completo en torno a la integración de la fe y el trabajo. También hemos abordado la injusticia económica y racial. Nos comprometemos a hacer justicia mientras procuramos el bien común de nuestras comunidades y ciudad. Dichas charlas e iniciativas han ayudado a los miembros de la congregación a mantenerse aptos y dispuestos para su vocación de lunes.

En la tarjeta de evaluación pastoral debe tomarse en serio la tarea de preparar y animar al pueblo de Dios para que sea la iglesia dispersa en la misión. Los ministros son como entrenadores que animan a los fieles. Estos necesitan convertirse en discípulos más íntimos de Jesús y servirlo, desde sus vocaciones y nombramientos, a lo largo de la semana en el poder del Espíritu Santo. Antes de enfocarnos en las cuestiones positivas del domingo, debemos hacerlo más bien en las vidas de nuestros fieles durante el lunes.

***Construir un liderazgo profundo.*** Una de las mayores evidencias de un liderazgo pastoral efectivo es la calidad y el número de líderes integrales y capaces que se desempeñan en las organizaciones que dirigimos. Juan el Bautista declaró: «Es necesario que Él [Jesús] crezca, y que yo disminuya» (Jn 3:30). Sin este proceso, es imposible que exista en ellos una cada vez más amplia formación y madurez espirituales. En el caso de un liderazgo pastoral fiel y fructífero, Jesús debe crecer y nosotros disminuir; pero esto también debe aplicarse a quienes nos rodean. El bienestar integral, la efectividad y el florecimiento de los líderes que preparamos constituyen la base del liderazgo pastoral efectivo. Ellos deben ser cada vez más completos y hábiles. Requerimos un número creciente de líderes pastores semejantes a Cristo que se multipliquen para la iglesia y para el mundo.

En una reunión de liderazgo en Carolina del Sur, tuve el placer de conocer a un experimentado cirujano. Trabaja en la formación de nuevas generaciones de tales especialistas. Mientras conversábamos, le hice varias preguntas sobre lo que había aprendido a través del desempeño de otros en su campo. Señaló que el espacio de aprendizaje más intensivo y transformador era el lavabo. Es el lugar donde el equipo de cirugía se reúne antes de una operación para asegurarse de que está lo más libre de gérmenes posible. Pero ese es también el sitio donde el cirujano de experiencia y el resto de los miembros del equipo, muchos de ellos al principio de su carrera, se reúnen y hablan sobre el procedimiento que van a realizar. Cuando terminan, ponen manos a la obra. Una vez concluida la operación, se reúnen en el lavatorio no solo para asearse, sino también para debatir lo que han vivido juntos: las observaciones que realizaron, lo que aprendieron y los nuevos vínculos que crearon. El cirujano, que a lo largo de su distinguida carrera ha formado a cientos de especialistas, me dijo que tal área es la base del desarrollo del liderazgo.

Sus sabias palabras reforzaron en mi mente y en mi corazón la importancia vital del modelo de aprendizaje del desarrollo del liderazgo en la vida, no solo en la profesión sanitaria, sino también en la iglesia. De forma natural, los líderes con integridad de corazón y manos hábiles surgen de un rico entorno de conocimiento tácito. Se desarrollan, más que en el aula, en el dinámico laboratorio de la vida organizativa. Los lavabos son importantes en los hospitales, pero también en las iglesias. Con toda honestidad creo que el Señor diseñó la familia y la iglesia local para que funcionaran como las empresas de desarrollo de liderazgo más dinámicas del mundo. Para que la última sea transformadora, debemos aceptar de todo corazón lo que Jesús enseñó y practicó en cuanto a liderazgo.

Una de las carencias más obvias del avance del liderazgo pastoral en nuestro tiempo es la falta de oportunidades de aprendizaje en una iglesia local sana y empoderada. Es allí donde los pastores jóvenes deberían aprender de los más viejos cómo vivir y liderar. Sin duda, la teología es importante, mas también lo es la práctica en la vida cotidiana dentro de una iglesia local. Este tipo de iglesias deben establecer residencias pastorales para, de esta manera, convertirse en «hospitales de enseñanza». Así, la nueva generación de ministros podrá aprender.[8]

Jesús fue el líder más brillante que jamás haya existido; nos privilegió cuando vino a esta tierra devastada por el pecado. Él no es solo nuestro Salvador y Señor, también es nuestro mejor entrenador de liderazgo. Los ministros son aprendices del buen pastor, así que deben asistir a la escuela de liderazgo de Cristo para aprender a vivir y dirigir como él (Mt 11:28-30). ¡Cambió por completo el modelo de liderazgo de su época! Enseñó a sus discípulos que liderar no era una cuestión de poder coercitivo o de autoridad posicional, sino de servicio como individuos (Mc 10:42-45). Enseñó y ejerció un modelo de liderazgo basado en las relaciones y de aprendizaje tácito. Aunque predicó el evangelio del reino a las multitudes y sanó a muchos, su misión principal fue invertir tiempo y energías en un pequeño grupo de discípulos a los que impartió su vida y su sabiduría. Los escritores del evangelio sugieren que, de los doce discípulos, tres formaron parte de un círculo más estrecho de aprendizaje. El modelo de liderazgo de Jesús y el método de multiplicación deben constituir el fundamento de nuestras prioridades y prácticas en el ministerio. Pero además deben aparecer en la tarjeta de evaluación pastoral. El apóstol Pablo le recuerda a Timoteo la necesidad del desarrollo de líderes que formen a otros: «Y lo que has oído de mí en la presencia de muchos testigos, eso encarga a hombres fieles que sean capaces de enseñar también a otros» (2 Ti 2:2).

Un liderazgo pastoral fiel y productivo debe traslucir que los líderes de pastoreo reciben instrucción y se multiplican. Para los feligreses de nuestra iglesia tenemos en la tarjeta de evaluación una vía de desarrollo de líderes.[9] También poseemos una residencia pastoral; de esa forma, los ministros jóvenes, luego de instruirse en el seminario, se unen a nuestro grupo en una experiencia de inmersión de dos años. Dicho programa resulta didáctico para los pastores novatos que toman parte en el mismo y, además, proporciona una vía de liderazgo para el futuro aumento y sucesión. Nuestro propósito es lograr un liderazgo cada vez más profundo y así no tener que reconstruir, sino más bien recargar. Sabemos que la amplitud de nuestro impacto misionero depende de cuán honda es nuestra eficacia en el desarrollo de líderes. Los ministros debemos atender a las sabias palabras del salmista: «Y aun en la vejez y las canas, no me desampares, oh Dios, Hasta que anuncie Tu poder a *esta* generación, Tu poderío a todos los que han de venir» (Sal 71:18). En mi caso, mi obligación es invertir mi vida en las personas e instituciones que me sobrevivirán.

***Fomentar la salud institucional.*** Los líderes pastorales reconocen que la iglesia local no es solo un organismo dinámico, sino también una institución duradera. A veces espiritualizamos las cosas demasiado y olvidamos que la iglesia es una institución; las personas, las políticas, los valores, las finanzas y los programas nutren la salud de la misma desde la cuna hasta la tumba. La iglesia es una presencia física, una señal de la eternidad. La naturaleza institucional y las realidades cotidianas de la presencia fiel de la iglesia local dentro de una comunidad crean el medio en el que puede suceder el cambio individual de los fieles a lo largo de sus vidas. Los pastores líderes esperan resultados a largo plazo; por ello, la salud y la fortaleza de la institución tienen la prioridad. Debemos entender que tanto los individuos como las entidades que los nutren son importantes. ¿Recuerdas el adagio que te compartí en el capítulo siete? Sin individuos, nada cambia nunca, pero sin instituciones, nada perdura. En la tarjeta de evaluación del liderazgo pastoral deben aparecer indicadores que promuevan una institución sana y fructífera. ¿Crece la fuerza de la iglesia local como institución? ¿Está saludable? Independientemente del tamaño y la complejidad de las mismas, debemos medir cada cierto tiempo la salud y la fortaleza institucional de nuestras iglesias.

La evaluación de la salud de una iglesia local como institución incluye diferentes áreas. Un examen de la fortaleza e integridad financiera se centra en el comportamiento de las donaciones y tiene en cuenta auditorías de tareas, transparencia y comunicación regular con los feligreses. Se debe atender a la salud, la conducta y la longevidad del personal de la iglesia. Si su comportamiento ético es bajo y existe una rotación constante del mismo, quizás el liderazgo pastoral es ineficiente y la salud institucional es precaria. Otra área de peritaje incluye la ampliación y el mantenimiento de los edificios de la iglesia y la infraestructura tecnológica. La búsqueda de espacios que sean diversos, innovadores y creativos es también un sello de la salud de la institución.

Al igual que en el patrimonio de una casa, ser fundador y pastor principal de una organización me concede determinados activos que puedo utilizar para los cambios necesarios, lo que incluye el replanteo de la tarjeta de evaluación del éxito. ¿Pero qué sucede cuando te desempeñas como ministro y no tienes la equidad organizacional o la influencia para el cambio de la tarjeta de evaluación? ¿Qué puedes hacer? La respuesta no es sencilla. Primero, reformula la tarjeta de evaluación del éxito para tu área de servicio en la iglesia. Donde sirvamos y cualquiera que sea nuestra labor en la organización, podemos crear, a través de las plegarias y la diligencia, una valija de salud y eficacia. Cualquier modelo de florecimiento sirve para exponer credibilidad ante los niveles superiores de liderazgo organizacional. El cambio necesario puede venir de arriba a abajo, pero también a la inversa. En algunos casos, trabajar en una organización con una tarjeta de evaluación defectuoso imposibilita hacerlo. Tales tarjetas de evaluación originan contextos de trabajo muy dañinos. Si este es el caso, quizás tengas que dejar la organización. Necesitas preservar la unidad y tener en cuenta tu autocuidado y formación espiritual.

## LA TARJETA DE EVALUACIÓN MÁS IMPORTANTE

Es verdad que debemos evaluar de forma periódica la eficacia de nuestro liderazgo. No obstante, la tarjeta de evaluación más relevante es la que Jesús nos leerá cuando nos encontremos con él cara a cara.[10] Por medio de la parábola de los tres administradores de dinero, Cristo recordó a sus discípulos que un día iban a rendir cuentas de sus vidas y de sus llamados vocacionales. Aunque cada discípulo del Maestro recibe diferentes habilidades, dones de gracia y oportunidades, cada uno es evaluado por lo que hizo con lo recibido. El administrador cuya evaluación reveló una lamentable falta de administración, obtuvo una severa reprimenda y consecuencias aleccionadoras. Los otros dos cuyo examen mostró una diligencia vocacional y buena administración, recibieron elogios y mayores ocasiones de servir en el futuro: «Bien, siervo bueno y fiel; en lo poco fuiste fiel, sobre mucho te pondré» (Mt 25:21). Sin embargo, la mayor recompensa por la fidelidad vocacional no fue el elogio, sino la invitación llena de gracia a tener una profunda e íntima relación con Jesús. A menudo los líderes pastorales ignoramos dicho incentivo, el cual se hace a quienes adoran a Cristo con una voluntad santa y un servicio humilde. Las palabras finales de Jesús, al felicitarnos, constituyen la más grande recompensa que esperamos. Se trata del premio que nos otorga nuestro Salvador, y Señor y brillante líder: «... entra en el gozo de tu señor» (Mt 25:21).

# 11

## TERMINAR BIEN

*Cuando todas las piezas encajan, no solo tu trabajo avanza hacia la grandeza, sino también tu vida. Porque, al final, es imposible tener una existencia elevada si esta carece de sentido. Entonces, quizás sientas esa extraña tranquilidad que obtenemos al saber que hemos participado en la creación de algo que posee una excelencia intrínseca, que hace una contribución. De hecho, puede que hasta obtengas la más profunda de las satisfacciones: saber que has empleado bien tu breve y relevante tiempo en la tierra.*

JIM COLLINS, *GOOD TO GREAT [DE LO BUENO A LO MEJOR]*

De muchacho me apasionaba la lucha libre. Me llamaba la atención todo lo relacionado con este deporte: la explosión de adrenalina en el enfrentamiento del adversario, el desatar toda la intensidad de mi cuerpo, el lograr que la espalda de mi oponente tocara la lona y quedara inmovilizado. La victoria me embriagaba de pura alegría. Obtuve muchos premios, pero no hubiera disfrutado de todos esos éxitos sin la sabiduría de mi entrenador. Con frecuencia me recordaba que los luchadores que ganan se adiestran bien para el tercer período. Debía entrenar durante todo un año para lograr ser campeón en la lucha. En otoño, corría a campo traviesa, no porque fuera mi deporte o porque me gustara, sino porque la resistencia que generaba dentro de mí me preparaba para cuando estuviera en la lona en ese momento específico.

En este deporte, un atleta de alta categoría derrota a un oponente mediano en el primer período y a uno bueno en el segundo. Pero solo en el tercer período se vence a un gran adversario. Es por ello que en la lucha los campeones no se entrenan para el primer o segundo período, sino para el tercero, ya que en este se enfrentan a los mayores retos los cuales demandan la mayor resistencia. Lo que aprendí como luchador al principio de mi vida me enseñó una lección básica de liderazgo: los ministros deben alistarse muy bien para el tercer período, ya que este determina si terminaremos bien o no llegaremos a cumplir la tarea que se nos ha encomendado.

Stephen Covey nos recuerda, con razón, que debemos empezar con el fin en mente.[1] Mas sin importar dónde nos encontremos en la azarosa jornada de la vida, es sabio vivirla con el fin delante. Si miramos nuestro momento cultural y leemos la historia recordamos con dolor que muy pocos líderes terminan bien. Algunos se apagan de pronto y otros se oxidan despacio. Pero no solo eso; además de finales bastante tristes, las nefastas consecuencias dejan secuelas en las organizaciones que dirigen y en las futuras generaciones. Empezar bien no es algo raro, pero sí lo es terminar bien.[2] En la manera que terminemos moldeará el legado de liderazgo que dejemos.

## LAS AMENAZAS AL LEGADO DE LIDERAZGO

En 1 y 2 Reyes y 1 y 2 Crónicas podemos observar los legados de liderazgo. Aunque estos libros del Antiguo Testamento muestran una buena parte de los altibajos de Israel, también nos recuerdan que muy pocos líderes concluyen bien. El rey Salomón caminaba con Dios y era conocido por su extraordinaria sabiduría; sin embargo, al envejecer, su corazón empezó a dividirse. Sus muchas esposas eran devotas de otros dioses y él las siguió: «Porque cuando Salomón ya era viejo, sus mujeres desviaron su corazón tras otros dioses, y su corazón no estuvo dedicado por completo al Señor su Dios, como *había estado* el corazón de David su padre» (1 R 11:4). Ni siquiera la gran sabiduría de este monarca le permitió terminar bien. El rey Asa fue uno de los líderes más brillantes de Judá, pues su corazón estaba totalmente comprometido con el Altísimo. No obstante, en su vejez se negó a oír los buenos consejos e hizo alianzas militares y políticas imprudentes (ver 2 Cr 16). Eclesiastés habla de la necedad de los líderes que envejecen de esta manera: «Mejor es un joven pobre y sabio que un rey viejo y necio, que ya no sabe recibir consejos» (Ec 4:13). Dicho gobernante es ahora un anciano enojado e insensato. Lleno de ira, puso en la cárcel a sus amigos y comenzó a oprimir de manera cruel a una parte del país (ver 2 Cr 16:7-11). Se negó a buscar a Dios cuando la enfermedad lo golpeó en su vejez (2 Cr 16:12). El rey Uzías, en sus primeros años, buscó al Señor, y lo hizo con valentía y compromiso. Pero al experimentar los favores divinos se enorgulleció y esto lo llevó a la perdición. El escritor bíblico es conciso: «Pero cuando llegó a ser fuerte, su corazón se hizo tan orgulloso que obró corruptamente» (2 Cr 26:16).

Las herencias de liderazgo de reyes como Salomón, Asa y Uzías nos advierten que terminar bien no es sencillo. Así como ellos, nosotros podemos tropezar en el camino. En esencia, puede ocurrir durante los últimos años de nuestra vida por causa de los amores desordenados, las lealtades divididas, no oír consejos y el orgullo personal. Muchos líderes pastores se desmayan en la recta final, sucumben en el tercer período. Sumado a todo esto, algunos dejan de crecer; otros se hunden en el resentimiento y la amargura, se aferran al poder, no preparan a la siguiente generación, resultan descalificados, se vuelven indulgentes, y los hay que mueren en la orilla. Steven Covey describe la lucha constante del tercer período de nuestras vidas: «Cuanto más envejecemos, más nos hallamos entre las dos aguas de la necesidad de más autodisciplina, la templanza y el deseo de relajarnos y consentirnos. Sentimos que hemos pagado nuestras deudas y, por lo tanto, tenemos derecho a relajarnos».[3] Resulta bastante común hablar de las tonterías y los pecados de la juventud, pero no lo es mencionarlos cuando somos adultos o viejos. Sea cual sea la etapa de vida en la que estamos, no hay seguridad de que terminemos bien. Los ministros de todas las edades, si son sabios, deben estar alerta a tres desafíos principales: los tejados inquietos, las olas traicioneras y los cisnes negros.

***Los tejados inquietos.*** El salmista presenta la vida del rey David como nuestro modelo de liderazgo pastoral: «Y él los pastoreó según la integridad de su corazón, y los guió con la destreza de sus manos» (Sal 78:72). Sin tapujos, los escritores bíblicos también muestran el pecado de David con Betsabé, así como el asesinato de Urías, su marido, quien era uno de los líderes militares de mayor confianza. En su juventud el rey David había dado muerte al gigante Goliat. Pero ahora, años más tarde en su vida, sucumbe bajo el gigante de la lujuria sexual. ¿Qué le sucedió? ¿Cómo puede alguien según el corazón de Dios, hacer algo tan malo?

Se desvelan algunas pistas sobre los factores que contribuyeron a las acciones del monarca. Primero, se volvió indisciplinado en su papel de líder. Su patrón era salir a la batalla con sus tropas, pero se quedó en el palacio de Jerusalén (2 S 11:1). En segundo lugar, su indisciplina lo llevó a ser indulgente consigo mismo. El escritor bíblico lo describe de esta forma: «Al atardecer David se levantó de su lecho y se paseaba por el terrado de la casa del rey, y desde el terrado vio a una mujer que se estaba bañando; y la mujer era de aspecto muy hermoso» (2 S 11:2). La imagen es la de un gobernante que descansa en pleno día, se levanta y va a la azotea y allí camina de un lado a otro. Entonces se fija en Betsabé. La tentación en ese momento se mezcla con la desobediencia y comienza una tragedia. La insensatez y la desobediencia del monarca provocan un destrozo indescriptible. Adultera, asesina, abusa de su poder, encubre su pecado y deshonra a Dios. Todo esto trae consecuencias para él, su familia y la nación.

¿Qué aprendemos de su falta? Los líderes pastorales debemos prestar atención a lo que hacemos. Nos mantenemos en contacto con cuanto sucede en nuestra alma. Nuestros tejados de tentación están menos expuestos en los tiempos difíciles de liderazgo, pero muy a la vista en los tiempos en que gozamos de sus frutos. Hasta ese momento casi todo lo que David tocaba se convertía en oro. Rodeado de todas las bondades del favor divino, olvida que las mayores batallas de su existencia no son contra enemigos externos, sino contra los internos: los de su corazón.

En el caso de los ministros, los tejados de la tentación pueden ser: aferrarse a posiciones de poder, buscar el dinero, la riqueza y la comodidad para estar seguros y alegres; juguetear con pensamientos lujuriosos, usar la pornografía o comenzar de forma secreta una relación amorosa con alguien que no es el cónyuge. También pueden seducirnos los tejados quebradizos de las decepciones, los sueños rotos y los problemas no resueltos en la infancia. Necesitamos de un amigo íntimo o un consejero personal con quien podamos ser transparentes. Un entrenador de vida sabio también puede ayudarnos a ver lo que por lo común no podemos o nos negamos a ver en nuestras vidas. Estar atentos a los asuntos del alma es importante en todas las etapas de nuestro viaje. Sin embargo, hallarnos en el tercer período de nuestra vida pudiera serlo más aún ya que está repleto de peligros y oportunidades. Haz lo que sea necesario en tu vida para evitar las tentaciones que corroen tu capacidad de resistir a los pecados y a las telarañas seductoras. Ora con diligencia para que el Señor proteja tu vida y, en su gracia y misericordia, te libere de las formas secretas en que pudieras tratar de justificar el pecado.

¿Recuerdas cuando el profeta Natán confronta a David con su pecado? ¿Qué sucedió? El rey se arrepiente, es perdonado, vuelve a la intimidad con Dios y crece en sabiduría (ver Sal 51). La gracia divina, admirable y generosa, conduce a David hasta la meta. Al arrepentirse de su pecado con Betsabé empezó a actuar de otro modo. Ya en su vejez, los siervos del monarca le trajeron a Abisag una mujer joven y hermosa para que lo cuidara. Entonces el monarca honra a Dios y a la joven, pues su relación con ella es sexualmente pura.[4] Cuando nos arrepentimos de manera humilde subsanamos los resquicios en nuestros tejados, y esto abre las puertas a una intimidad más profunda con el Señor.[5]

**Las olas traicioneras.** El océano Pacífico, con toda su grandeza, su escarpada costa y las puestas de sol llenas de colores brillantes, hace que Mendocino sea uno de los lugares más bellos de nuestro país. Si quiero darme una escapadita y descansar, esta ciudad pintoresca de California es una de mis primeras opciones. Fue aquí donde, mientras daba un recorrido por la costa rocosa, vi por primera vez una señalización que decía: «Cuidado con las olas traicioneras». Como crecí lejos del océano, no tenía ni idea de lo que eran estas olas ni de por qué eran tan peligrosas. Investigué un poco y supe que son olas rebeldes que surgen de la nada; alcanzan el doble de la altura de las normales y rompen en la costa con una gran fuerza. Dicha forma de oleaje traicionero puede ocurrir durante el día, pero también al amparo de la oscuridad. Los residentes del área y los que tienen experiencia con el océano Pacífico en esta región particular de California, siempre están alertas a dicha advertencia. Por tanto, jamás dan la espalda al mar. Los turistas, como yo, no son conscientes del peligro de estos imprevisibles eventos. Necesitamos las señales de aviso de los más experimentados para entonces protegernos de lo que está cerca, pero no distinguimos.

Al escribirle a Timoteo, el apóstol Pablo le advirtió que fuera prudente y estuviera alerta a un oleaje peligroso. La marejada tenía nombre: «Alejandro, el calderero, me hizo mucho daño; el Señor le retribuirá conforme a sus hechos. Tú también cuídate de él, pues se opone vigorosamente a nuestra enseñanza» (2 Ti 4:14-15). En concreto, no sabemos cuáles fueron los pormenores específicos para la advertencia. Quizás, el encarcelamiento de Pablo se debió a las palabras y acciones de dicho individuo. Esta alerta de Pablo a Timoteo trasluce que existía un grave peligro acechando en las sombras del liderazgo de la iglesia local. El apóstol no quiere que su hijo espiritual ignore los peligros fortuitos del ministerio.

Los pastores mantienen un alto nivel de confianza en quienes les rodean, pero a la vez permanecen con los ojos abiertos. ¡Precisan sensatez! La oleada de obstrucción de un miembro de la junta directiva puede causar estragos en la unidad y la sinergia del liderazgo y los fieles de la iglesia. Las marejadas de mala voluntad pueden personificarse en un colega desleal o falsas acusaciones contra ti. A veces surgen de la nada y, de pronto, surgen pruebas contundentes de que un miembro del personal ha faltado a su honradez o ha cometido un delito económico. Otro aspecto que puede sorprender a un ministro son los reveses financieros repentinos o

gastos considerables inesperados en el presupuesto de la iglesia. Los olea-
jes súbitos y traicioneros integran la travesía de los ministros. Permanece
sobre tus rodillas, con los ojos abiertos, vigila tus espaldas y confía en que
Dios te guiará y dará coraje para asumir los difíciles retos del liderazgo.
Siempre ten presentes las palabras esperanzadoras y reconfortantes del
profeta Isaías: «No temas, porque Yo estoy contigo; no te desalientes, porque Yo soy tu Dios. Te fortaleceré, ciertamente te ayudaré, sí, te sostendré
con la diestra de Mi justicia» (Is 41:10).

*Los cisnes negros.* El término «cisne negro» lo desarrolló Nassim
Nicholas Taleb para describir hechos no predecibles de gran impacto.[6] se
trata de acontecimientos sorpresivos y fuertes que los líderes tienen que
enfrentar y que muchas veces trastornan sus expectativas en cuanto al futuro. Además de ser inesperados, ese tipo de eventualidad trae consigo un
gran número de crisis y altos niveles de incertidumbre que con frecuencia desordenan de modo significativo el ambiente de la organización. Es
del todo imposible predecir la llegada de los cisnes negros, y siempre
albergan nuevos peligros y posibilidades. Quizás la pandemia mundial de
coronavirus que empezó en el 2020 no capte bien la definición de Taleb.
Sin embargo, ha sido la experiencia más cercana que he tenido que liderar
en una especie de caída libre hacia la incertidumbre. ¡Fue un cambio total
en la vida cotidiana! ¿Cómo pueden los ministros liderar con eficacia en
entornos de tipo cisne negro? Son etapas del todo inciertas y perturbadoras. En ellas, dirigir es como volar un avión en medio de una espesa niebla
y sin instrumentos confiables; entonces, ¿cómo hacerlo?

Si estás en una situación de este tipo, es decir, en un territorio des-
conocido donde planificar resulta difícil e incierto, te sugiero que tomes
estos cuatro consejos: apóyate en la sabiduría, mantén las relaciones, forja
la resistencia y persevera en la misión. En medio de la bandada oscura
de estos sistemas, apóyate en la sabiduría; recuerda que lo intemporal es
lo más oportuno. En momentos inciertos, los líderes tienden a buscar
mucha información. ¡Lo malo es que esta cambiará pronto! Será ambigua
y contradictoria. Deja de reunir datos y enfócate en la sabiduría, búscala
en la Escritura. Fíjate en las generaciones más viejas que poseen mayor

experiencia en la vida. De esta forma recibirás el estímulo necesario y tendrás una perspectiva más abarcadora. En esos instantes, enfócate más en lo que sabes con seguridad que en lo que no conoces. Reflexiona menos en las «posibilidades» y más en lo que está por venir. A veces, los cisnes negros resultan decisivos para aumentar la claridad de pensamiento. Un ministro, al compartir sus reflexiones sobre el liderazgo durante la pandemia, afirmó: «He quitado muchísimos aditamentos de mi vida. Me di cuenta de lo mucho que dependía de cosas equivocadas».[7] Esto brinda una oportunidad de cambio para buscar en oración la presencia y la sabiduría del Señor. Debemos aferrarnos a la promesa de que cuando pedimos sabiduría, nuestro buen pastor nos la dará en abundancia y sin reproche.[8]

Algo común es que en tiempos de inestabilidad y conmoción estemos muy ocupados; trabajamos con fuerza y durante un sinnúmero de horas. Suponemos que si planificamos y hacemos más, entonces las cosas funcionarán mejor. Se dice que el hombre es la única especie del planeta que, al perderse, camina más rápido. Sí, la velocidad significa que se trabaja más; pero no necesariamente que se avanza. Cuando sobrevuelan los cisnes negros lo mejor es ir despacio, detenerse para buscar la formación espiritual, la confianza personal y relaciones más profundas con nuestros semejantes. Si no sabes qué hacer, sé sincero contigo mismo. Di con franqueza a quienes te rodean: «Miren, no sé». Pase lo que pase, síguelos amando de corazón, aunque las decisiones sean difíciles y las opciones limitadas. Acércate a las familias, a los amigos cercanos y a todos los colegas. Los contactos regulares dan vida. Dedica tiempo para ver cómo están los demás, oye lo que dicen sus corazones. La empatía es importante. Sin prisa, toma la iniciativa de demostrar tu amor y tu compromiso a los que están cerca de ti. Profundiza en tus vínculos, no dejes que el ajetreo los erosione o que la negligencia los disuelva. Las circunstancias del tipo cisne negro exigen un mayor deber para relacionarse y amar a las personas. El apóstol Pablo recuerda a los corintios: «Todas sus cosas sean hechas con amor» (1 Co 16:14). Los líderes que se mantienen abiertos a las relaciones se acercan a otros durante los tiempos de zozobra. Compartir de manera franca, orar juntos y animarse mutuamente hinchará las velas del buque de liderazgo.

El aletear de los cisnes negros desorienta, agota y trae consigo toneladas de estrés. Dado que es imposible saber cuánto durará este tipo de suceso, debes prepararte en el ámbito emocional y también a los que están a tu alrededor. ¡Necesitan una perspectiva a largo plazo! Lograr una mayor resistencia y mantener las esperanzas son aspectos que deben aplicarse juntos. Cuando la resistencia mengua, la esperanza se desvanece y viceversa. Necesitas formar una mayor resistencia en tu vida para sobrevivir en tiempos de cisnes negros. Debes anclar tu liderazgo día a día sobre la certeza de una esperanza vivificante. El apóstol Pablo basa su discurso en las gloriosas verdades de la gracia del evangelio y conecta de manera lúcida el sufrimiento, la esperanza y la resistencia:

> «Por medio de quien también hemos obtenido entrada por la fe a esta gracia en la cual estamos firmes, y nos gloriamos en la esperanza de la gloria de Dios. Y no solo esto, sino que también nos gloriamos en las tribulaciones, sabiendo que la tribulación produce paciencia; y la paciencia, carácter probado; y el carácter probado, esperanza. Y la esperanza no desilusiona, porque el amor de Dios ha sido derramado en nuestros corazones por medio del Espíritu Santo que nos fue dado». (Ro 5:2-5)

Lo que Pablo afirma viene a ser un salvavidas cuando lideramos en tiempos muy inquietantes, turbulentos e inciertos. Dios es fiel, así que mantente fiel. Las temporadas de grandes trastornos y zozobras pueden lanzarnos hacia la deriva misionera. Quizás muchas cosas cambian ante el vuelo de los cisnes negros, pero no la misión de hacer discípulos. En etapas así, debemos recordar que lo primero es lo primero. Es posible que debamos hacer ajustes a la estrategia, pero en esencia, resulta clave mantener nuestra misión organizativa. Los procedimientos varían, pero no la misión. Pablo animó a Timoteo en este sentido: «Y lo que has oído de mí en la presencia de muchos testigos, eso encarga a hombres fieles que sean capaces de enseñar también a otros» (2 Ti 2:2). La pandemia de coronavirus y la interrupción masiva de las reuniones presenciales obligaron a las iglesias y a un gran número de organizaciones a dar un giro brusco hacia las citas virtuales. Las implicaciones han sido profundas a la hora de cambiar las primacías y desplegar los recursos financieros y humanos en torno a la presencia en línea y las reuniones de grupos pequeños. Una de las cosas buenas de los cisnes negros es que estimulan la innovación, la creatividad y el auxilio; el cese repentino del *statu quo* hace que los ministros tengan que ser imaginativos. Quizás, muchas renovaciones hubieran encontrado fuerte oposición en tiempos más tranquilos. Sin embargo, se aceptan con más facilidad ahora, en circunstancias turbulentas. El cambio en la vida del líder, así como en la organización que dirige, puede resultar uno de los mayores regalos de gracia de un acontecimiento de cisne negro.

## TRES RECORDATORIOS PARA TERMINAR BIEN

El apóstol Pablo, en su segunda carta al pastor Timoteo, aborda el final de su carrera. Sus últimas palabras están colmadas de sabiduría y estímulo. Son convenientes para la vocación de liderazgo de este último. Pablo, en la gracia de su Señor crucificado y resucitado, está llegando bien a la meta y en espera de su premio. Entonces anima a su colega a hacer lo mismo: «Porque yo ya estoy para ser derramado como una ofrenda de libación, y el tiempo de mi partida ha llegado. He peleado la buena batalla, he terminado la carrera, he guardado la fe» (2 Ti 4:6-7). En las palabras de aliento de Pablo hay tres metáforas de liderazgo pastoral que siempre lo han guiado y sostenido: una militar, una deportiva y una económica. Revelan tres verdades sobre fungir como líder: que es un campo de batalla, una maratón y una inversión sagrada.

*El liderazgo pastoral es un campo de batalla.* Pablo declara: «He peleado la buena batalla». Sus palabras describen un conflicto entre adversarios. Los ministros que terminan bien reconocen que viven y dirigen cada día en medio de una guerra sangrienta e invisible entre las fuerzas de la oscuridad y la luz. En su carta a los Efesios, el apóstol le advierte a la iglesia la certeza de este conflicto entre dos reinos opuestos:

«Por lo demás, fortalézcanse en el Señor y en el poder de su fuerza. Revístanse con toda la armadura de Dios para que puedan estar firmes contra las insidias del diablo. Porque nuestra lucha no es contra sangre y carne, sino contra principados, contra potestades, contra los poderes de este mundo de tinieblas, contra las *fuerzas* espirituales de maldad en las *regiones* celestes». (Ef 6:10-12)

En lo que pudiera considerarse su escrito más brillante, C. S. Lewis describe la batalla desde la perspectiva del reino demoníaco. En *Cartas del diablo a su sobrino*, un demonio experimentado que se llama Escrutopo enseña a su joven aprendiz, Orugario:

«Nuestra política, por el momento, es la de ocultarnos. Por supuesto, no siempre ha sido así. Nos encontramos, realmente, ante un cruel dilema. Cuando los humanos no creen en nuestra existencia perdemos todos los agradables resultados del terrorismo directo, y no hacemos brujos. Por otra parte, cuando creen en nosotros, no podemos hacerles materialistas y escépticos».[9]

Lewis enseña a los ministros que debe existir un equilibrio adecuado. Debemos estar atentos al reino invisible; pero sin fijarnos demasiado.

Necesitamos entender que los reinos opuestos se disputan el alma y los afectos de los portadores de la imagen de Dios. Esa guerra invisible afecta a las personas, las familias, las instituciones y los gobiernos. La trinidad formada por el mundo, la carne y el diablo, que es de por sí poderosa, infunde la ira del infierno a nuestros corazones, nuestras ideas, acciones y a todo este mundo caído. Satanás odia a la iglesia, la novia de Cristo, y tiene en la mirilla a todos los líderes pastores. Él sabe que si puede desanimar, distraer, engañar o descalificar a un ministro, entonces gana terreno, porque el evangelio cae en descrédito y las ovejas son más vulnerables. Nuestro Señor y Salvador, con su muerte y resurrección, derrotó a Satanás y sus secuaces. Pero la batalla continúa hasta el día en que el maligno será arrojado al lago de fuego (Ap 20:10).

El liderazgo pastoral no es un parque de diversiones, sino un campo de batalla. Al escribir sobre el tema, Pablo empleará la imagen de un militar disciplinado y con la mente en lo que debe hacer; alguien que, día tras día, se enfrenta a las dificultades y el sufrimiento (2 Ti 2:3-4). Aunque nuestro enemigo es fuerte, hemos recibido poder sobrenatural, amor sin condiciones, prueba transformadora, comunidad espiritual y belleza radiante para resistirlo y enfrentarlo. Pablo nos alienta:

«Pues aunque andamos en la carne, no luchamos según la carne. Porque las armas de nuestra contienda no son carnales, sino poderosas en Dios para la destrucción de fortalezas; destruyendo especulaciones y todo razonamiento altivo que se levanta contra el conocimiento de Dios, y poniendo todo pensamiento en cautiverio a la obediencia de Cristo». (2 Co 10:3-5)

Lo principal es que permanezcamos unidos a Jesús y caminemos en oración en el poder sobrenatural del Espíritu Santo. La Palabra de Dios nos recuerda que «mayor es Aquel que está en ustedes que el que está en el mundo» (1 Jn 4:4). Si queremos liderar y concluir bien necesitamos grabar estas palabras en lo más profundo de nuestros corazones. El ministerio es un campo de batalla. ¿Qué seremos en él: víctimas moribundas o catalizadores espirituales?

***El liderazgo pastoral es una maratón.*** Pablo le declara a Timoteo: «… he terminado la carrera» (2 Ti 4:7). La frase nos recuerda una competencia, en especial una larga carrera de resistencia. A menudo el apóstol usa este tipo de metáfora para referirse a la vida espiritual y al liderazgo (ver 1 Co 9:24-25; Gá 2:2; 5:7; Fil 2:16; 2 Ti 4:7). No la ve como un esprint corto, sino más bien con una carrera prolongada.

No soy un corredor de maratones, pero con frecuencia corro para mantenerme saludable física, mental y emocionalmente. Tengo amigos que corren maratones y siempre entrenan con rigor durante meses antes de participar. No deciden ir un día, por capricho, a correr cuarenta y dos kilómetros (veintiséis millas). Aunque tengas muchas ganas o fuerza de voluntad, eso no basta para afrontar los rigurosos desafíos de correr la distancia de una maratón. Mis amigos siempre me dicen que este tipo de evento no se corre en solitario. La camaradería les ayuda a seguir adelante, sobre todo cuando sus cuerpos, exhaustos, comienzan a decirles que no podrán dar un paso más.

Para correr bien en la carrera los ministros no deben ni hacerla ni terminarla solos. Por eso forman amistades estrechas y corren con un grupo de hermanos que se animan unos a otros a no rendirse cuando las cosas se ponen difíciles. A toda hora se recuerdan mantener la mirada en Jesús, la meta. Los líderes pastores saben que no se trata solo de hacer grandes esfuerzos, sino de entrenar mejor. Siempre entienden la necesidad de adoptar las prácticas espirituales que dan la fuerza, la alegría y la resistencia necesarias para una vida de liderazgo fiel y fructífero. Nunca dejan a un lado las bases de la vida espiritual. Pablo le recuerda a Timoteo cuán importante es mantener la sana doctrina y la autodisciplina. Describe la conexión entre la disciplina física y la espiritual:

«Al señalar estas cosas a los hermanos serás un buen ministro de Cristo Jesús, nutrido con las palabras de la fe y de la buena doctrina que has seguido. Pero nada tengas que ver con las fábulas profanas propias de viejas. Más bien disciplínate a ti mismo para la piedad. Porque el ejercicio físico aprovecha poco, pero la piedad es provechosa para todo, pues tiene promesa para la vida presente y *también* para la futura». (1 Ti 4:6-8)

Los violonchelistas entienden las consecuencias de saltarse los entrenamientos. Si dejan de hacerlo un día lo saben ellos; si dejan de hacerlo una semana, lo notan sus camaradas y si dejan de hacerlo durante un mes, lo conoce el mundo entero. Lo mismo pasa con los ministros. ¿Cómo andas? ¿Creces en una mayor intimidad? ¿Te mantienes curioso y disciplinado en tu camino con Jesús? Quienes terminan bien permanecen obedientes. Saben que lo que vale es la práctica y no la perfección. ¡Oye, ministro, entrénate para el largo y arduo camino de liderazgo que tienes por delante! De esa manera, no te desmayarás cerca de la meta y pasarás por la cinta de la felicidad pastoral.

*El liderazgo pastoral es una inversión sagrada.* Lleno de regocijo Pablo le dice a Timoteo: «… he guardado la fe» (2 Ti 4:7). El apóstol se ve a sí mismo como un fiduciario que ha guardado bien las riquezas o propiedades de otro individuo. Sus palabras aluden a la parábola de los administradores que debían dar cuenta al propietario sobre su inversión y las tasas de rendimiento que obtuvieron.[10] Las Sagradas Escrituras nos recuerdan que no somos propietarios autónomos, sino administradores responsables. El salmista declara: «Del Señor es la tierra y todo lo que hay en ella» (Sal 24:1).

El rey David, en su papel como líder de pastores, recibió el encargo divino de «… pastorear a Jacob, Su pueblo, y a Israel, Su heredad» (Sal 78:71). Pablo, al dirigirse a los líderes de la iglesia en Éfeso, les recuerda la sagrada confianza que se les ha conferido: «Tengan cuidado de sí mismos y de toda la congregación, en medio de la cual el Espíritu Santo les ha hecho obispos para pastorear la iglesia de Dios, la cual Él compró con Su propia sangre» (Hch 20:28). Los instruye para que pastoreen bien el rebaño y luego les recuerda el premio que les espera cuando venga el Pastor principal (1 P 5:7).

Martin Schleske es un fabricante de violines que ha aprendido mucho sobre la vida espiritual y el liderazgo. Fabrica dichos instrumentos con sus manos hábiles y gran esmero. De forma maravillosa, expresa la vocación del músico, que, a mi parecer, se asemeja a la confianza sagrada que se deposita en los ministros:

> «El apremio sobre tus hombros solo desaparece cuando entiendes tu vocación: reconfortas, tocas y bendices los corazones. En tu música haces audible el lenguaje del cielo para que podamos soportar este mundo y amarlo a pesar de todas sus adversidades. Anima nuestra alma. Si eres músico, debes comprender el significado de tu vocación. No eres un intérprete de tus habilidades, sino un servidor con permiso para bendecir a la gente […]. No subes al escenario para mostrar lo que puedes hacer; vas allí porque Dios quiere hablar a través de tu sonido. Él

conoce las necesidades y circunstancias de las personas que te escuchan y sabe cómo bendecirlas. Por eso estás llamado a ser un instrumento».[11]

Los ministros somos instrumentos en las manos del Señor. Nuestras vidas y llamados al liderazgo resultan una confianza sagrada; no son nuestros, así que ¡no podemos desperdiciarlos! Entonces, ¿oiremos: «Bien, siervo bueno y fiel; entra en el gozo de tu señor»?

## LA ETERNIDAD EN NUESTROS CORAZONES

Fuimos creados para ser eternos. En Eclesiastés vemos un atisbo de lo que sentimos en lo profundo de nuestro ser: Dios ha puesto eternidad en nuestros corazones (Ec 3:11). En este breve paréntesis que llamamos *tiempo*, nosotros, junto a la creación caída, anhelamos y gemimos porque todo sea hecho nuevo (Ro 8:19-25). Cada líder pastoral debe oír con atención las palabras del apóstol Juan cuando tuvo la visión del Cordero que fue inmolado por nosotros, que será nuestro pastor eterno: «Pues el Cordero que está en medio del trono los pastoreará y los guiará a manantiales de aguas de vida, y Dios enjugará toda lágrima de sus ojos» (Ap 7:17).

Dallas Willard, que tocó tantas vidas, incluida la mía de forma tan profunda y transformadora, acostumbraba a orar por quienes estaban con él. Quería que viviéramos una vida radiante y tuviéramos una muerte esplendorosa. Como discípulo de Jesús, vivió y murió por lo que creía y por lo que oraba. Gary Moon, quien estaba con él en su último suspiro, describe el momento:

> «Con una voz más clara de lo que [Gary] había escuchado durante esos días, inclinó un poco la cabeza hacia atrás y con los ojos cerrados dijo: «gracias». Gary no sintió que Dallas le hablaba a él, sino a otra presencia que su amigo percibía en la habitación; «gracias», esa fue la última palabra de Dallas Willard a un Dios muy presente y ahora finalmente visible para él».[12]

Quien más amaba su alma, el que había puesto eternidad en su corazón, lo había rescatado, guiado, amado y enseñado, lo acogió en su presencia y en su hogar celestial.

Pastor, deseo que guardes la eternidad en tu alma, vivas una vida radiante y experimentes una muerte esplendorosa. Que termines bien tu carrera, lleno de esperanza, regocijo y un corazón agradecido. Que al cruzar la línea de meta, las palabras de Andraé Crouch sean un tributo al Señor Jesucristo: Todo lo que soy y lo que espero ser, te lo debo a ti.[13]

# AGRADECIMIENTOS

Hace muchos años me dijeron que los libros que leemos, las personas de las que nos rodeamos y las decisiones que tomamos a diario relatan la verdadera historia de nuestras vidas. En muchos sentidos, las palabras de las páginas de este volumen reflejan a otros autores que han sido mis maestros, así como a personas increíbles con quienes he tenido el privilegio de codearme en mi vida y en mi trabajo. No las puedo nombrar a cada una, han sido un regalo de gracia para mí. Aunque no tenga espacio para mencionar sus nombres, ustedes saben quiénes son y espero que sepan lo mucho que les agradezco.

Este proyecto de escritura no se habría emprendido ni completado sin el continuo estímulo de mi esposa, Liz, quien no solo consideró importante hacerlo, sino que también laboró con diligencia y sacrificio para sacar el tiempo necesario en nuestras agendas y poder concretar. Hizo sabios aportes al manuscrito y su hermoso corazón y sus perspicaces reflexiones asoman en cada capítulo.

Mi colega pastoral más joven, Joseph Luigs, me ha acompañado en cada paso del camino. Su constante aliento, mente brillante y su incansable ayuda para dar forma y remodelar el manuscrito fueron de extrema importancia. Gracias por tu aguda perspectiva generacional, tu gran ética de trabajo y nuestra creciente amistad, que es un verdadero tesoro. Steve Harvey es un apreciado amigo desde hace mucho tiempo que sirve con honradez como mi colega administrativo. Ha hecho una enorme labor

al coordinar mi agenda y gestionar cada detalle. Steve, sin ti, no podría
llevar a cabo lo que Dios me ha llamado a hacer.

Les agradezco a Chris Armstrong, Jeff Wright y Andrew Jones, quienes estuvieron dispuestos a ser los primeros lectores del manuscrito. Sus
útiles críticas, amable estímulo y sabiduría orientadora no tienen precio.
Permítanme agradecer en especial a Chris Brooks por su alentadora amistad, por creer tan firmemente en esta idea y escribir el prólogo.

Colaborar con InterVarsity Press ha sido, una vez más, un verdadero
placer para mí. Me encanta su excelente desempeño y su misión de glorificar a Dios. De principio a fin, Cindy Bunch ha apoyado con fervor este
libro y con sus hábiles manos ha dado cuerpo a su desarrollo, de forma
maravillosa, de principio a fin. Rachel Hastings ha sido una increíble edi-
tora del proyecto, ¡haciendo que este libro sea mucho mejor a cada paso
del camino! Cindy y Rachel, ¿saben qué?: escalaría cualquier montaña de
manuscritos con ustedes a mi lado.

Quiero dar las gracias a mis estimados colegas de Made to Flourish,
Matt Rusten y Kevin Harlan, así como a todo nuestro personal nacional
y a los coordinadores de la red de ciudades. Gracias por el privilegio
de servir con ustedes en una misión importantísima para entrenar a los
pastores y a sus iglesias y estimularlos a integrar la fe, el trabajo y la sabiduría económica para el florecimiento de sus comunidades. Estoy muy
agradecido a los miembros de la junta directiva de Made to Flourish,
Rod Brenneman, Lisa Slayton, Kyle Bode, Jeff Wright, Chris Brooks, Bill
Wells y Scott Gulledge, quienes han apoyado este proyecto de escritura y
sirven con honradez, tan aguda sabiduría e incansable devoción.

Uno de los dones de gracia más preciados de mi vida y mi trabajo es
la alentadora amistad y el generoso apoyo de la familia Kern, el personal
y la junta de la Fundación de la Familia Kern. Estoy muy agradecido
de que, en la buena y misteriosa soberanía de Dios, nuestros caminos se
hayan cruzado y nuestros corazones se hayan unido en una tarea digna.
Mantengan el gran esfuerzo que hacen para promover y fomentar el
bien común. Están escribiendo una historia maravillosa y forjando un
legado duradero.

Estoy profundamente agradecido por el alto privilegio de servir a la familia de Christ Community Church desde hace más de tres décadas. Mis ojos se llenan de lágrimas de gozo al saber que he tenido un asiento de primera fila en el desarrollo, el crecimiento y la influencia de una congregación local tan notable. Ha sido un recorrido muy estimulante. Cada uno de ustedes que llama a la Comunidad de Cristo su hogar, continúa enseñándome lo que significa ser un líder pastor y un aprendiz de Jesús, dando frutos con alegría en el terreno escabroso de la fe valiente. En especial, deseo agradecer a la junta de ancianos de la Comunidad de Cristo su fiel liderazgo, así como su alentador apoyo para este libro. También expreso mi profunda gratitud a mis colegas pastorales y a la plantilla de la Comunidad de Cristo, quienes son colaboradores que alientan y sabios maestros en mi vida. Mi gratitud especial a Nathan Miller, Mark Askins, Andrew Jones, Reid Kapple, Bill Gorman, Gabe Coyle y Tim Spanburg, que siempre pastoreen el rebaño con integridad de corazón y manos hábiles.

En esta etapa de llevar una rutina más saludable, una intimidad más profunda con Cristo y disponer de una mayor creatividad en mi vida y trabajo, Dios me ha hecho un regalo precioso con la amistad y el entrenamiento de Bill Hendricks. ¡Qué alegría ha sido, Bill, volver a conectar contigo luego de muchos años! Estoy muy agradecido por tu profunda experiencia, tu notable conocimiento y tu limpio carácter. En varias ocasiones me has exhortado a administrar y compartir lo que se me ha dado a una nueva y creciente generación. Confío en que este libro sea una respuesta tangible a tu apremio. Gracias por eso y que tu alma sienta calidez cuando lo leas.

Por último, quiero agradecer a todos los pastores por su servicio a la novia de Cristo. Ustedes son fundamentales y su llamado es básico. Sea cual sea el contexto ministerial en el que Dios los ha colocado y las circunstancias a las que se enfrentan, mi oración es que experimenten la dulce e inconfundible presencia del buen pastor en sus vidas, quien se complace en ustedes y los escogió. Que sepan en lo más profundo de sus corazones que Jesús, el buen pastor, se deleita en ustedes. Que puedan pastorear con integridad de corazón y manos hábiles, y mantengan la buena noticia del evangelio cerca del alma. Que vivan cada día con la eternidad en su interior, apoyándose en esa esperanza llena de certeza de escuchar al fin: «Bien, siervo bueno y fiel; entra en el gozo de tu señor».

*Soli Deo gloria*

# GUÍA DE DEBATE

*Introducción y capítulo 1:*
*Una vocación en crisis*

**REFLEXIONA**

1. Según Nelson, cuando un pastor fructifica, ¿qué otras entidades también lo hacen?
2. Según el autor, ¿qué fuerzas externas y realidades internas hacen del liderazgo pastoral «una vocación en crisis»?
3. Algunos ministros siguen tres caminos que los convierten en «pastores sin rumbo; ¿cuáles son?
4. ¿Cómo inciden los amores desordenados en cada uno de los paradigmas de liderazgo del primer capítulo?
5. ¿Qué factores contribuyen al surgimiento de un pastor famoso?

**RELACIONA**

1. Nelson afirma que los pastores jóvenes ven «pocos casos de pastores que fructifican a lo largo del liderazgo pastoral». ¿Qué líderes pastorales fructíferos o estériles te han influido?
2. Nelson indica que «las disciplinas espirituales clásicas, la neurobiología interpersonal y la teoría del apego» forman parte de su formación pastoral. ¿Qué prácticas y disciplinas han afectado más a su propia formación como ministro?
3. Dietrich Bonhoeffer afirmó: «Los hombres que albergan ideas de congregaciones utópicas, le exigen a Dios, a sus prójimos y a ellos

mismos el cumplimiento de sus anhelos […]. Entonces, cuando su idea se destruye y ven que la congregación se va al garete, comienzan a acusar a sus hermanos, luego al Señor, y al final, a sí mismos». ¿Cuándo has visto este patrón en ti mismo o en otros?

4. ¿Qué modelo de eficacia pastoral se ha presentado como el idóneo en tu iglesia, tu denominación o tu mente? ¿Cómo se parece a los «caminos peligrosos» que Nelson expone?

## APLICA

1. En tu caso, ¿cómo supiste que Dios te llamaba a la vocación pastoral?

2. Al igual que Dave, el amigo de Tom Nelson, ¿cuándo has sentido que sonríes por fuera, pero mueres por dentro?

3. ¿En cuál de los pastores «extraviados» corres más peligro de convertirte? ¿Qué ídolos del corazón lo sugieren?

4. ¿Qué relaciones necesitas reavivar o buscar de tal manera que aumentes el vínculo que da vida y evita que te aísles?

## SEGUNDA SESIÓN

### Capítulo 2: Hallar el camino de regreso y
### Capítulo 3: El Señor es mi pastor

## REFLEXIONA

1. ¿A qué se refiere Nelson con el «norte verdadero»? ¿Cómo lo expresarías con tus palabras?

2. ¿Por qué es importante que los pastores acepten la verdad de que «El evangelio tiene que ver con una persona»?

3. ¿Cuáles son los «cinco puntos de referencia» de Nelson para el viaje como líder pastoral?

4. El llamado del líder pastor es «proveer, proteger y guiar». A quién (y qué) proveen, protegen y guían los pastores?

5. ¿Qué quiere decir Nelson cuando afirma que: «Los ministros que guían bien son bien guiados»?

## RELACIONA

1. A. W. Tozer afirmó: «Lo que nos viene a la mente cuando pensamos en Dios es lo más importante de nosotros». ¿Qué viene a tu mente?

2. ¿Cómo te ves reflejado en la historia de las buenas noticias de la «creación original, caída, redención y nueva creación» y cómo la encarnas?

3. ¿Qué desafíos presenta la capacidad de los líderes pastorales para ver y aceptar que «La quietud y el anonimato son indispensables»?

4. ¿Cómo estás trabajando en tu competencia de liderazgo? ¿De qué manera puedes comunicar dentro de tu iglesia la importancia de crecer en esta área?

5. ¿Cómo podríamos nosotros, y otros pastores, ser más fructíferos al saber que nuestro pastor nunca nos abandonará?

## APLICA

1. Practica contar la «historia de cuatro capítulos» a ti mismo, a tus colegas pastores o a un mentor. ¿De qué forma este relato alienta tu corazón, alma, cuerpo, mente y palabras? ¿Cómo se aplica esta historia a la vocación pastoral?

2. Gálatas 4:9 expresa: «Pero ahora que conocen a Dios, o más bien, que son conocidos por Dios». ¿Consideras y sientes que te conoce? Hay algo en tu interior que se resiste a ser conocido por el Señor?

3. ¿En qué horizonte temporal te has centrado en tu ministerio? ¿Cómo se relaciona esto con los éxitos o las luchas que enfrentas?

4. Lee el Salmo 23 en voz alta y medita en el liderazgo pastoral que Dios ejerce sobre ti, específicamente en tu vocación pastoral.

5. ¿Qué gran necesidad o desafío, relación rota u otra circunstancia necesitas poner en las manos amorosas, solícitas y capaces de Dios? Tómate un tiempo ahora mismo para hacerlo.

## TERCERA SESIÓN

*Capítulo 4: La vida integral*
*Capítulo 5: El aprendizaje con Jesús*
*Capítulo 6: En busca de la plenitud*

### REFLEXIONA

1. ¿Qué significa que «la integridad es una realidad ontológica»?
2. Nelson afirma que vivir *coram Deo* (ante Dios) es «cultivar en todo momento la intimidad con él y realizar todas nuestras obligaciones». ¿Cuáles son las semejanzas y diferencias de estas formas de vida?
3. «Si intentamos vivir el gran mandamiento sin ser aprendices de Jesús, entonces lo convertimos en el gran fraude» y «la gran comisión se convierte en la gran omisión». Explica qué quiere decir Nelson.
4. ¿Cuáles temas sobre el cuidado personal resultan adecuados para un ministro?

### RELACIONA

1. ¿De qué modo la comprensión de la vida integral redefine una vida influyente? ¿Quién ha mostrado este tipo de influencia contigo?
2. ¿Recuerdas al amigo de Nelson que le sugirió que su lenguaje egocéntrico quizás reflejaba un deseo de quedar bien ante los demás? ¿Alguien alguna vez te advirtió en cuanto a las palabras que empleaste durante la predicación? ¿Cómo reaccionaste?

3. ¿En qué se diferencia la unidad con Jesús de cualquier otro modelo de liderazgo pastoral?

4. ¿Qué ha sido lo más cercano a una relación de aprendizaje que has experimentado en tu vida? ¿Cuáles conocimientos «tácitos» adquiriste de esa persona?

5. ¿Cómo procuras «la belleza» en tu vida y entorno familiar? Menciona algunos ejemplos de medidas que has tomado o que pudieras tomar.

## APLICA

1. ¿De qué forma tu interior manifiesta una compartimentación? ¿Hay algún área de tu vida que esté hoy fuera de los límites de la guía, el estímulo, el consuelo y la transformación de la presencia de Jesús? Busca un director espiritual o un pastor amigo que te ayude a descubrir cualquier área de desobediencia voluntaria. Confía en que la confesión sanadora y el arrepentimiento que cambia el corazón serán invaluables tanto para ti como para aquellos a quienes sirves como líder pastoral.

2. Lee Mateo 11:28-30 imagina que Jesús te habla en cuanto a tu llamado de liderazgo pastoral. ¿Cómo has respondido a su gran invitación?

3. ¿De qué forma específica buscas la integridad completa, es decir: llevar una vida virtuosa, hacer relaciones, ver sin fisuras y andar con sabiduría? ¿En cuál de estos puntos estás fallando?

4. ¿Qué prioridad tiene en tu vida el cuidado de tu cuerpo, en particular, de tu salud física? ¿Cómo estás implementando el principio sabático? ¿Cómo estás, sin piedad, eliminando las prisas de tu vida?

5. ¿Cómo te ha formado o deformado tu familia? ¿Cómo el estrés, las enfermedades, la irritabilidad, los olvidos y los conflictos en las relaciones te afectan? Considera la posibilidad de acudir a un consejero que te ayude en la obtención de bienestar emocional y madurez de carácter.

## CUARTA SESIÓN

### *Capítulo 7: Una presencia fiel*
### *y Capítulo 8: Lograr una cultura fructífera*

**REFLEXIONA**

1. ¿Cómo define Nelson las «manos hábiles»?
2. ¿De qué manera los pastores tienen el «papel de desarrolladores institucionales» dentro de sus iglesias?
3. Enumera las cuatro condiciones básicas para una cultura organizativa fructífera en una iglesia local.
4. ¿Cuál es la diferencia entre una declaración de misión y un «erizo»?

**RELACIONA**

1. Nelson afirma: «Discernir las características de nuestra época exige una serie de elementos: estudiar la historia de forma meticulosa, oír con atención y observar con cuidado a quienes conforman la cultura más amplia, es decir, la educación, la economía, los medios de comunicación, el cine, la tecnología, el arte y la política». ¿Cuáles recursos tienes a mano? ¿En qué áreas estás menos preparado?
2. ¿Cómo se corresponde la descripción de Nelson de la «presencia fiel» con el rol de tu iglesia local en la comunidad?
3. Nelson escribe sobre la Galería de los Cuatro Capítulos en su campus del centro de la ciudad. ¿Qué otras iniciativas eclesiásticas conoces que trabajan junto a los artistas, que compartan la hermosura de la naturaleza o que promuevan de otra forma la verdad, la misericordia y la belleza?
4. ¿De qué forma tus experiencias con el liderazgo de la iglesia confirman o desafían la idea de que, como pastores, «debemos tomarnos en serio nuestro encargo, pero también necesitamos ver las relaciones como algo primordial»?

5. «Los ministros se esfuerzan por no olvidar el pasado y lo mantienen vivo a través de las narraciones». ¿De qué manera lo has hecho tú? ¿Qué tipo de relato es el que más necesita tu iglesia en este momento?

## APLICA

1. Examina tu corazón y descubre si existe un espíritu competitivo con otros pastores u organizaciones de tu comunidad. Determina adoptar una mentalidad de reino. ¿Cómo podrías servir y apoyar a otros ministros de tu comunidad? ¿Qué asociaciones colaborativas para el bien común pudiera hacer tu iglesia?

2. Los pastores crean el «tono» de las relaciones de la iglesia al propiciar que las mismas sean estrechas y afectuosas. ¿Qué ocasiones les brindas a los feligreses para que se conecten de modo más profundo en grupos pequeños? ¿Están tus ovejas conociendo a otras y a la vez siendo conocidas?

3. ¿Cómo has experimentado la «tentación de empequeñecer la doctrina, descartar, encubrir, distorcionar o incluso omitir la verdad bíblica que se opone a la cultura contemporánea»? ¿Cómo has respondido a la misma?

4. ¿Cuáles son los valores fundamentales que se definen con claridad en tu iglesia local? ¿De qué manera los comunicas? ¿Cómo orientas a los nuevos miembros del personal y de la congregación en cuanto a los mismos? ¿Qué valores fundamentales necesitan mayor atención?

5. ¿Cómo evalúas el ejercicio de los valores fundamentales en tu iglesia, en el personal y en las partes interesadas? Considera la forma en que puedes obtener información de los demás en cuanto al modo en que los perciben.

## QUINTA SESIÓN

### *Capítulo 9: Conectar el domingo con el lunes*
### *Capítulo 10: Una nueva tarjeta de evaluación*
### *y Capítulo 11: Terminar bien*

**REFLEXIONA**

1. Explica el uso que hace Nelson del término «mala praxis pastoral» por no preparar a la congregación para el contexto del lunes.

2. ¿Qué quiere decir el autor con «estructuras de certeza», y cómo los cristianos que realizan una labor excelente y a semejanza de Cristo las alteran?

3. Precisa las «cinco señales de pastoreo hábil» que, según Nelson, resultan básicas en la tarjeta de evaluación del ministerio pastoral

4. ¿Cuáles son los cuatro principales elementos que pudieran impedir que un pastor termine bien?

5. ¿Qué son los «cisnes negros» y cómo los ministros los superan fielmente?

**RELACIONA**

1. ¿Cuáles profesiones están representadas en tu iglesia? ¿Cómo puedes saber más sobre cómo tus feligreses pasan la mayor parte de su tiempo?

2. ¿De qué manera has afirmado el campo de misión del «trabajo» durante los servicios de culto dominicales? ¿Qué otras prácticas piensas incorporar? (Ver la sección «Llevar el lunes al domingo»).

3. ¿En qué se parecen y en qué se diferencian tu «tarjeta de evaluación» pastoral externa (como un examen del desempeño) y tu «tarjeta de evaluación» pastoral interna?

4. ¿Cómo has visto a otros líderes pastorales invertir sus vidas en las personas e instituciones que les sobrevivirán?

5. Lee 2 Timoteo 4:6-7. ¿Cómo se relacionan las metáforas militar, deportiva y económica de este pasaje con otros pasajes de la Escritura que abordan la fidelidad a largo plazo?

## APLICA

1. Pídele a Dios que escudriñe tu corazón y que saque de él la idea sutil de que aquellos que no están empleados en el ministerio vocacional son «ciudadanos de segunda clase» o meros proveedores de la economía necesaria para el trabajo «real» de la iglesia. Pon atención en las palabras que utilizas la próxima semana y reflexiona sobre cómo revelan la actitud de tu alma.

2. Comienza a pensar y a orar sobre la mejor manera de influir en tu iglesia para que se acerque a los feligreses en sus puestos de trabajo.

3. Si Jesús hiciera tu revisión anual, ¿qué opinaría del individuo en que te estás convirtiendo, el orden de tus amores y tu forma de liderar?

4. ¿Cómo inviertes tu vida y sabiduría en un grupo más pequeño de líderes?

5. ¿Cómo seguirás creciendo en mayor intimidad para mantenerte curioso y obediente en tu caminar con Jesús? ¿De qué manera ejercitas y practicas la disciplina a la vez que te relacionas íntimamente con él?

# NOTAS

## INTRODUCCIÓN

[1] Aunque los términos *vocación* y *llamado* se emplean siempre como sinónimos, aquí usamos la frase más contemporánea *llamado vocacional* para referirnos a la encomienda que Dios nos ha dado.

[2] Ver los siguientes libros y artículos que emplean diversas metodologías para analizar el estado de los pastores en el ministerio: Barna Group, *The State of Pastors: How Today's Faith Leaders Are Navigating Life* y *Leadership in an Age of Complexity* (Ventura, CA: Barna Group, 2017); Matt Bloom y The Flourishing in Ministry Project, «Flourishing in Ministry: Emerging Research Insights on the Well-Being of Pastors» (Notre Dame, IN: Mendoza College of Business, 2013): https://wellbeing.nd.edu/assets/198819/emerging _insights_2_1_.pdf; M. Chaves y A. Eagle, « Following Wave III: Religious Congregations in 21st Century America» (Durham, NC: Department of Sociology, Duke University, 2015): https://sites.duke.edu/ncsweb/files/2019/02/NCSIII_report_final.pdf; Holly G. Miller, « Sustaining Pastoral Excellence: A Progress Report on a Lilly Endowment Initiative» (Durham, NC: Leadership Education at Duke Divinity, 2011); R. J. Proeschold-Bell y J. Byassee, *Faithful and Fractured: Responding to the Clergy Health Crisis* (Grand Rapids, MI: Baker Academic, 2018).

## 1 UNA VOCACIÓN EN CRISIS

[1] Ver el informe completo en Matt Bloom, *Flourishing in Ministry: How to Cultivate Clergy Wellbeing* (Lanham, MD: Rowman & Littlefield, 2019). Bloom ofrece un resumen:

> «Parece que los ministros hoy en día encuentran su trabajo demasiado exigente. Encontramos que muchos pastores experimentan altas demandas de trabajo y niveles de estrés relacionados con el mismo. Nuestros datos muestran que un número considerable de ellos reportan bajos niveles de equilibrio entre el trabajo y la vida. Algo alarmante es que más de un tercio de los pastores exhiben niveles de agotamiento entre altos y graves. Estos datos son claros indicadores

de que algunos pastores, demasiados en nuestra opinión, están sobrecargados
[…]. El potencial de sobreinversión en el trabajo ministerial es alto porque no
encuentran el punto de inflexión entre el compromiso positivo y el exceso de
sacrificio, entre la fatiga debida a un trabajo ministerial bien hecho y el agotamiento debido a la sobreinversión».

[2] Bloom, *Flourishing in Ministry*, 6.

[3] Henri J. M. Nouwen, *In the Name of Jesus: Reflections on Christian Leadership* (Nueva
York: Crossroad Publishing, 1989), p. 20.

[4] «El marco inmanente» es un término del filósofo Charles Taylor que describe la pérdida de la plausibilidad de una realidad trascendente en el Occidente secular. Una
explicación más amplia se encuentra en el capítulo siete. Ver Charles Taylor, *A Secular
Age* (Cambridge, MA: Harvard University Press, 2007).

[5] Notar la explicación más amplia en Ralph H. Alexander, *Ezekiel*, TEBC (Grand
Rapids, MI: Zondervan, 1986), p. 911:

> Los líderes de Israel solo habían pensado en sí mismos y en las ganancias ma-
> teriales. No se habían preocupado por el «rebaño» (v. 3). En lugar de alimentar
> a las ovejas, se alimentaban de ellas. Satisfacían sus necesidades, no las del pue-
> blo. No atendían a los pobres, los débiles o los enfermos. No habían buscado
> a las ovejas perdidas. Poco les importaba lo que le ocurriera al pueblo mientras
> ellos tuvieran resueltos todos sus problemas. Gobernaban con extrema dureza
> (v. 4). El Señor deja claro que un líder, en primer lugar, tiene la obligación de
> cuidar a quienes dirige, aunque tenga que sacrificar sus propios intereses […].
> La falta de liderazgo siempre conduce a la desintegración del pueblo de Dios,
> el sufrimiento y el daño individual y corporativo. El liderazgo conlleva una
> gran responsabilidad.

[6] El mensaje en Ezequiel 34 no solo es impactante, sino además esperanzador. El profeta
anuncia que Dios mismo asumirá el rol de pastor (Ez 34:11-12) y que luego nombrará
a alguien para este fin en la línea de David (Ez 34:23-24). El Señor, en estas dos personas, Dios y el rey davídico, señala al Hijo encarnado: el pastor perfecto que Israel tanto
anhela (cp. Jn 10:11).

[7] Para San Agustín, el amor ordenado conlleva a la virtud y el desordenado al vicio. En
realidad, la idolatría es lo que produce el amor desordenado. No obstante, si nuestros
amores poseen el orden correcto entonces podemos amar todas las cosas con mesura y
sabiduría. De esta manera, nos comportamos de forma correcta, ya que según el santo
africano: somos lo que amamos. Por tanto, la forma en que amamos algo es lo que
puede ser negativo, no el algo como tal. «Esto se cumple para todo lo creado; aunque es
bueno, podemos amarlo de la forma correcta o incorrecta. La primera, si mantenemos
el orden adecuado. La segunda, si altermos dicho orden». Ver San Agustín, *La ciudad
de Dios*, XV.22.

[8] David French, «The Crisis of Christian Celebrity», *The French Press*, consultado el
14 de diciembre del 2020: https://frenchpress.thedispatch.com/p/the-crisis-of-chris-
tian-celebrity. Ver también el artículo de Ben Sixsmith Hillsong's Carl Lentz en «The
Sad Irony of Celebrity Pastors», *The Spectator*, 6 de diciembre del 2020: https://specta-
tor.us/life/sad-irony-celebrity -pastors-carl-lentz-hillsong/.

[9] French, «Crisis of Christian Celebrity».

[10] Es decir, los efectos de la «valentía líquida».

[11] Sus palabras son: «Es necesario que Él [Cristo] crezca, y que yo disminuya» (Jn 3:30).

[12] Proverbios 29:18 Varias traducciones han contribuido a reforzar la idea de visión: «Donde no hay visión, el pueblo se extravía; ¡dichosos los que son obedientes a la ley!» (NVI); «Donde no hay visión, el pueblo se desenfrena, pero bienaventurado es el que guarda la ley».

[13] La NVI traduce Proverbios 29:18: «Donde no hay visión, el pueblo se extravía; ¡dichosos los que son obedientes a la ley!». La NBLA traduce Proverbios 29:18: «Donde no hay visión, el pueblo se desenfrena, pero bienaventurado es el que guarda la ley». La palabra hebrea aquí es *kjazón*. Según Warren Baker y Eugene Carpenter, *The Complete Word Study Dictionary: Old Testament* (Chattanooga, TN: AMG Publishers, 2003), p. 325, *kjazón* se entiende mejor como «revelación por medio de una visión […] [en la que] la esencia primaria de la palabra no es tanto una visión o un sueño, sino más bien un mensaje que se transmite. Significa la comunicación directa y específica entre Dios y el pueblo a través del oficio profético». Observar que *revelación* transmite mejor la idea, ya que *visión* es un prototipo semántico que implica ver algo en el futuro o poseer una mirada perspicaz, lo que, en última instancia, pone en primer plano al vidente, mientras que la revelación trae el pensamiento de que Dios se comunica con el pueblo. John Goldingay sigue este prototipo semántico. Prefiere el término revelación y acepta la traducción «donde no hay revelación» para expresar «donde se ignora la revelación de Dios»; Ver John Goldingay, *Proverbs of Solomon*, NBC (Downers Grove, IL: InterVarsity Press, 1994), p. 604. En otras palabras, el autor de Proverbios quiere que los lectores presten atención a la palabra revelada de Dios en los oráculos proféticos al igual que lo hacen con la ley. Esto es evidente en el paralelismo negativo-positivo de «la falta de revelación conduce a la no restricción» (negativo) y «guardar la ley conduce a la bendición» (positivo). En el hebreo la revelación es paralela a la ley en un patrón ABAB libre. Por lo tanto, es evidente que no se trata de una «visión» como se utiliza en el lenguaje pastoral de hoy.

[14] Notar que la palabra traducida como «ley» es la palabra hebrea *torá*, que aquí se refiere específicamente a los cinco primeros libros del Antiguo Testamento.

[15] Dietrich Bonhoeffer, *Life Together* (Nueva York: HarperCollins Publishers, 1954), p. 15.

[16] Jim Bakker, *I Was Wrong* (Nashville: Thomas Nelson Publishers, 1996), p. 471.

[17] Ver Lynsey M. Barron y William P. Eiselstein, «Report of Independent Investigation into Sexual Misconduct of Ravi Zacharias» (Informe de la investigación independiente sobre la mala conducta sexual de Ravi Zacharias), informe publicado por Miller and Martin, PLLC, 9 de febrero de 2021, https://s3-us-west-2.amazonaws.com/rzimmedia.rzim.org/assets /downloads/Report-of-Investigation.pdf.

[18] He tenido tristes encuentros con personas que salen de entornos visionarios abusivos y perjudiciales. Tres ejemplos patentes de esto han sido: International House of Prayer, Willow Creek Community Church y Harvest Bible Chapel.

[19] Ver Jim Collins, *Good to Great* (Nueva York: Harper Business, 2001). Collins identifica las características que diferencian a las grandes organizaciones de las buenas, entre las que se encuentra el abandono de un modelo de liderazgo que centraliza una figura: «En contraste con las [grandes] empresas, que construyeron equipos ejecutivos profundos y fuertes, muchas de las [buenas] empresas siguieron un modelo de «genio con mil

ayudantes». En este modelo, la empresa es una plataforma para el talento de un individuo extraordinario» (pp. 45-46). Esto contrasta con el líder de una gran organización, «que mezcla una extrema humildad personal con una intensa voluntad profesional» (21).

[20] Bloom, *Flourishing in Ministry*, 81.

[21] Rae Jean Proeschold-Bell y Jason Byassee, *Faithful and Fractured* (Grand Rapids, MI: Baker Academic, 2018), p. 74.

[22] Bob Burns, Tasha D. Chapman y Donald Guthrie, *Resilient Ministry* (Downers Grove, IL: InterVarsity Press, 2013), p. 20.

[23] Barna Group, *The 2017 State of Pastors* research presentation: www.barna.com/watchpastors2017/.

[24] Johanna Flashman, «Alex Honnold Completes First Free Solo of El Capitan», *Climbing*, 6 de junio del 2017: www.climbing.com/news/alex-honnold-completes-first-free-solo-of -el-capitan/.

[25] *Free Solo*, dirigido por Jimmy Chin y Elizabeth Chai Vasarhelyi, con Alex Honnold (National Geographic, 2018), en streaming (Disney+, 2021).

[26] Nouwen, *In the Name of Jesus*, pp. 40-41.

## 2 HALLAR EL CAMINO DE REGRESO

[1] Las palabras del filósofo, Immanuel Kant, leídas en el Planetario Adler de Chicago me llenan de un profundo estupor: «Dos cosas me asombran: el cielo sobre mí y la ley moral dentro de mí». Es una adaptación de la cita completa: «Dos cosas llenan la mente de una admiración y asombro siempre nuevos y crecientes, cuanto más frecuente y con más constancia reflexionamos sobre ellas: el cielo sobre mí y la ley moral dentro de mí». Immanuel Kant, «Conclusión», en *Critique of Practical Reason*: www.gutenberg.org/files/5683/5683-h/5683-h.htm#link2H_CONC.

[2] A.W. Tozer, *The Knowledge of the Holy* (Nueva York: Harper & Brothers, 1961), p. 9.

[3] Las categorías típicas que se atribuyen a estas dos realidades son revelación general y especial. El Artículo 2 de la Confesión Belga habla del «libro selecto» que tenemos ante nuestros ojos, el mundo creado que nos rodea, que nos da a conocer algo de Dios. Pablo lo refleja en Romanos 1:20 y el salmista en Salmos 19:1-6. Sin embargo, el segundo libro proporciona la revelación especial y final de Dios en Jesucristo. Solo el contenido de este texto es la palabra inspirada de Dios, necesaria y suficiente para nuestra salvación. Ver 2 Timoteo 3:16-17; 1 Corintios 2:13; 1 Pedro 1:10-11; Romanos 10:10-15.

[4] Quiero dar las gracias a mi amigo, Mike Metzger, que discursó en nuestra comunidad de fe y ayudó a traducir esto en el *debería*, el *es*, el *puede* y el *será*.

[5] Simon Sinek, *Start with Why* (Nueva York: Penguin Group, 2009), p. 39.

[6] La primera pregunta del Catecismo Menor de Westminster es: ¿Cuál es el fin principal del hombre? La respuesta: «glorificar a Dios, y gozar de él para siempre».www .opc.org/sc.html.

[7] La historia bíblica de David incluye los valles más profundos del quebranto humano y también las montañas más altas de la intimidad. Incluso en esta combinación, los autores bíblicos presentan toda la historia de David como un ejemplo a seguir.

[8] Ver Timothy S. Laniak, *Shepherds After My Own Heart* (Downers Grove, IL: InterVarsity Press, 2006). Ver también su sitio web: www.ShepherdLeader.com.

[9] Timothy S. Laniak, *While Shepherds Watch Their Flocks* (Franklin, TN: Carpenter's Son Publishing, 2012), p. 17.

[10] Un pastor amigo mío, John Yates, lo expresa de esta manera: «Si no amas a la gente, estás en el negocio equivocado».

[11] Larry Osborne, *Lead Like a Shepherd* (Nashville: Thomas Nelson, 2018), p. 41.

[12] Laniak, *While Shepherds Watch Teir Flocks*, p. 24.

[13] El capítulo cuatro brinda una definición bastante completa de la integridad y de la palabra hebrea que se utiliza en el Antiguo Testamento. Por ahora, lo que es importante señalar es la gama semántica que incluye la plenitud, la rectitud y la integridad. Describe una forma de vivir que implica un vínculo trascendente con un Dios inmanente.

[14] Escrito por Robert Lowry.

[15] Agradezco a mi amigo Stephen Garber la gran frase «túnica de fidelidad».

[16] Bob Burns, Tasha D. Chapman y Donald Guthrie, *Resilient Ministry* (Downers Grove, IL: InterVarsity Press, 2013), p. 26.

## 3 EL SEÑOR ES MI PASTOR

[1] Larry Osborne, *Lead Like a Shepherd* (Nashville: Thomas Nelson, 2018), p. 21.

[2] Martín Lutero, trans. Frederick H. Hedge, «Castillo fuerte es nuestro Dios», compuesto entre 1527-29.

[3] Eugene H. Peterson, *Working the Angles: The Shape of Pastoral Integrity* (Grand Rapids, MI: Eerdmans, 1989), p. 166.

[4] Peterson, *Working the Angles*, p. 57.

[5] Dallas Willard, *Life Without Lack* (Nashville: Thomas Nelson Publishers, 2018), p. 1.

[6] Para más detalles del trasfondo del Salmo 23, Ver Frank E. Gaebelein, *The Expositors Bible* (Grand Rapids, MI: Zondervan Publishing, 1991), 5:214. «Su escenario original o situación en la vida es difícil de determinar. S. Gelinder concluye que el salmista era un rey que ante cualquier problemática confiaba en la capacidad de Yahvé para librarlo […] Jack R. Lundblom sugiere que el contexto del salmo es el desierto cuando David huía de Absalón».

[7] Henri J. M. Nouwen, *Show Me the Way* (Nueva York: The Crossroad Publishing Company, 1992), p. 106.

[8] Ver el excelente trabajo de Timothy S. Laniak, *While Shepherds Watch Their Flocks* (Franklin, TN: Carpenter's Son Publishing, 2012). El autor proporciona claridad tanto cultural como exegética en torno a la naturaleza abarcadora del pastor que dirige. «Se utilizan tres verbos hebreos clave para dirigir un rebaño. *Najál* significa guiar con ternura y puede referirse a llevar un rebaño a un lugar de descanso y refresco. *Naká* [*najá*] es un verbo de guía directo. *Najág* sugiere el tipo de pastoreo directivo que se realiza mejor desde la parte trasera del rebaño, cuando hay que imponer la voluntad del pastor» (pp. 196-97).

[9] El mundo de crisis descrito por la Volatilidad, la Incertidumbre, la Complejidad y la Ambigüedad (VICA) impregna las expectativas de formación del liderazgo militar. Se conoce muy bien en la actualidad y se aplica a muchos campos diferentes. Ver, por

ejemplo, David Slocum, «Six Creative Leadership Lessons from the Military in an Era of VICA and COIN», Forbes, 8 de octubre del 2013: www.forbes.com/sites/berlins-choolofcreativeleadership/2013/10 /08/six-creative-leadership-lessons-from-the-mili-tary-in-an-era-of-vica-and-coin /#414aacf72a5b.

[10] Civilla D. Martin, «God Will Take Care of You», 1904.

[11] Dallas Willard, *Life Without Lack*, xvii.

## 4 LA VIDA INTEGRAL

[1] Francis Schaeffer, como yo, tuvo una profunda crisis de fe ante la carencia de trans-formación espiritual en su vida y en la de aquellos a quienes dirigía en la iglesia. De manera franca, escribe a su esposa, Edith, sobre su lucha: «Me siento triste por la falta de realidad y por no ver los resultados de los que habla la Biblia, esos que deberían verse en el pueblo del Señor. No hablo solo de la gente con la que trabajo en "El Movimiento", sino también de mí mismo. Creo que lo único verdadero es volver a meditar y examinar el cristianismo». Ver Francis Schaeffer, *True Spirituality* (Wheaton, IL: Tyndale House Publishers, 2001), p. xvi.

[2] Henry David Thoreau afirma: «Todos los hombres llevan una existencia de desespera-ción silenciosa», en *Walden* (Weymouth, MA: Great Pond Press, 2020), p. 11.

[3] Os Guinness, *The Call* (Nashville: Thomas Nelson, 2003).

[4] James Davison Hunter, *To Change the World* (Nueva York: Oxford University Press, 2010), p. 224.

[5] «Corazón» (*leb*) se utiliza 853 veces en el Antiguo Testamento y no tiene equivalente en español. A este órgano se le atribuyen las funciones del cuerpo (1 S 25:37-38), el intelecto (Pr 24:2), la voluntad (Éx 14:5) y los elementos espirituales (Pr 3:5). Harris, Archer y Waltke señalan que «el "corazón", en sus significados abstractos, constituye el término bíblico más rico para la totalidad de la naturaleza interna o inmaterial del hombre. Es el vocablo que más se usa en la Biblia para describir los desempeños espirituales del hombre. También constituye el más inclusivo para ellas, ya que, en la Escritura, casi todas las operaciones inmateriales de los seres humanos se atribuyen al "corazón"».Ver Laird Harris, Gleason Archer y Bruce Waltke, *Theological Workbook of the Old Testament* (Chicago: Moody Press, 1980), 466. Waltke amplía: «Resulta paradójico que los ojos y los oídos son puertas a los factores que moldean el corazón (Pr 2:2; 4:21-27), y este, a su vez, decide lo que aquellos ven y oyen», Bruce K. Waltke, *An Old Testament Theology* (Grand Rapids, MI: Zondervan, 2007), p. 226. Para una mayor descripción teológica y bíblica del «corazón», ver toda la sección de Waltke sobre *leb*, pp. 225-27.

[6] Dallas Willard, *Revolution of Character* (Colorado Springs: NavPress, 2005), p. 23.

[7] Curt Thompson, *Anatomy of the Soul* (Wheaton, IL: Tyndale House Publishers, 2010), p. 169.

[8] La ética busca la comprensión del deber moral, lo que las personas morales deben hacer (deontología). En este caso, la integridad se refiere a las acciones de un individuo íntegro, por ejemplo, decir la verdad. Por su parte, la ontología aborda la naturaleza del ser o de la existencia. Tibor Machan en su *Introduction to Philosophical Inquiries* (Boston: Allan and Bacon, 1977), p. 343, la define como: «La rama de la metafísica que estudia los tipos de ser que existen o pudieran existir, además de los tipos básicos

de elementos de la realidad». Que esta última sea una certeza ontológica significa que esta no se limita a prescribir las acciones de la persona, sino que prescribe la condición de la misma, una forma de ser: quién es alguien en el núcleo de su ser. La naturaleza misma del ser de alguien es integral.

[9] Los términos *tom* y *tamím* incluyen las formas sustantivas y adjetivas: *tom* como forma sustantiva y *tom* y *tamím* como formas adjetivas. Francis Brown, S. R. Driver y Charles A. Briggs, *A Hebrew and English Lexicon of the Old Testament* (Nueva York: Oxford University Press, 1952) traducen la forma sustantiva (*tom*) de diversas formas: llenura, integridad, plenitud, inocencia y sencillez (p. 1070). Las formas adjetivas (*tam* y *tamím*) son similares: completo, perfecto, sano y moralmente inocente (p. 1071). Por tanto, las ideas de acción moral y ética fluyen de la plenitud. No obstante, la idea no es la de autosuficiencia o perfeccionismo que se advierte en R. Laird Harris, Gleason L. Archer, Jr. y Bruce K. Waltke, *Theological Wordbook of the Old Testament* (Chicago: Moody Publishers, 2003), p. 974.

[10] En cuanto a su conexión con la vida sabia, en Proverbios hay un sinnúmero de usos para este grupo de términos (Pr 1:12; 2:7, 21; 10:9, 29; 11:3, 5, 20; 13:6; 19:1; 20:7; 28:6, 10, 18; 29:10). El Libro de Job también demuestra que el sufrimiento fiel requiere integridad (ver Job 1:1, 8; 2:3, 9; 4:6; 8:20; 9:20, 21, 22; 12:4; 21:23; 27:5; 31:6; 36:4; 37:16).

[11] La frase que se traduce como «anda delante de mí» es literalmente «camina ante mi rostro». La palabra hebrea *paním*, que significa rostro, con el imperativo «anda» da la idea de un paseo íntimo que es siempre ante y en la presencia de Dios. La cercanía se parece a caminar de la mano con un cónyuge, no ante un observador distante.

[12] Brother Lawrence, *Practicing the Presence of God* (Springdale, PA: Whitaker House, 1982), p. 59.

[13] Thompson, *Anatomy of the Soul*, p. 169.

[14] Ver la parábola de los talentos en Mateo 25:14-30.

[15] En la tentación, cuando el deseo se apodera de la persona, Bonhoeffer afirma: «En este momento Dios es bastante irreal para nosotros; pierde toda realidad, y solo el deseo de la criatura es real. La única realidad es el diablo. Satanás no nos llena aquí de odio a Dios, sino de olvido de Dios». Dietrich Bonhoeffer, *Temptation*, en «Temptation and Forgetfulness of God: Dietrich Bonhoeffer», *The Sovereign* (blog), 2 de junio del 2014: https://thesovereign.wordpress.com/2014/06/02/temptation-and-forgetfulness-of-god-dietrich-bonhoeffer.

[16] C. S. Lewis, *El león, la bruja y el ropero* (Nueva York: Macmillan Publishing Company, 1970), pp. 75-76.

[17] Aquí aparece de nuevo el vocablo *tom*, precedido por la forma imperativa del verbo «ser». El Dios Todopoderoso ordena a Abraham que viva y camine ante él de forma integral. Los dos mandatos son uno solo. Una vida íntima delante del Señor es también íntegra.

[18] Ver Génesis 17:5-8.

[19] Charles H. Spurgeon, «All for Jesus», en The Metropolitan Tabernacle Pulpit, Vol. 20 (Año 1874) (Pilgrim Publications, 1971).

[20] Steven Garber, *The Seamless Life* (Downers Grove, IL: InterVarsity Press, 2020), p. 2.

[21] *Tom* aparece dieciséis veces en el Libro de Job (Job 1:1, 8; 2:3, 9; 4:6; 8:20; 9:20, 21, 22; 12:4; 21:23; 27:5; 31:6; 36:4; 37:16).

[22] Job 1:8: «Y el Señor dijo a Satanás:¿Te has fijado1 en mi siervo Job? Porque no hay ninguno como él sobre la tierra, hombre intachable *[tom]* y recto, temeroso de Dios y apartado del mal» (cp. Job 2:3).

[23] El verbo «andar» (jalák) aparece con «integridad» en otros lugares: Salmo 101:2b, «En la integridad de mi corazón andaré dentro de mi casa». En Proverbios 2:7 y en el resto del libro se precisa que es vivir de una manera diferente. La sabiduría de Proverbios sugiere que dicho rasgo es un estilo de vida que se practica en el santo temor de Dios.

[24] Ver Viktor Frankl, *Man's Search for Meaning* (Boston: Beacon Press, 2006). Frankl señaló que encontramos el significado en las relaciones que tenemos, el trabajo que hacemos y los sufrimientos de la vida.

## 5 EL APRENDIZAJE CON JESÚS

[1] Dietrich Bonhoeffer, *The Cost of Discipleship* (Nueva York: Touchstone, 1995), p. 89.

[2] Henri J. M. Nouwen, *In the Name of Jesus: Reflections on Christian Leadership* (Nueva York: Crossroad Publishing, 1989), p. 62.

[3] Francis Schaeffer, *True Spirituality* (Wheaton, IL: Tyndale House Publishers, 2001), p. 26.

[4] Ver Mateo 22:34-40.

[5] Ver Mateo 28:18-20.

[6] Dallas Willard utiliza este término para describir nuestro discipulado pobre en la iglesia; *The Great Omission* (Nueva York: HarperCollins, 2006).

[7] A. W. Tozer cita la obra de Samuel Taylor *Coleridge Aids to Reflection* en *God's Pursuit of Man* (Chicago: Moody Publishers, 2015), p. 18.

[8] Dane Ortlund capta bien el «quién» en su elegante y pastoral explicación del corazón de Cristo, de Mateo 11:28-30, en su libro *Gentle and Lowly* (Wheaton, IL: Crossway, 2020). Este volumen es un regalo para cualquier ministro que quiera aprender y compartir el corazón de Cristo.

[9] Bonhoeffer, *The Cost of Discipleship*, p. 59.

[10] Las palabras del apóstol Pablo describen el peligro de las obras ministeriales que se hacen por motivos equivocados y para la gloria humana. Las compara con madera, heno y rastrojo, los cuales, un día serán probados por fuego. «La obra de cada uno se pondrá de manifiesto, porque el Día la expondrá, ya que será revelada por el fuego, y el fuego probará qué clase de obra ha hecho cada uno» (1 Co 3:13).

[11] Nouwen, *In the Name of Jesus*, p. 17.

[12] Elizabeth Akers, Jeff Capps y Michael Bleeker, «Come to Me», Blecker Publishing, 2011.

[13] Bonhoeffer, *The Cost of Discipleship*, p. 93.

[14] Gerhard Kittel, *Theological Dictionary of the New Testament*, trans. Geoffrey W. Bromiley (Grand Rapids, MI: Eerdmans, 1964), 2:898-901, dice que las palabras de Jesús de someterse a su «yugo» («mi yugo»; *ton zugon mou*) contrastan con el «yugo de la ley» (*torah 'al*) y el de la sabiduría (Sir 51:17) bajo el que los rabinos que se oponían a Jesús tomaban a los aprendices. El yugo de Jesús es personal, con un corazón suave y humilde, mientras que el de los rabinos es la pesada ley. Así mismo, R. T. France indica que estos últimos, al aplicar el «yugo de la ley», creaban una carga insoportable para sus discípulos, *Matthew*, NBC (Downers Grove, IL: InterVarsity Press, 1994), p. 918.

[15] Michael Polanyi, *Personal Knowledge* (Chicago: University of Chicago Press, 2015), p. 53.

[16] Dallas Willard, *The Spirit of the Disciplines* (Nueva York: HarperCollins, 1999), p. 9.

[17] La frase exacta en griego es *gymnaze de seauton*, pero nos centramos en *gumnázo*. La forma sustantiva de la palabra significa estar sin ropas. El verbo es, literalmente, ejercitarse desnudo, lo que se refiere a la arena de competencias en el mundo antiguo; ver Gerhard Kittel, *Theological Dictionary of the New Testament*, (Grand Rapids, MI: Eerdmans, 1977), 1:773-76. Por tanto, la metáfora de Pablo es la de un entrenamiento y ejercicio intensos en la arena de la piedad.

[18] Klaus Issler, *Living into the Life of Jesus* (Downers Grove, IL: InterVarsity Press, 2012), 108, avanza: «Si los creyentes de hoy no se comprometen con los recursos de poder del Espíritu Santo, quien es el agente divino de la santificación (Ro 8:13, 2 Ts 2:13, Tit 3:5, 1 P 1:2), es imposible que sean formados a la imagen de Jesucristo».

[19] Curt Thompson, *The Anatomy of the Soul* (Wheaton, IL: Tyndale House Publishers, 2010), p. 180.

[20] Para una explicación más amplia de estas prácticas espirituales, ver mi libro, *The Five Smooth Stones* (Grand Island, NE: Cross Training Publishing, 2001). Además, recomiendo el excelente texto de Dallas Willard *The Spirit of the Disciplines*.

[21] Bonhoeffer, *The Cost of Discipleship*, pp. 45, 54.

[22] Ver Hebreos 4, que conecta el reposo de Dios en el jardín con la obra expiatoria de Jesús en la cruz, la cual posibilita el verdadero descanso cuando entramos en él por fe.

## 6 EN BUSCA DE LA PLENITUD

[1] Darrin Patrick es citado en Ed Stetzer, «A Pastor's Restoration Process: Journey to Healing Through the Eyes of Those Closest, Part 1: Darrin», *Christianity Today*, 16 de marzo del 2019: www.christianitytoday.com/edstetzer/2019/may/pastors-restoration-process-journey-to-healing-through-eyes.html.

[2] Lee sobre la trágica muerte en Ed Stetzer, «Darrin Patrick's Death, His Love for Pastors, and How We Need One Another», *Christianity Today*, 9 de mayo del 2020: www.christianitytoday.com/edstetzer/2020/may/remembering-darrin-pastors-mental-health.html.

[3] Anthony Hoekema, *Created in God's Image* (Grand Rapids, MI: Eerdmans, 1994), p. 203.

[4] Doug Webster, *The Easy Yoke* (Colorado Springs: NavPress, 1995), p. 84.

[5] Henri Nouwen, *The Wounded Healer* (Nueva York: Doubleday, 1979), p. 72.

[6] La frase «sanadores heridos» proviene del idiolecto de Henri Nouwen. Para un ejemplo, ver Nouwen, *The Wounded Healer*.

[7] Una de las razones por las que nos resulta difícil entender la importancia de la formación espiritual y de la virtud se relaciona con la manera en que entendemos el vínculo que existe entre el cuerpo y el alma. En cambio, la virtud aristotélica, que se recupera en el tomismo, nos ayuda a comprender al ser humano como un todo psicosomático, donde cuerpo y alma se forman mutuamente. La recuperación de una psicología teológica muestra la necesidad de la acción virtuosa que se expresa en la formación espiritual. Matthew A. LaPine, *Logic of the Body* (Bellingham, WA: Lexham Press, 2020) ofrece una teología de recuperación la cual revive el pensamiento de Tomás de

Aquino de que el cuerpo y el alma están conectados en la formación del otro, en lo que LaPine llama un holismo dualista. Así mismo, James K. A. Smith, *You Are What You Love* (Grand Rapids, MI: Brazos Press, 2016) explica el impacto formativo del mundo físico en la adoración de nuestras almas.

[8] Rebecca Konyndyk DeYoung, *Glittering Vices* (Grand Rapids, MI: Brazos Press, 2009), p. 17. Aconsejo una lectura atenta de su excelente libro, tanto como guía para la formación del liderazgo pastoral como para la formación espiritual de la congregación. También recomiendo encarecidamente a Mark McCloskey y Jim Louwsma, *The Art of Virtue-Based Transformational Leadership* (Bloomington, MN: The Wordsmith, 2016).

[9] Parece que esta es otra forma en que los pastores se han convertido en camaleones de la cultura. David Brooks, en *The Road to Character* (Nueva York: Random House, 2015), capta la anémica formación de la virtud en la cultura occidental contemporánea. Somos una cultura obsesionada con lo que él llama «virtudes de currículum», cosas que ponemos en una solicitud de empleo como las habilidades y el éxito externo, y hemos perdido de vista las «virtudes de elogio», que tienen preeminencia, ya que constituyen lo que la gente recuerda de nosotros cuando nos hemos ido. Hoy en día, las virtudes clásicas como la prudencia, la justicia, la templanza y la valentía se subordinan a la construcción de la carrera. Aquinas defiende la preeminencia de estas cualidades, ya que son el resultado de la búsqueda y comprensión de lo verdadero y lo real. La sabiduría práctica viene de la búsqueda de la verdad en la prudencia de la virtud cardinal; la justicia se origina en el ordenamiento, guiado por la razón, de las operaciones del mundo; la templanza, de la ordenación de las pasiones. El coraje es necesario «para ser fortalecido por lo que la razón dicta, y no volverse atrás», *A Shorter Summa* ed. Peter Kreeft (San Francisco: *The New York Times*). Peter Kreeft (San Francisco: Ignatius Press, 1993), pp. 153-54. No obstante, existen las virtudes teológicas de la fe, la esperanza y el amor por lo que Tomás de Aquino llama «felicidad sobrenatural». Pablo concluye en cuanto al amor: «Y ahora permanecen la fe, la esperanza y el amor, estos tres; pero el mayor de ellos es el amor» (1 Co 13:13). Tales virtudes forman el carácter y la manera de actuar de los pastores. Ellas son las que arrancan las escamas camaleónicas de las «virtudes del currículum».

[10] La raíz *tom* se encuentra dos veces en Salmos 101:2 y una vez en 101:6. Para obtener más detalles sobre el grupo de palabras, consulta el capítulo cuatro.

[11] Ver Jim Wilder, *Renovated* (Colorado Springs: NavPress, 2020), sobre *kjésed* en términos de apego al amor.

[12] Marcus Warner y Jim Wilder, *Rare Leadership* (Chicago: Moody Publishers, 2016), p. 134.

[13] Otras fuentes de ayuda en el matrimonio incluyen Mike Mason, *The Mystery of Marriage* (Colorado Springs: Multnomah, 2005); Archibald Hart y Sharon Hart May, *Safe Haven* (Nashville: W Publishing Group, 2003); Tim Keller con Kathy Keller, *TheMeaning of Marriage* (Nueva York: Penguin Books, 2011); Tim Clinton y Gary Sibcy, *Why You Do the Things You Do* (Nashville: Thomas Nelson, 2006).

[14] Ver Wesley Hill, *Spiritual Friendship* (Grand Rapids, MI: Brazos Press, 2015); Sam Allberry, *7 Myths About Singleness* (Wheaton, IL: Crossway, 2019); Barry Danylak, *Redeeming Singleness: How the Storyline of Scripture Affirms the Single Life* (Wheaton, IL: Crossway, 2010).

[15] Ver el capítulo siete de Warner y Wilder, *Rare Leadership*, pp. 123-40.

[16] El tema central del Salmo101 es el *tom*, o sea, la vida integral.

[17] Martín Lutero, trad. Frederick H. Hedge, «Castillo fuerte es nuestro Dios», c. 1527-29.

[18] Maltbie D. Babcock, «This Is My Father's World». 1901.

[19] Steven Garber, *The Seamless Life* (Downers Grove, IL: InterVarsity Press, 2020), p. 47.

[20] Respecto a las estaciones: para la temporada de fructificación, ver Salmos 1; para entender que hay un tiempo para todo, ver Eclesiastés 3:1-8. En cuanto a los terrenos, meditar en la parábola de Jesús sobre los cuatro tipos de suelos en Lucas 8.

[21] Ver el libro más vendido de Bessel van der Kolk, *The Body Keeps Score* (Nueva York: Penguin Books, 2015), que muestra cómo el cuerpo se recupera de los traumas y el uso de la actividad física como cura y tratamiento.

[22] Warner and Wilder, *Rare Leadership*, p. 42.

[23] Curt Thompson, *The Soul of Shame* (Downers Grove, IL: InterVarsity Press, 2015), p. 14. Recomiendo el libro del doctor Thompson porque comunica muy bien el impacto general que la vergüenza ocasiona en nosotros, así como el camino a seguir para eliminarla de nuestras vidas.

[24] John Ortberg, *The Life You've Always Wanted* (Grand Rapids, MI: Zondervan, 2002), p. 76. John Mark Comer amplía el mensaje que recibió de Ortberg en *The Ruthless Elimination of Hurry* (Colorado Springs: WaterBrook, 2019).

[25] Agradezco mi entrevista telefónica con John, quien me compartió acerca de su trabajo fiel en el ministerio.

## 7 UNA PRESENCIA FIEL

[1] Los pastores han experimentado una intensa discordia congregacional en la pandemia de coronavirus. Las reuniones corporativas, el uso de máscaras y las vacunas en medio de unos sufragios tumultuosos y las divergencias sobre el racismo han causado estragos en la vida emocional de los pastores. Necesitan resiliencia y discernimiento cultural como nunca antes.

[2] John P. Kotter, *What Leaders Really Do* (Boston: Harvard Business School Press, 1999), p. 1.

[3] Salmo 78:72, «Así los pastoreó según la integridad de su corazón, y los guio con sus *hábiles manos*» (énfasis añadido).

[4] La frase «con la destreza de sus manos» es única en el Antiguo Testamento, ya que no combina en ningún otro lugar la palabra hebrea traducida como «destreza» (*tᵉḇûnâ*) con ninguna de las diferentes palabras hebreas para mano (*aquí*). El prototipo de glosa para *tᵉḇûnâ* es «entendimiento», que incluye en su rango semántico algo análogo a la sabiduría, aunque en varios sitios tiene el significado contextual de alguna habilidad en las artes. Por ejemplo, en Éxodo 35:31, los obreros son llenos del Espíritu para tener la habilidad y la «inteligencia» (*tabunh*) para realizar trabajos artísticos (cf. Éx 31:3; 36:1). Del mismo modo, reciben el «entendimiento» (*tabunah*) para trabajar el bronce (1 R 7:14). El propio Dios hizo los cielos con «entendimiento» (Sal 136:5). Así pues, el abanico semántico incluye el significado de las habilidades requeridas para la actividad cualificada o creativa. Es con este colorido que el Salmo 78:72 parece estar usando la palabra.

[5] Max DePree, *Leadership Is an Art* (Lansing: Michigan State University Press, 1987), p. 3.

[6] Charles Taylor, *A Secular Age* (Cambridge, MA: Harvard University Press, 2007), p. 2007.

[7] Dos libros ayudan a tomar las complejas ideas de Charles Taylor y ajustarlas al contexto pastoral. Ver James K. A. Smith, *How (Not) to Be Secular* (Grand Rapids, MI: Eerdmans, 2014) y Andrew Root, *The Pastor in a Secular Age* (Grand Rapids, MI: Baker Academic, 2019).

[8] En Efesios 6:12, Pablo dice: «Porque nuestra lucha no es contra sangre y carne, sino contra principados, contra potestades, contra los poderes de este mundo de tinieblas, contra las *huestes* espirituales de maldad en las *regiones* celestes». Ver también 2 Co 10:3-5.

[9] Chris R. Armstrong, *Medieval Wisdom for Modern Christians* (Grand Rapids, MI: Brazos Press, 2016), p. 65.

[10] Para su excelente resumen del trabajo de Peter Berger sobre la pérdida de las estructuras de plausibilidad en nuestro mundo moderno tardío, ver James Davison Hunter, *To Change the World* (Nueva York: Oxford University Press, 2010), p. 202.

[11] Peter L. Berger, *The Many Altars of Modernity* (Boston: Walter de Gruyter, 2014), p. 32.

[12] Ver Hunter, *To Change the World*, pp. 200-212, para un análisis perspicaz sobre la diferencia y la disolución. Lo que se ha debatido hoy en nuestro mundo es si podemos articular algo verdadero sobre las realidades del mundo. El resultado del posestructuralismo, el trabajo de los deconstruccionistas, es la ruptura de cualquier creencia que tengamos en la capacidad de escribir, hablar o incluso pensar en el mundo tal y como es; en su lugar, estamos confinados en sistemas de construcción (historia, cultura, tiempo, género, raza) en los que nuestras palabras dicen más sobre nosotros y nuestras comunidades interpretativas que sobre cualquier verdad o realidad. Para un sólido tratamiento teológico, lingüístico y filosófico de esta cuestión, ver Kevin J. Vanhoozer, *Is There a Meaning in This Text?* (Grand Rapids, MI: Zondervan, 1998).

[13] Carl R. Trueman, *The Rise and Triumph of the Modern Self* (Wheaton, IL: Crossway, 2020), 20. Carl Trueman ofrece una visión muy útil de los formadores y las influencias que nos han llevado al punto de rediseñar el yo como cultura.

[14] John Inazu brinda destellos de esperanza para un pluralismo confiado que ofrezca un deber continuo en la plaza pública, un civismo respetuoso y la superación de la distancia relacional incluso cuando la distancia ideológica simplemente no puede ser superada, *Confident Pluralism* (Chicago: University of Chicago Press, 2016), p. 124.

[15] Luke Goodrich, *Free to Believe* (Colorado Springs: Multnomah, 2019), p. 180.

[16] Se han realizado varios estudios sobre la soledad, el aumento en las generaciones más jóvenes, los efectos en la salud y una correlación positiva con los medios de comunicación. Ver Katie Hafner, «Researcher Confront an Epidemic of Loneliness», *New York Times*, 5 de septiembre del 2016: www.nytimes.com/2016/09/06/health/lonliness-aging-health-effects.html; Matthew Pittman y Brandon Reich, «Social Media and Loneliness: Por qué una foto de Instagram puede valer más que mil palabras de Twitter», *Computers in Human Behavior*, p. 62 (septiembre de 2016): pp. 155-67, https://doi.org/10.1016/j.chb.2016.03.084; Barna Group, «¿Quiénes son los solitarios en Estados Unidos?». *Barna*, 15 de mayo de 2017, www.barna.com/research/who-are-the-lonely-in-america/.

[17] H. Richard Niebuhr, *Christ and Culture* (Nueva York: Harper Torchbooks, 1951).

[18] Ver la excelente obra D. A. Carson, *Christ and Culture Revisited* (Grand Rapids, MI: Eerdmans, 2008).

[19] Ver el libro del autor, que destaca la importancia del amor al prójimo en relación con el florecimiento económico. Tom Nelson, *The Economics of Neighborly Love* (Downers Grove, IL: InterVarsity Press, 2007).

[20] Hunter, *To Change the World*, p. 280.

[21] Paul Williams, *Exiles on Mission* (Grand Rapids, MI: Brazos Press, 2020), p. 34.

[22] Aunque el trabajo de James Hunter ha sido criticado en varios niveles, creo que su libro pionero *To Change the World* resulta un argumento sólido para un enfoque de presencia fiel. Para las críticas, ver Rod Dreher, «The Benedict Option and "Faithful Presence Within"», *The American Conservative* 31 de octubre del 2016: www.theamericanconservative.com/dreher/straight-talk-benedict-option-faithful-presence-within/; Matthew Lee Anderson, «Expecting to Change the World: A Reply to James Davison Hunter», Mere Orthodoxy, 22 de julio del 2010: https://mereorthodoxy.com/expecting-to-change-the-world -a-reply-to-james-davison-hunter/.

[23] Hunter, *To Change the World*, p. 276. Ver también James Davison Hunter, Carl Desportes Bowman y Kyle Puetz, *Democracy in Dark Times* (Charlottesville, VA: Finstock & Tew, 2020): https://s3.amazonaws.com/iasc-prod/uploads/pdf/sapch.pdf, que desarrolla más estas ideas en un estudio reciente con gran cantidad de datos. Hunter hace un pódcast sobre el mismo, «James Davison Hunter y Pete Wehner: Democracy in Dark Times», *Faith Angle*, 13 de enero del 2021: https://faithangle.podbean.com/e/james -davison-hunter-and-pete-wehner-democracy-in-dark-times/.

[24] Hunter, *To Change the World*, p. 253.

[25] Williams, *Exiles on Mission*, p. 132.

[26] Para una mayor elaboración de un enfoque misional en el área de trabajo, ver Tom Nelson, *Work Matters* (Wheaton, IL: Crossway, 2011), pp. 187-201.

[27] DePree, *Leadership Is an Art*, p. 142.

[28] Hunter, *To Change the World*, p. 253.

[29] Para una reflexión más amplia sobre los pastores de presencia fiel, recomiendo a Gregory Thompson, «The Church in Our Time: Nurturing Congregations of Faithful Presence», *The Flourish Collective*, octubre del 2011: www.flourishcollective.org/academy/wp-content/uploads/The-Church-In-Our-Time-A-New-City-Commons-White-Paper_4.pdf.

[30] Timothy Keller, *Center Church* (Grand Rapids, MI: Zondervan, 2012), p. 369.

[31] Ver el sagaz trabajo de Tim Keller sobre los ecosistemas evangélicos; Keller, *Center Church*, pp. 368-77.

[32] Nuestra agenda del reino con redes superpuestas adopta el punto de vista de James Hunter sobre el cambio cultural. «En contra de esta visión de gran hombre de la historia y la cultura, yo argumentaría (junto con muchos otros) que el actor clave en la historia no es el genio individual, sino más bien la red y las nuevas instituciones que se crean a partir de esas redes [...] aquí es donde se produce la materia de la cultura y el cambio cultural». Hunter, *To Change the World*, p. 38.

[33] Hunter, *To Change the World*, p. 270.

[34] Ralph Barton Perry, *The Thought and Character of William James* (1935; Nashville: Vanderbilt University Press, 1996), p. 237.

[35] Makoto Fujimura, *Culture Care* (Nueva York: Fujimura Institute and International Arts Movement, 2014), p. 59.

[36] Four Chapters Gallery, https://christcommunitykc.org/fourchapter-gallery/; ver también Amy L. Sherman, *Agents of Flourishing: Pursuing Shalom in Every Corner of Society* (Downers Grove, IL: InterVarsity Press, de próxima publicación; 2022).

[37] Casa de la Cultura, www.culturehouse.com/.

[38] Amy Sherman presenta la Galería de los Cuatro Capítulos de forma mucho más extensa en *Agents of Flourishing*.

[39] Timothy S. Laniak, *While Shepherds Watch Their Flocks* (Franklin, TN: Carpenter's Son Publishing, 2012), p. 185.

## 8 LOGRAR UNA CULTURA FRUCTÍFERA

[1] Jim Collins escribe: «Las grandes empresas duraderas conservan sus valores y propósitos fundamentales, mientras sus estrategias y prácticas operativas se adaptan sin cesar a un mundo cambiante. Esta es la combinación mágica de preservar el núcleo y estimular el progreso» en *Good to Great* (Nueva York: Harper Business, 2001), p. 195.

[2] Andy Crouch, *Culture Making: Recovering Our Creative Calling* (Downers Grove, IL: InterVarsity Press, 2008), p. 23, cursiva original.

[3] En Steven Garber, *The Seamless Life* (Downers Grove, IL: InterVarsity Press, 2020), pp. 28-29, él describe con perspicacia las interconexiones etimológicas y filosóficas de las palabras *culto*, *cultura* y *cultivo*. Steve escribe:

> «Dado que desde hace mucho tiempo creo que, para todos, en todas partes, la primera vocación humana fue cultivar el orden creado para ver lo que es posible hacer sobre la faz de la tierra, comencé a reflexionar sobre lo que significan el culto y la cultura en relación con el cultivo [...] Y así, desde nuestros compromisos cultuales, vivimos, nos movemos y tenemos nuestro ser, cultivando la vida y el mundo».

[4] Crouch, *Culture Making*, p. 75.

[5] Jim Wilder, en *Renovated*, defiende de modo convincente la centralidad del amor de apego de las relaciones en las Escrituras, así como en el proceso de formación espiritual y en la vida saludable de la iglesia local. Ver en detalle el capítulo siete, «Transformed by Loving Attachment», en Jim Wilder, *Renovated* (Colorado Springs: NavPress, 2020), pp. 107-27.

[6] Ver Romanos 15, aparecen muchos nombres.

[7] Max DePree, *Leadership Is an Art* (Lansing: Michigan State University Press, 1987), p. 25.

[8] Chris Lowney, *Heroic Leadership* (Chicago: Loyola Press, 2003), p. 285.

[9] Peter Scazzero, *The Emotionally Healthy Church* (Grand Rapids, MI: Zondervan, 2003), p. 114.

[10] Marcus Warner y Jim Wilder, *Rare Leadership* (Chicago: Moody Publishers, 2016), p. 42.

[11] Dietrich Bonhoeffer, *The Cost of Discipleship* (Nueva York: Touchstone, 1995), pp. 10-11.

[12] Barna realizó un estudio sobre la Generación Z (nacidos entre 1999 y 2015) y descubrió que al menos una cuarta parte de la misma está muy de acuerdo en que la moral varía con el tiempo y la cultura. Congruentemente, una parte de los encuestados de dicho grupo selecciona «muy en desacuerdo» como respuesta a las afirmaciones «está mal desafiar las creencias de alguien» y «si tus creencias ofenden o hieren los sentimientos de alguien, entonces tus creencias son incorrectas». Ver el artículo «Gen Z y la moral: What Teens Believe (So Far)», *Barna*, 9 de octubre del 2018, www.barna.com/research/gen-z-morality/.

[13] Andy Crouch señala la importancia de la sana doctrina en el libro del historiador Rodney Stark *In the Rise of Christianity*. «Stark cree que las doctrinas de la iglesia fueron el factor definitivo en el ascenso del cristianismo [...] Las doctrinas centrales del cristianismo impulsaron y sostuvieron relaciones y organizaciones sociales atractivas, liberadoras y eficaces». Crouch, *Culture Making*, p. 159.

[14] DePree, *Leadership Is an Art*, p. 11.

[15] La frase proviene de un teólogo alemán del siglo XVII llamado Rupertus Meldenius. El profesor Mark Ross dice que ganó mucha fuerza con el notable pastor puritano Richard Baxter. Vea más sobre el significado de la frase en un artículo de Mark Ross, «In Essentials Unity, In Non-Essentials Liberty, In All Things Charity», *Ligonier Ministries*, 1 de septiembre del 2009: www.ligonier.org/learn/articles/essentials-unity-non-essentials-liberty-all-things/.

[16] Wendell Berry, *Jayber Crow* (Berkeley, CA: Counterpoint Press, 2000), p. 12.

[17] En N. T. Wright, *The New Testament and the People of God* (Minneapolis: Fortress Press, 1992), 1:121-44. Wright afronta el diseño clave de la precomprensión de una comunidad a través de la lente de la cosmovisión. Dentro de esta última hay cuatro componentes principales: historias, respuestas a preguntas cardinales (como quiénes somos, dónde estamos, qué está mal en el mundo y cuál es la solución), los símbolos y la praxis o «un modo particular de estar en el mundo» (p. 133). Cultivamos historias para entender el mundo. Y uno de los pilares de la narración es la comunidad, que es donde se comparten y toman forma a las historias.

[18] Curt Thompson, *The Soul of Shame* (Downers Grove, IL: InterVarsity Press, 2015), p. 74.

[19] Respecto al cuerpo, ver Ro 12:5; 1 Co 12:12-14; Ef 4:16. En cuanto al uso de «unos a otros», hay unos cien usos que incluyen mandatos como «aceptarse unos a otros» (Ro 15:7); «perdonarse unos a otros» (Co 3:13); «amarse unos a otros» (Jn 13:34).

[20] Curt Thompson, *Anatomy of the Soul* (Wheaton, IL: Tyndale House Publishers, 2010), xiv.

[21] John Newton, «Amazing Grace», p. 1779.

[22] Lowney, *Heroic Leadership*, p. 7.

[23] James Davison Hunter, *To Change the World* (Nueva York: Oxford University Press, 2010), p. 256.

[24] Además de los cuatro valores fundamentales, los jesuitas adoptaron un prisma cargado de cuatro tesis a través del que sostuvieron una rica cultura de liderazgo y consideraron su desempeño como tal. Lowney los enumera: «1) Todos somos líderes, y estamos liderando todo el tiempo, bien o mal. 2) El liderazgo surge del interior. Se trata de lo que soy, tanto como de lo que hago. 3) El liderazgo no es un acto: es mi vida, una forma de

vivir. 4) Nunca termino la tarea de convertirme en líder; es un proceso continuo». Ver Lowney, *Heroic Leadership*, p. 15.

[25] En la Comunidad Cristo, donde sirvo como pastor principal, construimos en torno a cinco valores: cruz, yugo, Biblia, iglesia y ciudad. Ver más en: https://christcommuni-tykc.org/about/#values.

[26] Patrick Lencioni, *The Advantage* (San Francisco: Jossey Bass, 2012), p. 94.

[27] Un recurso excelente es *Mission Drift* de Peter Greer y Chris Horst, (Minneapolis: Bethany House, 2014).

[28] Simon Sinek, *Start with Why* (Nueva York: The Penguin Group, 2009), p. 39.

[29] Collins, *Good to Great*, p. 91

[30] Collins, *Good to Great*, p. 116.

## 9 CONECTAR EL DOMINGO CON EL LUNES

[1] Se puede encontrar más de la idea del autor sobre la mala práctica pastoral en Tom Nelson, «¿Quién sirve a quién?». *Leadership Journal* 35 (primavera 2014): 69-71: www.christianitytoday.com/pastors/2014/spring/power-to-people.html, donde fue publicado originalmente.

[2] John C. Knapp, *How the Church Fails Businesspeople* (Grand Rapids, MI: Eerdmans, 2012), pp. xi-xii.

[3] Ver el gran trabajo de Elaine Howard Ecklund, Denise Daniels y Rachel C. Schneider, «From Secular to Sacred: Bringing Work to Church», *Religions* 11, n° 9 (agosto del 2020): p. 442. Aquí una parte de su informe:

> «Oír a los líderes religiosos expresarse directamente sobre cuestiones relacionadas con el lugar de trabajo, también es muy raro. Solo el 16 % de los cristianos practicantes dijo que su líder religioso habla a menudo / muy a menudo sobre cómo deben comportarse los feligreses en el trabajo. Esto es más frecuente entre los evangélicos (28 %) y menos entre los cristianos de la línea principal (12 %) o los católicos (7 %; $p < 0{,}0001$). También era más común entre los que asisten a servicios religiosos varias veces a la semana (41 %) en comparación con los que asisten varias veces al año o menos (5 %; $p < 0{,}0001$). Por último, fue más común entre los encuestados más jóvenes, ya que el 18 % de los que tienen entre 18 y 34 años dijeron que su líder religioso les habla a menudo o muy a menudo de cómo comportarse en el trabajo, en comparación con el 13% de los que tienen 65 años o más ($p < 0{,}05$)».

[4] Para una exploración más amplia de una sólida teología del trabajo, ver Tom Nelson, *Work Matters* (Wheaton, IL: Crossway, 2011).

[5] Ver Viktor Frankl, *Man's Search for Meaning* (Boston: Beacon Press, 2006).

[6] Ver James Davison Hunter, *To Change the World* (Nueva York: Oxford University Press, 2010).

[7] Dorothy Sayers, «¿Por qué trabajar?», en *Leading Lives That Matter*, ed. Mark R. Schwehn y Dorothy Sayers. Mark R. Schwehn y Dorothy C. Bass (Grand Rapids, MI: Eerdmans, 2006), p. 195.

[8] Bill Peel y Walt Larimore, *Workplace Grace* (Longview, TX: LeTourneau University Press, 2014), p. 19.

[9] Knapp, *How the Church Fails Businesspeople*, p. xiii.

[10] Amy Sherman, *Kingdom Calling* (Downers Grove, IL: InterVarsity Press, 2011), pp. 151-68.

[11] Para un debate más amplio sobre lo que está en juego en la brecha entre el domingo y el lunes, ver Tom Nelson, «How Should the Church Engage?» en *The Gospel and Work*, The Gospel for Life Series, ed. Russell Moore y Andrew T. Walker. Russell Moore y Andrew T. Walker (Nashville: B&H Publishing, 2017), pp. 65-90.

[12] Denise Daniels y Shannon Vanderwarker, *Working in the Presence of God* (Peabody, MA: Hendrickson Publishers, 2019), pp. 4-5.

[13] Sherman, *Kingdom Calling*, pp. 141-222.

[14] Matthew Kaemingk y Cory B. Willson, *Work and Worship* (Grand Rapids, MI: Baker Academic, 2020), p. 2. Este es un excelente recurso para enmarcar la conversación en torno a la brecha del domingo al lunes y para preparar a los cristianos para sus mundos del lunes.

[15] El equipo de enseñanza de nuestra iglesia, en la que tengo el privilegio de servir, hizo una serie sobre economía titulada «Amor al prójimo». Tienen una duración de seis semanas y está disponible en nuestra página web (christcommunitykc.org/sermons). Ver también Tom Nelson, *The Economics of Neighborly Love* (Downers Grove, IL: InterVarsity Press, 2017).

[16] Ver *Teology of Work Bible Commentary* (Peabody, MA: Hendrickson, 2014).

[17] Stephen Garber, «A Prayer for Labor Day», *Patheos*, 9 de septiembre del 2015: www.patheos.com /blogs/visions-of-vocation/2015/09/476/ tiene un gran ejemplo de una oración pastoral de John Baillie para la fuerza laboral en el fin de semana del Día del Trabajo. Su oración:

> «Oh, Señor y Creador de todas las cosas, de cuyo poder creador surgió la primera luz que miró la primera mañana del mundo y vio que era buena, te alabo ahora por esta luz que entra por mis ventanas para despertarme a otro día. Te alabo por la vida que se agita dentro de mí, te alabo por el mundo radiante y hermoso al que voy, te alabo por el trabajo que me has dado para hacer… Pero tú, que eres la misericordia eterna, dame un corazón tierno hacia todos aquellos a los que la luz de la mañana trae menos alegría que a mí. Aquellos en los cuales el pulso de la vida se debilita, aquellos que deben permanecer en cama durante todas las horas de sol, los sobrecargados de trabajo, que no tienen la alegría del ocio, los desempleados, que no tienen la alegría del trabajo».

[18] Parte de esta sección apareció previamente en Tom Nelson, «¿Quién sirve a quién?» *Leadership Journal* 35 (primavera del 2014), pp. 69-71: www.christianitytoday.com/pastors/2014/spring/power-to-people.html.

[19] Ver Tom Nelson, *Work Matters*; Timothy Keller, Every Good Endeavor (Nueva York: Penguin Random House, 2016).

## 10 UNA NUEVA TARJETA DE EVALUACIÓN

[1] Max DePree, *Leadership Is an Art* (Lansing: Michigan State University Press, 1987), p. 53.

[2] Dietrich Bonhoeffer, *Life Together* (Nueva York: HarperCollins Publishers, 1954), p. 97.

[3] Los comentarios de Lisa provienen de una llamada de Zoom con la autora el 8 de marzo del 2021.

[4] «Historia», Chick-fil-A, Inc., consultado el 12 de noviembre del 2020, www.chick-fil-a.com/about /history.

[5] Dietrich Bonhoeffer, *Life Together*, p. 38.

[6] Correo electrónico personal enviado a Tom Nelson por el pastor Nathan.

[7] Hay varios recursos excelentes para preparar a la grey. Recomiendo a David W. Gill, *Workplace Discipleship 101* (Peabody, MA: Hendrickson Publishers, 2020). En el área del discipulado con respecto al trabajo y la sabiduría económica, ver Tom Nelson, *Work Matters* (Wheaton, IL: Crossway, 2011) y *The Economics of Neighborly Love* (Downers Grove, IL: InterVarsity Press, 2017); Adam Joyce y Greg Forster, *Economic Wisdom for Churches* (Deerfield, IL: Trinity International University, 2017).

[8] La iglesia en la que resido ahora como pastor principal, Christ Community Church Kansas City, tiene un sistema de residencia pastoral: un programa de tutoría de dos años diseñado para la formación y la preparación de los líderes de la iglesia del mañana. Ver más detalles aquí: https://christcommunitykc.org/pastoral-residency/. Si usted es pastor de una iglesia y desea ayuda para iniciar un programa, vea más en www.made-toflourish.org/.

[9] El camino del liderazgo se ha llamado Razors Edge y ahora se llama Church for Monday. Conducir este proceso ha sido, y sigue siendo, una experiencia guiada por el currículo para que nuestros pastores lideren y profundicen en las relaciones con los congregantes.

[10] El apóstol Pablo recuerda a los creyentes de Corinto su responsabilidad ante Cristo. Ver 2 Cor 5:10.

## 11 TERMINAR BIEN

[1] Stephen R. Covey, *Principle Centered Leadership* (Nueva York: Summit Books, 1990), p. 42. El segundo hábito de las personas muy eficaces, según Covey, es «empezar con el fin en mente». Argumenta que este hábito es la dote de la imaginación y la conciencia humanas.

[2] A lo largo de mi ministerio, me he hecho estas cuatro preguntas para ayudarme a terminar bien:

1. ¿Cuáles son mis puntos fuertes y débiles?
2. ¿En mi alma están creciendo malas hierbas que necesitan atención?
3. ¿Qué correcciones necesito hacer ahora?
4. ¿Con quién me asocio para que me ayude a terminar bien?

[3] Covey, *Principle Centered Leadership*, p. 50.

[4] «La joven era muy hermosa; ella cuidaba al rey y le servía, pero el rey no la conoció» (1 R 1:4).

[5] Esta esperanzadora verdad se recoge de forma transparente en las propias palabras de David. Ver Salmos 32 y 51.

[6] Claire Powless, «¿Fue la COVID-19 un "cisne negro"?» *Continuity Central.com*, 23 de julio del 2020: www.continuitycentral.com/index.php/news/business-continuity-news/5346-was-covid-19-a-black-swan-and-why-this-an-important-question.

[7] El pastor Jim Baucom en Washington D. C., en la Iglesia de Columbia, compartió esto con un grupo de pastores mientras informábamos sobre la navegación del liderazgo durante la pandemia.

[8] Ver Santiago 1:5.

[9] C. S. Lewis, *Cartas del diablo a su sobrino* (Nueva York: HarperOne, 1996), p. 31. Uno de los libros de liderazgo que leo casi todos los años es *Cartas del diablo a su sobrino*. Pocos volúmenes me han ayudado a tener más presente la guerra invisible que se libra a mi alrededor y en el mundo. Esto es muy importante para los líderes pastorales, ya que ahora vivimos en una cultura en la que el marco inminente, que descarta la perspectiva del espíritu es el mito cultural de nuestro tiempo.

[10] Ver la parábola de los talentos de Jesús en Mateo 25.

[11] Martin Schleske, *The Sound of Life's Unspeakable Beauty* (Grand Rapids, MI: Eerdmans, 2020), p. 84.

[12] Gary Moon, *Becoming Dallas Willard* (Downers Grove, IL: InterVarsity Press, 2018), p. 240.

[13] Andraé Crouch, «My Tribute», *Keep on Singin'*, Light Records, 1972.

# ÍNDICE ESCRITURAL

# Made to Flourish

## Palabras a los pastores

—

Como líder de la iglesia, tú te comprometes a guiar al pueblo de Dios en la adoración, a ayudarlo a crecer a través del discipulado y a invitarlo a participar en la obra de Dios en el mundo. Las buenas noticias de Jesucristo compelen al pueblo de Dios a hacer estas cosas de manera que den forma y sentido a toda la vida, a creer que su fe es tan crucial el lunes como el domingo.

Made to Flourish existe para cerrar la brecha entre el domingo y el lunes, para capacitar a los pastores y a sus iglesias para integrar la fe, el trabajo y la sabiduría financiera, todos los días, para el florecimiento de sus comunidades. En otras palabras, creamos contenidos y formación diseñados para ayudar a los cristianos a entender y encarnar lo que significa vivir sin que ninguna esfera de la vida quede sin ser tocada por el plan de Dios de redimir al mundo y construir su reino.

Queremos ayudarte a equipar tu iglesia. Así que adelante, da el primer paso: háblanos de ti en **madetoflourish.org/start** (selecciona la pestaña «Español» si lo necesitas). Cuando lo hagas, te enviaremos una caja llena (por supuesto) de recursos para la fe y el trabajo y un número de nuestra revista insignia, *Common Good*, totalmente gratis, sin compromiso.

Es de lunes a sábado donde la iglesia dispersa sigue rindiendo culto, formándose en los retos diarios del trabajo y proclamando el evangelio de Jesucristo de palabra y de obra, en pos del bien común. Así que... *¡manos a la obra!*

**madetoflourish.org**